Die Arbeitsgerichtsbarkeit in England

Schriften zum Arbeitsrecht und Wirtschaftsrecht

Herausgegeben von Abbo Junker

Band 79

PL ACADEMIC RESEARCH

Janina Morgenweck

Die Arbeitsgerichtsbarkeit in England

PL ACADEMIC RESEARCH

Bibliografische Information der Deutschen Nationalbibliothek
Die Deutsche Nationalbibliothek verzeichnet diese Publikation in der Deutschen Nationalbibliografie; detaillierte bibliografische Daten sind im Internet über http://dnb.d-nb.de abrufbar.

Zugl.: München, Univ., Diss., 2012

D 19
ISSN 1433-4666
ISBN 978-3-631-62756-3 (Print)
E-ISBN 978-3-653-02665-8 (E-Book)
DOI 10.3726/ 978-3-653-02665-8

PL Academic Research ist ein Imprint der Peter Lang GmbH.

Peter Lang – Frankfurt am Main · Bern · Bruxelles · New York · Oxford · Warszawa · Wien

www.peterlang.de

Meinen Eltern

Vorwort

Die vorliegende Arbeit wurde von der Juristischen Fakultät der Ludwig-Maximilians-Universität München im Wintersemester 2012/2013 als Dissertation angenommen. Gesetzgebung, Rechtssprechung und Literatur sind bis Juni 2012 berücksichtigt.

Mein ganz besonderer Dank gilt meinem Doktorvater Professor Dr. Abbo Junker für die Betreuung dieser Arbeit, seine uneingeschränkte Unterstützug bei der Fertigstellung des Promotionsvorhabens und die Zeit als wissenschaftliche Mitarbeiterin. Das Zentrum für Arbeitsbeziehungen und Arbeitsrecht bot mir ein ideales Arbeitsumfeld. Darüber hinaus danke ich Professorin Dr. Beate Xell für die Erstellung des Zweitgutachtens.

Bedanken möchte ich mich außerdem bei Dr. Dominik Penners und meinem Bruder Roman Morgenweck, die mir während meiner Promotionszeit stets beigestanden haben. Stephanie Amschler und Dr. Julia Strasser danke ich für das geduldige und kritische Lesen der Arbeit sowie die vielen konstruktiven Anregungen und die jederzeitige Gesprächsbereitschaft.

Von ganzem Herzen danke ich meinen Eltern Marita und Heiko Morgenweck, denen ich diese Arbeit widme. Ihre uneingeschränkte Förderung meiner gesamten juristischen Ausbildung und ihre liebevolle Unterstützung haben die Anfertigung der vorliegenden Arbeit erst ermöglicht.

München im Mai 2013

Janina Morgenweck

Inhaltsverzeichnis

Abkürzungsverzeichnis

ABl.	Amtsblatt
AC	Appeal Cases (Law Reports)
ACAS	Advisory, Conciliation and Arbitration Service
AEUV	Vertrag über die Arbeitsweise der Europäischen Union
All ER	All England Reports
ArbGG	Arbeitsgerichtsgesetz
Art	article
Art.	Artikel
BAG	Bundesarbeitsgericht
BB	Der Betriebsberater
BGBl.	Bundesgesetzblatt
BGH	Bundesgerichtshof
BORA	Berufsordnung für Rechtsanwälte
BRAO	Bundesrechtsanwaltsordnung
bzw.	beziehungsweise
CA	Court of Appeal
CAC	Central Arbitration Committee
CMD	Case Management Discussions
Cmnd	Command paper
col	column
Cov LJ	Coventry Law Journal
CPR 1998	Civil Procedure Rules 1998
Deb	debate
d.h.	das heißt
DRiG	Deutsches Richtergesetz
EA 2010	Equality Act 2010
EAT	Employment Appeal Tribunal
EATR 1993	Employment Appeal Tribunal Rules 1993
EG	Europäische Gemeinschaft
ELJ	Employment Law Journal
ERA 1996	Employment Rights Act 1996
ER (DR) A 1998	Employment Rights (Dispute Resolution) Act 1998
ETA 1996	Employment Tribunals Act 1996
ETR 2004	Employment Tribunal Regulations 2004
EU	Europäische Union

EuGH	Gerichtshof der Europäischen Union
EuGHE	Entscheidung des Gerichtshofs der Europäischen Union
EWCA Civ	Court of Appeal Civil Cases (Law Reports)
EWHC	High Court (Law Reports)
ETEJO 1994	Employment Tribunals Extension of Jurisdiction (England and Wales) Order 1994
FA	Fachanwalt Arbeitsrecht, Zeitschrift für die beratende und die gerichtliche Praxis
FamFG	Gesetz über das Verfahren in Familiensachen und in den Angelegenheiten der freiwilligen Gerichtsbarkeit
fn	footnote
Fn.	Fußnote
FS	Festschrift
GG	Grundgesetz
HC	House of Commons
HHC	His Honour Judge
HL	House of Lords
ICR	Industrial Cases Reports
i.H.v.	in Höhe von
Inc	Incorporated
IRA 1971	Industrial Relations Act 1971
IRLR	Industrial Relations Law Reports
ILJ	Industrial Law Journal
IRJ	Industrial Relations Journal
ITA 1964	Industrial Training Act 1964
ITR	Industrial Tribunals Reports
J	Judge
JA	Juristische Arbeitsblätter
JuS	Juristische Schulung
JZ	JuristenZeitung
KSchG	Kündigungsschutzgesetz
LAG	Landesarbeitsgericht
LJ	Lord Justice of Appeal
LSG	The Law Society Gazette
Ltd	Private Limited Company
MLR	The Modern Law Review
MR	Master of the Rolls

NHS	National Health Service
NIRC	National Industrial Relations Court
NJW	Neue Juristische Wochenschrift
NLJ	New Law Journal
No.	Number
Nr.	Nummer
NZA	Neue Zeitschrift für Arbeitsrecht
o.ä.	oder ähnlich
p.	page
para	paragraph
PHR	Pre-hearing review
PL	Public Law
Plc	Public Limited Company
pp.	pages (Plural)
QB	Queen´s Bench Division
r	rule
RdA	Recht der Arbeit
reg	regulation
regs	regulations (Plural)
Rn.	Randnummer
rr	rules (Plural)
Rs.	Rechtssache
s	section
S.	Seite
SCA 1981	Senior Courts Act 1981
SJ	Solicitor´s Journal
Slg.	Sammlung
ss	sections (Plural)
St	Saint
StGB	Strafgesetzbuch
TCEA 2007	Tribunals, Courts and Enforcement Act 2007
TGWU	Transport and General Workers' Union
TUC	Trade Union Congress
TULCRA 1992	Trade Union and Labour Relations (Consolidation) Act 1992
TULRA 1974	Trade Union and Labour Relations Act 1974
TzBfG	Teilzeit- und Befristungsgesetz
QC	Queen´s Counsel

UKHL	United Kingdom House of Lords (Law Reports)
UKSC	United Kingdom Supreme Court (Law Reports)
u.U.	unter Umständen
UK	United Kingdom
v	versus
vgl.	vergleiche
vol	volume
WLR	Weekly Law Reports
z.B.	zum Beispiel
ZfA	Zeitschrift für Arbeitsrecht
ZPO	Zivilprozessordnung
ZVglRWiss	Zeitschrift für vergleichende Rechtswissenschaft

Einführung

Die Arbeitsgerichtsbarkeit führt in England ein stiefmütterliches Dasein. Zum einen steht sie im Schatten der Zivilgerichtsbarkeit, da sich Prozessrechtler in England vorwiegend mit dem Zivilverfahrensrecht beschäftigen. Das Prozessrecht der Arbeitsgerichte („*Employment Tribunals*" und „*Employment Appeal Tribunal*") hingegen, die lediglich „*tribunals*" und keine vollwertigen „*courts*"[1] sind, wird nicht immer ernst genommen. Zum anderen werden die Existenz der *Employment Tribunals*, ihre Zuständigkeit und das von ihnen gesprochene Recht ausnahmslos durch Gesetze („*statutes*") geregelt.[2] Die Rechtsprechung aufgrund von Gesetzen ist dem Rechtssystem des *Common Law* aber fremd und ungewohnt, da es vorwiegend mit Fallrecht („*case law*")[3] arbeitet. Ansprüche und Anspruchsvoraussetzungen werden im *case law* aufgrund früher ergangener Entscheidungen gebildet und in der Regel nicht in Gesetzbüchern festgehalten. „*We will cross the bridge when we come to it*" denkt sich der improvisierende Engländer und versucht gar nicht erst, ein noch nicht entstandenes Problem in abstrakten Gesetzen vorab zu lösen.[4] Aufgrund der herrschenden Stellung des Zivilprozessrechts und des *case law* gibt es verhältnismäßig wenige Werke, die sich ausschließlich mit dem englischen Arbeitsprozessrecht beschäftigen.

Diese Dissertation setzt sich daher zum Ziel, die Arbeitsgerichtsbarkeit in England zu analysieren und für einen aus dem deutschen Rechtskreis kommenden Leser[5] verständlich darzustellen.[6] Im Vordergrund steht die Abhandlung der Zuständigkeit, des Verfahrens und der Besonderheiten der *Employment Tribunals* und des *Employment Appeal Tribunal* als rein arbeitsrechtlichen Instanzen. Die Beschäftigung mit der englischen Arbeitsgerichtsbarkeit soll es einem deutschen Juristen ermöglichen, aus Unterschieden Ideen für das deutsche Verfahrensrecht zu sammeln und ein besseres Verständnis vom eigenen Recht zu erlangen. Auch kann die Dissertation bei der Lösung von unbekannten arbeitsprozessualen Problemen oder zur Suche von alternativen Lösungsansätzen als Nachschlagewerk für die Praxis dienen.

---

1 Zur Unterscheidung von *courts* und *tribunals* siehe unten: Teil 1 § 1 C. I., S. 9, 10.

2 Blackstone's Employment Practice, 1.32, p. 9; *Manley/Heslop,* Employment Tribunals, 1.4, p. 9; *McMullen,* Employment Tribunal Procedure, 2.1, p. 17; *Merrett*, (2010) 39 ILJ 355 (357); Tolley's Employment Handbook, 18.11, p. 456.

3 Zum *case law* allgemein siehe: *von Bernstorff,* Einführung in das englische Recht, S. 9-15; *Elliott/Quinn,* English Legal System, pp. 9-41; *Gillespie,* pp. 61-86; *Sims,* English Law and Terminology, pp. 31-35.

4 *Zweigert/Kötz,* Einführung in die Rechtsvergleichung, S. 69.

5 Jegliche maskuline Bezeichnung in dieser Arbeit umfasst auch die diesbezügliche Entsprechung im Femininum.

6 Die Dissertation beschäftigt sich ausschließlich mit der Arbeitsgerichtsbarkeit in England, da Ausführungen zu verfahrensrechtlichen Unterschieden in Schottland und Wales die Arbeit zu umfassend machen würden.

Für die Bearbeitung des Themas wird nicht die Methode der Rechtsvergleichung[7] gewählt, da sie den Rahmen der Arbeit sprengen würde. Auch ist es oftmals Aufgabe der Rechtsvergleichung aus dem Grundprinzip der Funktionalität heraus, ein bestimmtes Problem herauszugreifen und zu fragen, wie genau dieses Problem in verschiedenen Ländern gelöst wird.[8] Daraus kann dann ein bestimmter Nutzen für die eigene Rechtsordnung gezogen werden. In England und Deutschland weichen die Gerichtssysteme aber zu weit voneinander ab, als dass die Rechtsvergleichung befriedigende Ergebnisse erzielen würde.[9]

Die Arbeitsgerichtsbarkeit in England wird daher in einem Länderbericht mittels empirischer Methode strukturiert dargestellt. Hierbei wird, wie bei der Rechtsvergleichung üblich, versucht, sich von deutschen Denkkategorien zu lösen und einen übergeordneten Standort einzunehmen. Die Darstellung erfolgt soweit möglich anhand von Originalquellen in englischer Sprache. Englischsprachige Begriffe werden hierbei beibehalten, wenn es keine deutschsprachigen Entsprechungen gibt oder die englischen Begriffe sehr prägnant und wegweisender als ihre deutschen Entsprechungen sind.[10] Zur Verdeutlichung einzelner prozessualer Probleme werden Beispiele anhand von Gerichtsentscheidungen gebildet. Auch werden Beobachtungen aufgezeigt, die aufgrund von Besuchen der *Employment Tribunals* und des *Employment Appeal Tribunal* und durch Gespräche mit englischen Juristen entstanden sind.

Sofern bei der Behandlung des Themas die „Quecksilbersäule des Sich-Wunderns"[11] aus Sicht des deutschen Rechtsanwenders hohe Grade erreicht, werden Unterschiede zum deutschen Arbeitsgerichtsprozess besonders hervorgehoben. Hierzu erfolgen kurze rechtsvergleichende Ausführungen an entsprechender Stelle.

Neben der Historischen Entwicklung der englischen Arbeitsgerichte (§ 1) beschäftigt sich Teil eins der Dissertation mit der Person des Arbeitsrichters (§ 2). Die Zuständigkeit der Arbeitsgerichte (§ 3) und die Abgrenzung zur Zuständigkeit der Zivilgerichte (§ 4) werden im zweiten Teil behandelt. Teil drei und vier stellen den Gang des arbeitsgerichtlichen Verfahrens erster Instanz chronologisch dar. Begonnen wird in Teil drei mit der Zulässigkeit der

---

7 Zur Abgrenzung Makrovergleichung/Mikrovergleichung siehe: *Junker,* NZA 2002, 131 (131); *Zweigert/Kötz,* Einführung in die Rechtsvergleichung, S. 4-7.

8 *Junker,* in: FS Canaris, Bd. II, S. 706; *Junker,* JZ 1994, 921 (923); *Zweigert/Kötz,* Einführung in die Rechtsvergleichung, S. 33-35. Ein Beispiel für eine funktionale Betrachtung eines bestimmten Problems im Wege der Mikrovergleichung sind die Anwendbarkeit der Betriebsverfassung in verschiedenen Ländern, vgl. *Junker,* NZA 2002, 131 (131).

9 Zur schlechten Vergleichbarkeit der englischen und deutschen Arbeitsgerichte siehe auch *Junker,* in: FS Canaris, Bd. II, S. 718.

10 Ansonsten bestünde die Gefahr wegen einer ungenauen Übersetzung die Bedeutung des Begriffs misszuverstehen, vgl. *Junker,* in: FS Canaris, Bd. II, S. 717.

11 *Zweigert/Kötz,* Einführung in die Rechtsvergleichung, S. 67.

Klage (§ 5), anschließend wird auf die Reaktionsmöglichkeiten des Beklagten Bezug genommen (§ 6).

Teil vier, der Hauptteil der Arbeit, beschäftigt sich mit dem Verfahren erster Instanz, namentlich den allgemeinen Verfahrensgrundsätzen (§ 7), der Vorbereitung (§ 8) und dem Ablauf der Hauptverhandlung (§ 9). Nach Darstellung der Prozessbeendigungsmöglichkeiten (§ 10) beschäftigt sich der fünfte Teil der Arbeit mit der Frage, wie sich eine unterliegende Partei gegen eine Entscheidung zur Wehr setzen kann. Neben dem Instanzenzug (§ 11) werden Rechtsmittel (§ 12) erläutert, wobei ein besonderer Fokus auf die rein arbeitsrechtliche Berufungsinstanz des *Employment Appeal Tribunal* gelegt wird. Eine Zusammenfassung schließt die Arbeit.

Teil 1 Entstehungsgeschichte der Arbeitsgerichtsbarkeit in England

§ 1 Historische Entwicklung der Employment Tribunals

In den 1950er und 1960er Jahren herrschte in England die allgemeine Meinung, dass Recht und arbeitsvertragliche Beziehungen nur wenig miteinander zu tun haben.

> *„There is, perhaps, no maior country in the world in which the Law has played a less significant role... and in which today the law and legal profession have less to do with labour relations."*[12]

Großbritannien war noch kein Mitglied der in Arbeitsbeziehungen rechtssetzenden Europäischen Union und zudem stark von Gewerkschaften beeinflusst. Arbeitsbedingungen wurden kollektivrechtlich und nicht gesetzlich festgelegt, da Gewerkschaftsfunktionäre der Gesetzgebung im Arbeitsrecht ablehnend gegenüber standen,[13] was eine große Anzahl Streiks mit sich führte.[14] Der Staat hielt sich aus arbeitsrechtlichen Beziehungen heraus, wodurch den Gewerkschaften größtmögliche Willkür bei deren Gestaltung gestattet war – ein *„col-lective laissez-faire"*.[15]

A. Gründung der Industrial Tribunals als Schlichtungsstellen

Infolgedessen waren in England arbeitsvertragliche Streitigkeiten vor Gerichten selten und wurden bis in die 1960er Jahre von den Zivilgerichten, dem *High Court* und den *county courts*, entschieden.[16]

Erst 1964 wurden durch den *Industrial Training Act*[17] besondere Schlichtungsstellen für arbeitsvertragliche Streitigkeiten gegründet.[18] Sie erhielten den Namen *„Industrial Tribunals"*

---

12 *Kahn-Freund,* in: *Flanders,* The System of Industrial Relations in Great Britain, p. 44.

13 *Davies/Freedland,* Labour Legislation and Public Policy, p. 10; *Shakleton,* Employment Tribunals, p. 41; *Taylor/Emir,* Employment Law, p. 9.

14 *Davies/Freedland,* Labour Legislation and Public Policy, pp. 10-12, 24; *Shakleton,* Employment Tribunals, p. 42; *Taylor/Emir,* Employment Law, p. 9. Dieser Zustand wurde auch als *negative law* bezeichnet, vgl. *Davies/Freedland,* Labour Legislation and Public Policy, p. 11.

15 *Kahn-Freund,* in: *Flanders,* The System of Industrial Relations in Great Britain, p. 44. Hierzu auch: *Davies/Freedland,* Labour Legslation and Public Policy, pp. 8-43; *Junker,* ZfA 32 (2001), 225 (229). Eine ablehnende Sicht auf die Gewerkschaften und ihre Beeinflussung der arbeitsrechtlichen Bedingungen in England hatten nur wenige, wie der Akademiker *Friedrich Hayek.* Er bezeichnete Gewerkschaften in *Constitution of Liberty,* pp. 267, 268 als *„uniquely privileged institutions to which the general rules of law do not apply ... using their position to coerce individual workers and employers."*.

16 *Kilian,* NZA 1999, 1088 (1088); *Elsner,* IRA 1971, S. 1.

aufgrund des sie erschaffenden *Industrial Training Act.*[19] Die Institution der *Industrial Tribunals* war kein Ergebnis einer ernsthaften öffentlichen oder parlamentarischen Debatte oder der Forderung einer Gewerkschaft oder eines Arbeitgeberverbandes, sondern geschah aufgrund eines einstimmigen Beschlusses des Arbeitsministeriums.[20] *Industrial Tribunals* waren zu dieser Zeit aber auch noch keine selbstständigen Spruchkörper, sodass die Zuständigkeit zur Rechtsprechung nach Gründung der Schlichtungsstellen weiterhin bei den Zivilgerichten lag.[21]

Ursprünglich waren *Industrial Tribunals* zuständig für Streitigkeiten zwischen Arbeitgebern und dem Staat über die Verantwortlichkeit, für jeden Arbeitnehmer eine Abgabe nach dem ITA 1964 („*industrial training levy*") zu zahlen.[22] Arbeitgeber konnten sich an *Industrial Tribunals* wenden, wenn sie eine Abgabe dem Grund oder der Höhe nach unbegründet fanden.[23] Die heute hauptsächlich dem Schutz des Arbeitnehmers dienenden Arbeitsgerichte wurden grundsätzlich als Rechtsschutzmöglichkeit des Arbeitgebers instituiert.

Die anfangs nur begrenzte Entscheidungsbefugnis wurde in den sechziger Jahren Stück um Stück ausgeweitet. In der Folgezeit entschieden *Industrial Tribunals* hauptsächlich über Zahlungsansprüche der Arbeitnehmer bei betriebsbedingten Kündigungen nach dem *Redundancy Payment Act 1965*[24].[25] Der Anspruch bestand grundsätzlich gegen den Arbeitgeber, wobei ein Teil der Zahlung aus dem *Redundancy Fund* der Regierung geleistet wurde, der sich wiederum aus Arbeitgeberabgaben finanzierte.[26] Weiter waren *Industrial Tribunals* zuständig für

---

17 *Industrial Training Act 1964* (c. 16) = ITA 1964.

18 *Davies/Freedland,* Labour Legislation and Public Policy, p. 145; *Greenhalgh,* Industrial Tribunals, p. 10; Germelmann/*Prütting,* ArbGG, Einleitung Rn. 330; *Taylor/Emir,* Employment Law, p.45. Vgl. den Gesetzeswortlaut des ITA 1964, s 12 (1) The Minister shall by regulations provide for the establishment of a tribunal or tribunals to determine appeals by persons assessed to any levy imposed under this Act and such regulations may include (a) provision as to the procedure to be followed on such an appeal; and (b) provision for summoning persons to attend and give evidence and produce documents and for authorizing the administration of oaths to witnesses.

19 *Kilian,* NZA 1999, 1088 (1089); *MacMillan,* (1999) 28 ILJ 33 (34); Tolley's Employment Handbook, 18.1, p. 443.

20 *Clark/Wedderburn,* in: *Wedderburn/Lewis/Clark,* Labour Law and Industrial Relations: Building on Otto Kahn-Freund, p. 176; *Davies/Freedland,* Labour Law and Legislation, p. 163. Die Idee, *Industrial Tribunals* als streitschlichtende Stelle zu erschaffen, rührt bereits aus dem Bericht des Komitees zum *Truck Act* aus 1961 und nicht erst aus dem ITA 1964 her.

21 *Donaldson,* RdA 1974, 232 (232); *Kilian,* NZA 1999, 1088 (1089).

22 *Elsner,* IRA 1971, S. 10; *Honeyball,* Labour Law, p. 5; *Kilian,* NZA 1999, 1008 (1089); *McMullen,* Employment Tribunal Procedure, 1.1, p. 3; *Shakleton,* Employment Tribunals, p. 21; Tolley's Employment Handbook, 18.1, p. 443; *Whitesides/Hawker,* Industrial Tribunals, p. 1.

23 *Whitesides/Hawker,* Industrial Tribunals, p. 1.

24 *Redundancy Payments Act* 1965, c. 3.

25 *Kahn-Freund,* RdA 1969, 336 (339); *Kilian,* NZA 1999, 1088 (1089); *MacMillan,* (1999) 28 ILJ 33 (34).

26 *Davies/Freedland,* Labour Legislation and Public Policy, p. 145.

Klagen auf schriftliche Festlegung einzelner Arbeitsbedingungen,[27] für Klagen auf Feststellung, ob eine Tätigkeit als Dockarbeit galt, sodass bestimmte Arbeitszeitregelungen Anwendung fanden,[28] und für Klagen auf gleichen Lohn für Arbeitnehmer verschiedenen Geschlechts oder Rasse.[29]

Generell war eine Vertretung durch Anwälte oder Gewerkschaften unüblich, denn *Industrial Tribunals* sollten als einfach zugängliche Rechtsschutzmöglichkeit einer schnellen, formloseren und kostengünstigen Streitlösung dienen.[30] Auch wurde eine Entscheidung selten mit einer Berufung angefochten. Als zweite Instanz gab es weder das *Employment Appeal Tribunal* (EAT) noch dessen Vorgänger, den *National Industrial Relations Court* (NIRC), sodass über Berufungen in der *Queen's Bench Division* des *High Court* entschieden wurde.[31] Auch in örtlicher Hinsicht unterschieden sich die *Industrial Tribunals* von den heutigen *tribunals*. Das Gericht hatte keinen festen Sitz, vielmehr zogen Arbeitsrichter durch das Land und sprachen am Ort der jeweiligen Streitigkeit Recht.[32]

B. Industrial Tribunals im Report der Donovan-Kommission

Lord Donovan schlug im Jahr 1968 im Bericht der Donovan-Kommission[33] vor, die Entscheidungsbefugnisse der *Industrial Tribunals* auszuweiten. Die Donovan-Kommission wurde eingesetzt, um das Kollektivarbeitsrecht und das Verhältnis zwischen Gewerkschaften und Arbeitgeberverbänden in Großbritannien zu untersuchen und Vorschläge zu dessen Verbesserung zu verbreiten.[34] Die Öffentlichkeit befand die Gewerkschaften inzwischen als zu mächtig

---

27 *Contract of Employment Act* 1963, c. 49.

28 *Docks and Harbours Act* 1966, c. 26.

29 *Equal Pay Act* 1970, c. 41; Vgl. s. 2 (1) Any claim in respect of the contravention of a term modified or included by virtue of an equality clause, including a claim for arrears of remuneration or damages in respect of the contravention, may be presented by way of a complaint to an industrial tribunal. Vgl. auch *Whitessides/Hawker,* Industrial Tribunals, p. 3-5.

30 HC Deb, vol 711, col 46 (16 April 1965): *„(tribunals) ...will be organized so as to be easy of access to workers and employers, and to provide a speedy means of settling disputes with less formality and expense than might be entailed if disputes were to go to court."*; *Davies/Freedland,* Labour Law and Public Policy, p. 164; *MacMillan,* (1999) 28 ILJ 33 (34).

31 *Davies/Freedland,* Labour Law and Public Policy, p. 164; *MacMillan,* (1999) 28 ILJ 33 (34).

32 *MacMillan,* (1999) 28 ILJ 33 (36); *Whitesides/Hawker*, Industrial Tribunals, p. 2.

33 Bericht der Royal Commission on Trade Unions and Employers` Association 1965-68, Cmnd 3623. Der Bericht besteht aus 1.112 Paragraphen, lediglich 19 wurden den *Industrial Tribunals* gewidmet. Siehe zum Donovan-Report allgemein: *Banks,* (1969) 24 Industrial Relations, 333; *Colneric,* Der Industrial Relations Act 1971, S. 53-57; *Kahn-Freund,* RdA 1969, 336; *Turner,* The Economic Journal 1969, 79 (313), 1.

34 *Banks,* (1969) 24 Industrial Relations 333 (335); *Davies,* Perspectives, p. 8; *Davies/Freedland,* Labour Legislation and Public Policy, p.246; *Honeyball,* Labour Law, p. 5; *Kahn-Freund,* RdA 1969, 336 (337); *Turner,* The Economic Journal, 1969, 79 (313), 1 (1). Vgl. Bericht der Royal Commission on Trade Unions and Employers` Association 1965-68, CmnD 3623, para 4: *„to consider relations between managements and employees and the role of trade unions and employers'associations in promoting the interests of their members and in accelerating the social and economic advance of nation, with particular reference to the law."*.

und ein Ruf nach gesetzlicher Regelung des Kollektivarbeitsrechts wurde laut.[35] Vorangegangen war der Fall *Rookes v Barnard* [1954][36], in dem das *House of Lords* das Delikt der Einschüchterung neu definierte. Auch eine Drohung mit einer Vertragsverletzung wie einem Streik galt nun als Einschüchterung und wurde illegal.[37] Auch schaffte das *House of Lords* in *Rookes v Barnard* [1964] die Immunität der Gewerkschaftsmitglieder bei einem Streik ab,[38] was die Tarifautonomie gefährdete und eine Wiederherstellung derselben forderte.[39]

Die Donovan-Kommission empfahl in selbigem Bericht, *Industrial Tribunals* als eigenständige rechtsprechende Instanz einzuführen und sie zur Lösung aller Streitigkeiten zwischen Arbeitnehmern und Arbeitgebern einzusetzen. *Industrial Tribunals* sollen in einem einfach zugänglichen, informellen, schnellen und kostengünstigen Verfahren entscheiden:

> *„Having considered (whether the jurisdiction of the existing industrial tribunals should be enlarged to comprise "all disputes between the individual worker and his employer") we have come to the conclusion that ... this should be done.... The object we have in mind in making this recommendation is ... primarily, to make available to employers and employees, for all disputes arising from their contracts of employment, a procedure which is easily accessible, informal, speedy and inexpensive."*[40]

Industrial Tribunals wurden als beste Möglichkeit für eine gütliche Streitbeilegung gesehen.

C. Der Industrial Relations Act 1971

Insoweit wurde dem Vorschlag der Donovan-Kommission durch den *Industrial Relations Act 1971*[41] entsprochen und *Industrial Tribunals* als rechtsprechende Instanz für nahezu alle ar-

35 *Shakleton*, Employment Tribunals, p. 43.

36 *Rookes v Barnard* [1964] AC 1129 HL.

37 *Rookes v Barnard* [1964] AC 1129 (1169, 1194, 1201, 1204, 1235) HL. Zuvor fiel nur eine tätliche Beleidigung unter das Delikt der Einschüchterung.

38 *Rookes vs. Barnard* [1964] AC 1129 (1178, 1218) HL.

39 *Colneric,* Der Industrial Relations Act 1971, S. 54; *Davies/Freedland,* Labour Legislation and Public Policy, p. 245; *Turner,* The Economic Journal, 1969, 79 (313), 1 (1).

40 Bericht der Royal Commission on Trade Unions and Employers` Association 1965-68, Cmnd 3623, para 572.

41 *Industrial Relations Act 1971* (c. 72) = IRA 1971. Infolge der Rechercheergebnisse der Donovan-Kommission und der Gesetzeslücken im Arbeitsrecht hatte die sozialistische Regierung unter Wilson zuvor beschlossen, das Kollektivarbeitsrecht gesetzlich zu regeln. Die Gewerkschaften waren gegen eine Kodifizierung des Kollektivarbeitsrechts und die Einschaltung von Arbeitsgerichten zur Entscheidung kollektivarbeitsrechtlicher Streitigkeiten, sodass die Regierung ließ ihren Gesetzesentwurf wieder fallen. Die 1970 gewählte konservative Regierung unter Heath brachte einen ähnlichen Entwurf als IRA 1971 durch, stieß damit aber auf großen Widerstand der sozialistischen Opposition und der Gewerkschaften. Schon 1974 wurde der IRA 1971 durch die nächste Labour Regierung wieder aufgehoben, vgl. *Banks,* (1969) 24 Industrial Relations 333 (366); *Davies/Freedland,* Labour Legislation and Public Policy, pp. 272, 273; *Donald-*

beitsrechtlichen Streitigkeiten eingeführt.[42] Sie bekamen den Charakter eines *tribunal*, den sie auch heute noch innehaben.

I. Das „tribunal" in Abgrenzung zum „court"

Tribunals in England sind von den *courts*, wie den *county courts*, dem *High Court*, dem *Court of Appeal* und dem *Supreme Court*, zu unterscheiden. Ein *tribunal* ist eine rechtsprechende Institution, die in Ergänzung zum normalen Gerichtssystem Recht spricht.[43] *Tribunals* ähneln *courts* und werden daher teilweise als *„court-substitutes"* bezeichnet.[44] Sie definieren sich vor allem durch ihre Unterschiede zu *courts*: durch das Spezialwissen der ihnen angehörenden Richter und Laienrichter, ihre differenzierten Spezialgebiete und die günstigere und schnellere Verfahrensabwicklung.[45] Auch wird der Prozess an *tribunals* informeller gehalten und soll die Vertretung durch einen Anwalt unnötig machen.[46] Das Frank´s Commitee[47] beschrieb die Vorteile der *tribunals* im Vergleich zu *courts* bereits im Jahr 1957: *„cheapness, accessibilty, freedom from technicality, expedition and expert knowledge of their particular subject"*.[48]

Tribunals befassen sich vorwiegend mit Streitigkeiten aus dem Über-/Unterordnungsverhältnis. Ein Beispiel hierfür ist das *first-tier tribunal*, das aus sechs Kammern besteht, die unter anderem über Gesundheits- und Bildungsfragen, in Asyl- und Immigrationssachen, in Steuerangelegenheiten, aber auch über Kriegspensionen entscheiden.[49] Das *Employment Tribunal* bildet zu sonstigen *Tribunals* in dieser Hinsicht die Ausnahme, da es ausschließlich über Ansprüche zwischen gleichgestellten Personen entscheidet.[50]

---

son, RdA 1974, 232 (232); *Elsner,* IRA 1971, S. 8, 9; *Honeyball,* Labour Law, p. 6, 7; *Shakleton,* Employment Tribunals, p. 43.

42 *Kilian,* NZA 1999, 1088 (1089); *Donaldson,* RdA 1974, 232 (233).

43 *Elliott/Quinn,* English Legal System, p. 494; *Kilian,* NZA 1999, 1088 (1089); *Sims,* Eng-lish Law and Terminology, p. 49.

44 *Genn,* MDR 1993, 56, 393 (394).

45 *Elliott/Quinn,* English Legal System, pp. 494, 501; *Genn,* MDR 1993, 56, 393 (399); *Gillespie,* 15.3, S. 499; *Kilian,* NZA 1999, 1088 (1089); *Munday,* (1981) ILJ 10, 146 (159). In welchen Spezialgebieten *tribunals* entscheiden siehe unter: http://www.justice.gov.uk/ tribunals, zuletzt aufgerufen am 01.06.2012.

46 *Carnwath,* PL 2009, Jan, 48 (53); *Donaldson,* RdA 1974, 232 (233); *Elliott/Quinn,* English Legal System, pp. 501, 502; *Genn,* (1993) 56 MLR 393 (394); *Gillespie,* 15.3.2, S. 502; *Kilian,* NZA 1999, 1088 (1089).

47 Report of the Committee on Administrative Tribunals and Enquiries 1957, Cmnd 218. Die Kommission unter Sir Oliver Franks wurde eingesetzt, um Verfahren und Effizienz der *tribunals* zu überprüfen.

48 Report of the Committee on Administrative Tribunals and Enquiries 1957, Cmnd 218, para 37.

49 Über welche Fragen die Kammern des *first-tier tribunal* genau entscheiden siehe unter: http://www.justice.gov.uk/about/hmcts/tribunals.htm - zuletzt aufgerufen am 31.01.2012. Als Berufungsinstanz zum *first-tier tribunal* urteilt das *upper tribunal*, das wiederum in Spezialkammern für Berufungen gegen Entscheidungen des *first-tier tribunal* zuständig ist. Die Struktur der meisten heute bestehenden *tribunals* wurde durch den *Tribunals, Courts and Enforcement Act 2007* (c. 35) = TCEA 2007 geschaffen.

50 *Carnwath,* PL 2009, Jan, 48 (53); *Elliott/Quinn,* English Legal System, p. 494; *Kilian,* NZA 1999, 1088 (1089).

Ein bedeutender Unterschied zu den *courts* liegt in der mangelnden Vollstreckbarkeit der Entscheidungen. Ein *tribunal* kann seine eigenen Anordnungen nicht vollstrecken. Bei Nichtbeachtung des Urteils des *Employment Tribunal* muss dieses bei einem *county court* vollstreckt werden, was allerdings wiederum lange dauern, teuer werden und fruchtlos bleiben kann.[51] Auch liegt grundsätzlich kein Vergehen wegen Missachtung des Gerichts (*„contempt of court"*) vor, wenn ein *Employment Tribunal* im Kündigungsschutzprozess eine Entscheidung zur Wiedereinstellung trifft und der Arbeitgeber sich hieran nicht hält.[52] Erst seit *Peach Grey & Co v Sommers* [1995] gelten Tribunals als niedere Gerichte, sogenannte *„inferior courts"*, mit der Folge, dass eine Nichtbeachtung ihrer Urteile als *contempt of court* strafbar ist.[53]

II. Gründung als „tribunal"

Warum wurden die englischen Arbeitsgerichte durch den IRA 1971 als *tribunal* und nicht als *court* instituiert? Eine Antwort hierauf könnte sein, dass sie unter dem Namen *„Industrial Tribunal"* bereits 1964 als Schlichtungsstellen gegründet waren. Letztlich sind und waren aber wohl die von Frank's Committee aufgestellten Charakteristika für *tribunals* - *„cheapness, accessibilty, freedom from technicality, expedition and expert knowledge of their particular subject"*[54] - bei den englischen Arbeitsgerichten besonders stark ausgeprägt zu finden und daher für die Kategorisierung als *tribunal* maßgeblich.[55] Die *Industrial Tribunals* erheben keine Gerichtsgebühren, sitzen an vielen verschiedenen Orten, verzichten auf Formzwang insbesondere durch die Möglichkeit des Parteiprozesses und haben spezielles Fachwissen durch Mitwirkung von Laienrichtern aus der Arbeitswelt. Auch waren sie ursprünglich nur für Streitigkeiten der Arbeitgeber gegen den Staat und daher im Über-/Unterordnungsverhältnis zuständig.

III. Ausdehnung der Zuständigkeit

Neben der Gründung der *Industrial Tribunals* als rechtsprechende Instanz wurde durch den IRA 1971 die Zuständigkeit derselben ausgeweitet. Neben der bereits bestehenden Zuständigkeit für Zahlungsansprüche bei betriebsbedingter Entlassung wurde die Entscheidungsbefug-

---

51 Blackstone's Employment Law Practice, 14.01, p. 224; *Honeyball,* Labour Law, p. 12; Tolley's Employment Handbook, 19.66, p. 558. Zur Zwangsvollstreckung durch *county courts* siehe *Bunge,* Zivilprozess in England, S. 201, 212-213.

52 Nichtbeachtung von Gerichtsentscheidungen ist in England als Vergehen strafbar (*„con-tempt of court"*); vgl. *Elsner,* IRA 1971, S. 13; *Honeyball,* Labour Law, p. 7.

53 *Peach Grey & Co v Sommers* [1995] 2 All ER 513, [1995] ICR 549, [1995] IRLR 363.

54 Report of the Committee on Administrative Tribunals and Enquiries 1957, Cmnd 218, para 37.

55 *Greenhalgh,* Industrial Tribunals, p. 17. Zu den Verfahrenseigenschaften der *Employment Tribunals* siehe unten Teil 3 § 7 A.-G., S. 66-76.

nis auf Kündigungsschutzverfahren erweitert.[56] Die neu geschaffene Klagemöglichkeit gegen eine unwirksame Kündigung („*unfair dismissal*") fällt jetzt in die Zuständigkeit der *Industrial Tribunals*.[57] Neben Weiterbeschäftigung am vorherigen Arbeitsplatz kann ein *Industrial Tribunal* im Fall einer *unfair dismissal* eine Entschädigungszahlung anordnen.[58] Weiter war die Wahrung der durch den IRA 1971 neu eingeführten Rechte, die der Arbeitnehmer gegen den Arbeitgeber und die Gewerkschaft hat, Aufgabe der *Industrial Tribunals*. [59] Die Schaffung neuer Zuständigkeiten vor allem bei *unfair dismissal* sollte zur Reduzierung illegaler Streiks führen. Statt zu streiken, sollten Arbeitnehmer vor Gericht ziehen.[60]

Während anfangs noch Streitigkeiten zwischen Privatpersonen und dem Staat im Fokus der *Industrial Tribunals* standen, ist durch die Entscheidungsbefugnis über Kündigungsstreitigkeiten das Verhältnis zwischen Arbeitgebern und Arbeitnehmern maßgebliche Aufgabe der *Industrial Tribunals* geworden.[61] Anfang der Siebziger Jahre sind *Industrial Tribunals* nun *„maids of all work"*[62].

IV. Schaffung eines übergeordneten Arbeitsgerichts

Durch den IRA 1971 wurde zudem ein übergeordnetes Arbeitsgericht geschaffen, der *National Industrial Relations Court* (NIRC).[63] Er entschied in Kammern, die mit einem Berufsrich-

---

56 *Clark/Wedderburn*, in: Labour Law and Industrial Relations: Building on Otto Kahn-Freund, p. 176; *Donaldson*, RdA 1974, 232 (232); *Kilian*, NZA 1999, 1088 (1089).

57 *Davies/Freedland*, Labour Legislation and Public Policy, pp. 204, 205; *Donaldson*, RdA 1974, 232 (233); *Kilian*, NZA 1999, 1088 (1089); *Whitesides/Hawker*, Industrial Tribunals, p. 5. Die *unfair dismissal* muss zur bloß vertragswidrigen Kündigung („*wrongful dismissal*") abgegrenzt werden, die weiterhin unter die ordentliche Gerichtsbarkeit fällt. Erfolgt die Kündigung ohne Einhaltung der Kündigungsfrist, liegt eine vertragswidrige Kündigung (*wrongful dismissal*) vor. Bei einer *unfair dismissal* wird der Arbeitnehmer wegen anderer als den gesetzlich genannter Gründe, wie Unfähigkeit, fehlender Qualifikation oder arbeitsvertraglichen Fehlverhaltens, gekündigt oder eine Kündigung muss trotz Vorliegen eines Kündigungsgrundes als *unfair dismissal* angesehen werden. Zur Abgrenzung *wrongful dismissal – unfair dismissal* siehe: *Collins/Ewing/McColgan*, 5.1, pp. 436, 437; *Deakin/Morris*, 5.12, p. 396; *Donaldson*, RdA 1974, 232 (233); *Junker*, in: FS Canaris, Bd. II, S. 708.

58 *Davies/Freedland*, Labour Legislation and Public Policy, pp. 209, 210; *Rideout*, (1971) 23 MLR 655 (657). Zu Abhilfemaßnahmen der *Employment Tribunals* siehe unter Teil 4, § 10, D., S. 105-109.

59 Darunter fielen unter anderem das Recht, sich einer Gewerkschaft anzuschließen und sich in dieser zu betätigen, sowie das Recht, aus dieser auszutreten und andere Rechte als Gewerkschaftsmitglied geltend zu machen, wie beispielsweise nicht zu strengen Disziplinarmaßnahmen unterworfen zu sein, vgl. *Donaldson*, RdA 1974, 232 (233); *Elsner*, Industrial Relations Act 1971, S. 10.

60 *Shakleton*, Employment Tribunals, p. 45.

61 *Davies/Freedland*, Labour Legislation and Public Policy, p. 163; *Greenhalgh*, Industrial Tribunals, pp. 10, 12.

62 *Clark/Wedderburn*, in: Labour Law and Industrial Relations: Building on Otto Kahn-Freund, p. 177.

63 *Clark/Wedderburn*, in: Labour Law and Industrial Relations: Building on Otto Kahn-Freund, p. 179; *Donaldson*, RdA 1974, 232 (233); *Greenhalgh*, Industrial Tribunals, p. 13; *Honeyball*, Labour Law, p. 8; *MacMillan*, (1999) 28 ILJ 33 (34); Germelmann/*Prütting*, ArbGG, Einleitung Rn. 330. Zu den Verfahrensregeln des NIRC siehe: *Rideout*, The Practice and Procedure of the National Industrial Relations Court.

ter und mindestens zwei, aber höchstens vier Laienrichtern besetzt waren.[64] Zum einen war der NIRC für Berufungen der *Industrial Tribunals* zuständig, zum anderen hatte er auch eine erstinstanzliche Zuständigkeit für Tarifverträge, das Verfahren bei Abschluss von Tarifverträgen, rechtswidrige Arbeitskampfmaßnahmen und nationalen Notstand aufgrund von Arbeitskampf.[65] Im Rahmen des nationalen Notstands konnte der NIRC eine Karenzzeit und eine Abstimmung bei den Streiks anordnen, die schädlich für die nationale Wirtschaft waren, ein Chaos verursachten oder „Leib und Leben" gefährdeten.[66] Die Berufungen gegen erstinstanzliche Entscheidungen des NIRC gingen wiederum an die nationalen Berufungsgerichte, den *Court of Appeal* in England oder den *Court of Session* in Schottland[67], da der IRA 1971 keine einheitliche Berufungsinstanz geschaffen hatte.[68]

Die Gewerkschaften lehnten den NIRC als Symbol der ungewollten Regulierung durch den Staat ab. Sie erschienen nicht vor Gericht, beachteten die Entscheidungen des NIRC nicht und übertraten durch die Missachtung von Gerichtsentscheidungen die Schwelle zur Kriminalität.[69] Arbeitgeber stellten Anträge daher vermehrt an den *High Court*, da dessen Verfügungen befolgt wurden.[70] Der NIRC verstand sich im Gegensatz zu den ordentlichen Gerichten als spezialisiertes Arbeitsgericht und versuchte durch einstweilige Verfügungen Konflikte zu lösen,[71] wobei er auch nicht immer seine Neutralität gegenüber Gewerkschaften wahrte.[72]

---

64 IRA 1971, s 100; *Davies/Freedland,* Labour Legislation and Public Policy, p. 307; *Do-naldson,* RdA 1974, 232 (233); *Elsner,* Industrial Relations Act 1971, S. 12; *Rideout,* NIRC, 1-12, p. 10. Erster und einziger Präsident des NIRC war Sir John Donaldson.

65 *Clark/Wedderburn,* in: Labour Law and Industrial Relations: Building on Otto Kahn-Freund, p. 179; *Davies/Freedland,* Labour Legislation and Public Policy, p. 299; *Donaldson,* RdA 1974, 232 (234); *Elsner,* Industrial Relations Act 1971, S. 12; *Honeyball,* Labour Law, p. 6; *Rideout,* NIRC, pp. 1-5.

66 Der NIRC wandte diese einmal im Eisenbahnerstreik 1972 an, vgl. *Secretary of State for Employment v ASLEF (No. 2)* [1972] ICR 19; *Davies/Freedland,* Labour Legislation and Public Policy, p. 314; *Rideout,* (1973) 36 MLR 73 (73).

67 Der *Court of Cession* ist das höchste Zivilgericht in Schottland und das Äquivalent des englischen *Court of Appeal.* Er tagt als Erst- und Berufungsinstanz. Mehr hierzu siehe unter: http://www.scotcourts.gov.uk/session/index.asp, zuletzt aufgerufen am 01.06.2012.

68 *Donaldson,* RdA 1974, 232 (235); *Elsner,* Industrial Relations Act 1971, S. 12.

69 *Davies/Freedland,* Labour Legislation and Public Policy, p. 307; *Elsner,* IRA 1971, S. 13. Ein Höhepunkt des Konflikts war die Inhaftierung von fünf Gewerkschaftsfunktionären seitens des NIRC wegen eines Streiks an einer Kühlhalle (*„Pentonville Five"*), vgl. *Midland Cold Storage v Turner* [1972] ICR 230. Vorangegangen war ein Rechtsstreit über die Verantwortlichkeit bei Streiks, die von Gewerkschaftsfunktionären einer nicht registrierten Gewerkschaft organisiert wurden, vgl. *Heatons Transport Ltd v TGWU* [1972] ICR 285. Das *House of Lords* entschied schließlich entgegen der Ansicht des *Court of Appeal*, dass nicht einzelne Funktionäre, sondern die nicht registrierte Gewerkschaft verantwortlich ist. Daraufhin entließ der NIRC die *„Pentonville Five"* aus dem Gefängnis.

70 *Anderman/Davies,* (1974) 2 ILJ 30, fn 57; *Davies/Freedland,* Labour Legislation and Public Policy, p. 313.

71 *Anderman/Davies,* (1974) 2 ILJ 30 (36-40); *Davies/Freedland,* Labour Legislation and Public Policy, p. 312; *Donaldson,* (1975) 4 ILJ 63 (65, 68).

72 *Davies/Freedland,* Labour Legislation and Public Policy, p. 312; *Geary/Morrison/Jago,* in: The Politics of the Common Law, S.129; *Lewis,* (1974) 3 ILJ 201 (201); *Wedderburn,* (1980) 9 ILJ 65 (80): *„...but there can be little doubt that many of its statements were embarassingly unjudical. ... The view adopted by the*

Letztlich erscheinen die Bemühungen des NIRC gegen die Macht der Gewerkschaften anzukämpfen aber als erfolgloser Kampf eines Davids gegen Goliath.[73]

D. Der „social contract" und die Thatcher-Regierung

Mit der Aufhebung des IRA 1971 durch die 1974 neu gewählte Labour-Regierung[74] wurde auch der viel kritisierte NIRC durch den *Trade Union and Labour Relations Act 1974*[75] abgeschafft.[76] Dies war Teil des durch die Labour-Regierung mit den Gewerkschaften geschaffenen *„social contract"*. Durch die gewerkschaftsfreundlichere Gesetzgebung sollte es im Gegenzug möglich werden, die Gewerkschaften zu Zugeständnissen zu bewegen, wie z.B. Lohnermäßigungen durchzusetzen oder Streiks zu verringern.[77]

I. Die Neuerungen durch die Labour-Regierung 1974

Im Zusammenhang mit dem TULRA 1974 wurde 1975 der *Employment Protection Act*[78] erlassen. Der EPA 1975 begründete die Arbeitsgerichtsbarkeit als eigenen Gerichtszweig durch Einführung des *Employment Appeal Tribunal* (EAT) als Berufungsgericht und Nachfolger des NIRC.[79] Das EAT unterschied sich vom NIRC hinsichtlich fehlender erstinstanzlicher Zuständigkeit und fehlender Entscheidungsbefugnis über kollektivrechtliche Streitigkeiten.[80] Des Weiteren wurde im Wege dieser Gesetzgebung auch der *Advisory, Conciliation and Arbitration Service* (ACAS) gegründet, der neben der außergerichtlichen Streitschlichtung diverse andere Aufgaben im Rahmen von arbeitsrechtlichen Streitigkeiten erledigt.[81] Die Einführung einer außergerichtlichen, freiwilligen Streitbeilegung durch eine unabhängige Institution und nicht durch Gerichte barg die Hoffnung in sich, dass die Gewerkschaften eine Regulierung der Arbeiterrechte eher akzeptieren.[82] Auch war es Anfang der 1980er Jahre immer

---

present writer is that the NIRC was anything but neutral." Zur konträren Sichtweise des Präsidenten des NIRC siehe *Donaldson,* (1975) 4 ILJ 63.

73 *Kahn-Freund,* (1974) 3 ILJ 186 (199).

74 *Trade Union and Labour Relations Act 1974,* s 1 (1) The Industrial Relations Act is hereby repealed.

75 *Trade Union and Labour Relations Act 1974* (c. 52) = TULRA 1974, aufgehoben durch den *Trade Union and Labour Relations (Consolidation) Act 1992* (c. 52).

76 *Colneric,* Der Industrial Relations Act 1971, S. 1; *Elsner,* Industrial Relations Act 1971, S. 127; *Honeyball,* Labour Law, p. 7, Germelmann/*Prütting,* ArbGG, Einleitung Rn. 330.

77 *Davies,* Perspectives, p. 10; *Honeyball,* Labour Law, p. 7.

78 *Employment Protection Act 1975,* c. 71 = EPA 1975.

79 *Clark/Wedderburn,* in: Labour Law and Industrial Relations: Building on Otto Kahn-Freund, p. 80; *Honeyball,* Labour Law, p. 7; *Taylor/Emir,* Employment Law, p. 46.

80 *Honeyball,* Labour Law, p. 7.

81 *Taylor/Emir,* Employment Law, p. 50; *Pollmeyer,* RdA 2006, 124 (124); mehr zu ACAS siehe unten Teil 4 § 10 A. I., S. 98-101, und unter: http://www.acas.org.uk, zuletzt aufgerufen am 01.06.2012.

82 *Davies/Freedland,* Labour Legislation and Public Policy, p. 418; *Donaldson,* (1975) 4 ILJ 63; *Wedderburn,* (1980) 9 ILJ 65 (82).

noch eine offene Frage, ob die Arbeitsgerichte in England das Vertrauen der Arbeitnehmer und Gewerkschaften gewinnen würden.[83]

II. Förderung der Individualarbeitsrechte

Die große Bedeutung der Gewerkschaften sank schließlich in den Jahren der konservativen Thatcher-Regierung (1979-1990), deren Ziel es war, bei *Industrial Tribunals* einklagbare Individualarbeitsrechte gegenüber Kollektivvereinbarungen zu stärken.[84]

Eine Vielzahl neuer Gesetzgebungsakte im Bereich des Arbeitsrechts, wie der *Sex Discrimination Act 1975*, der *Race Relations Act 1975*, der *Employment Act 1982*, die *Equal Pay Regulations 1983*, und andere Faktoren, wie die Rezession in den frühen 1980er und 1990er Jahren und die nur noch begrenzt legale Streikmöglichkeit, schwächten den Einfluss der Gewerkschaften.[85] Die veränderte Arbeiterschaft mit zunehmend wachsendem Anteil von Frauen und ethnischen Minderheiten passte nicht in das Bild der vornehmlich männlichen, weißen Gewerkschaftswelt und erforderte mangels Schutz seitens der Gewerkschaften einklagbare, individuelle Rechte.[86] Ende der 1990er Jahre war die Anzahl der Arbeitnehmer, die Mitglied bei einer Gewerkschaft waren, von 13 Millionen (53%) im Jahr 1979 auf 7 Millionen (30 %) gefallen.[87]

Der schwindende Gewerkschaftseinfluss durch gestärkte, individuelle Rechte ließ als Kehrseite die Anzahl der Klageerhebungen zu *Industrial Tribunals* ansteigen.[88] Die Klagemöglichkeit gegen *„unfair dismissal"* zur Vermeidung inoffizieller Streiks verstärkte diesen Effekt noch.

E. Anstieg der Verfahrenslast durch Beitritt in die EU

Ein weiterer Grund für den Anstieg der arbeitsgerichtlichen Verfahren war der Beitritt Großbritanniens zur Europäischen Union im Jahr 1971.[89] Zum einen häuften sich Klagen durch die vermehrte EU-Gesetzgebung in arbeits- und sozialrechtlicher Hinsicht in den Jahren 1980 bis 1990 mit dem Ziel der Stärkung individueller Arbeiterrechte.[90] Zum anderen sorgt die alleini-

---

83 *Clark/Wedderburn,* in: Labour Law and Industrial Relations: Building on Otto Kahn-Freund, p. 184; *Wedderburn,* (1980) 9 ILJ 65 (84).
84 *Davies,* Perspectives, pp. 10, 11; *Davies/Freedland,* Labour Legislation and Public Policy, p. 428.
85 *Burges,* Explaining the Growth, pp. 2, 13; *Davies,* Perspectives, p. 11; *Taylor/Emir,* Employment Law, pp. 10, 14; *Shakleton,* Employment Tribunals, pp. 44, 45.
86 *Burges,* Explaining the growth, p. 57, *Shakleton,* Employment Tribunals, pp. 46, 47.
87 *Burges,* Explaining the growth, p. 22, figure 11; *Taylor/Emir,* Employment Law, p. 10; *Shakleton,* Employment Tribunals, p. 45.
88 *Burges,* Explaining the growth, pp. 2, 13; *Taylor/Emir,* Employment Law, p. 13.
89 *Knof,* Vorabentscheidungsverfahren, S. 44; *Shakleton,* Employment Tribunals, p. 50.
90 *Davies,* Perspectives, p. 14.

ge Auslegungskompetenz der EU-Rechtsakte durch den Gerichtshof der europäischen Union[91] für einen erweiterten Arbeitsaufwand der *Industrial Tribunals*. Gerade für England als Land des *Common Law* mit Geltung der *„rule of stare decisis"*[92] ist es schwer, den Anordnungen eines supranationalen Gerichts Folge zu leisten.[93] Die Anzahl der zu entscheidenden Fälle hatte sich von den Jahren 1989/1990 mit 34.697 Klagen bis zu den Jahren 1993/1994 mit 71.661 Klagen bereits mehr als verdoppelt.[94]

F. Umbenennung in Employment Tribunals 1998

Eine bemerkenswerte Veränderung geschah durch den *Employment Rights (Dispute Resolution) Act 1998*[95]: die *Industrial Tribunals* wurden nach ER (DR) A 1998, s 1 (1)[96] in *Employment Tribunals* umbenannt.

Die neue Namensgebung deutet auf die moderne Rolle der *tribunals* hin und führt deren Wandel fort. Schon längst nicht mehr reduziert sich die Aufgabe der Arbeitsgerichte darauf, über Abgabenstreitigkeiten der Arbeitgeber zu entscheiden. *„Employment Tribunal"* drückt weiter die nahezu umfassende Zuständigkeit in arbeitsrechtlichen Streitigkeiten aus.[97] Im Übrigen ähnelt der Begriff *„Industrial Tribunal"* dem Namen des mit ihm hervorgebrachten, teilweise verhassten NIRC.[98] Die Bezeichnung *„Employment Tribunal"* besitzt hingegen keinen negativen Assoziationen. Zudem erreicht der Begriff des *Employment Tribunal* eine Na-

---

91 Zur Auswirkung der EUGH-Rechtsprechung auf das englische Rechtssystem siehe auch: *Knof*, Vorabentscheidungsverfahren, S. 200-209.

92 Auch *„rule of precedent"* genannt. Das *case law* baut auf einem Präjudiziensystem auf. Das Gericht hat sich verbindlich an die vorangegangene Entscheidung zu halten (*stare decisis*). Weiter gilt nach diesem Grundsatz, dass sich die unterrangigen Gericht an die Entscheidungen der oberen Gerichte halten müssen. Einer plötzlichen Neuinterpretation des Rechts ohne vorangegangen Rechtstreit im englischen Instanzenzug ist für englische Richter daher sehr ungewohnt. Mehr hierzu: *Graf von Bernstorff*, Einführung in das englische Recht, S. 9-15; *Elliott/Quinn*, English Legal System, pp. 10-17; *Sims*, English Law and Terminology, pp. 33-35.

93 *Rösler*, ZVglRWiss 100 (2001), 448 (459); *Shakleton*, Employment Tribunals, p. 49; *Taylor/Emir*, Employment Law, p. 12; Tolley's Employment Handbook, 18.12, p. 459. Hierzu auch *Singh*, (2000) 30 IRJ 365 (385): *„...the European Court of Justice continues to give rulings in Employment Law cases.... This places a heavy burden on national courts and tribunals. They must interpret national legislation, and reconcile it with rulings of the EJC, whilst still remaining with the realm of interpreting, as opposed to rewriting or overruling... This problem is particularly acute for Great Britain, because it is a Common Law Country with a long history of well-established traditions and special circumstances."* Die negative Sichtweise englischer Juristen auf den Gerichtshof der Europäischen Union und die europäische Gesetzgebung zeigt sich deutlich bei *Brown*, in: The Future of Labour Law, 206 (217, 219): *„This has made some enemies and some member states are openly critical of this intervenist role. ...to abandon pressing for better laws on a national level would be foolish given the previous record of EU social policy and bleak prospects for the future."*.

94 *Deakin/Morris*, 2.20, p. 84.

95 *Employment Rights (Dispute Resolution) Act* 1998 (c. 8) = ER (DR) A 1998.

96 ER(DR) A 1998, s 1 (1) Industrial tribunals are renamed employment tribunals.

97 *Kilian*, NZA 1998, 1088 (1089).

98 *Greenhalgh*, Industrial Tribunals, p. 9.

mensvereinheitlichung mit dem arbeitsrechtlichen Berufungsgericht *Employment Appeal Tribunal*.

Des Weiteren wurden verschiedene verfahrensrechtliche Neuerungen durch den ER (DR) A 1998 eingeführt. Zum einen gab es Regelungen, die die Arbeit der *tribunals* schneller und effektiver gestalten sollten, wie die Entscheidungsmöglichkeit ohne mündliche Verhandlung bei Zustimmung der Parteien und vermehrte Einzelrichtersitzungen. Zum anderen sollten Regelungen über eine verbesserte Streitschlichtung möglichst viele Streitigkeiten von den Gerichten fernhalten.[99] Einen Vergleich kann nicht mehr nur ein *solicitor* oder *barrister*[100], sondern alternativ auch ein anderer Streitschlichter anstrengen.[101]

G. Reduzierung der Arbeitslast durch neue Verfahrensregeln

Nach den Änderungen des ER (DR) A 1998 sollten auch darauf folgende Gesetzgebungsakte Regelungen zur Verfahrensverringerung einführen.

Der *Employment Act 2002*[102] führte unter anderem ein strenges und umstrittenes Vorverfahren ein, das als Erschwerung der Klagemöglichkeit bei den *Employment Tribunals* gesehen wurde und somit zur Verringerung der arbeitsrechtlichen Verfahren führen sollte.[103] Der EA 2002 kodifizierte zwei verschiedene Vorverfahren, ein Standardvorverfahren und ein modifiziertes Vorverfahren, das bei besonderen Umständen, z.B. nach erfolgter Kündigung oder Übereinstimmung der Parteien, anwendbar ist.[104] Das Standardvorverfahren bestand aus drei Schritten, einem schriftlichen Hinweis, einer Besprechung und auf Wunsch des Arbeitnehmers ei-

---

99 *Lewis*, (1998) 27 ILJ 214 (214-216).

100 Anwälte in Großbritannien sind entweder *solicitor* oder *barrister*. Ein *solicitor* ist vor-wiegend ein Beratungsanwalt, der Erstgespräche mit Mandanten führt, Verträge ausarbeitet und nur vor niederen Gerichten oder nach Sonderausbildung als gerichtlicher Vertreter handelt. *Barrister* sind Prozessanwälte, die vorwiegend vor Gericht verhandeln und kaum Mandantenkontakt haben. Eine Ausbildung zum *Barrister* ist nur möglich, wenn der Absolvent an einem der vier *Inns of Court (Gray's Inn, Lincoln's Inn, Inner Temple* oder *Middle Temple*) zugelassen ist. Vgl. hierzu: *Bunge*, Zivilprozess in England, S. 97-99; *Elliott/Quinn*, English Legal System, pp. 158-176; *Gillespie*, 8.2, pp. 252-267; *Rösler*, ZVglRWiss 100 (2001), 447 (450, 451); *Sims*, English Law and Terminology, pp. 62-64; *Zweigert/Kötz*, Einführung in die Rechtsvergleichung, § 15 III, S. 208-212.

101 ER (DR) A 1998, s 9 (1) In each of the provisions specified in subsection (2) (which provide that, for a compromise agreement to be valid, independent legal advice must have been received from a qualified lawyer), for "independent legal advice from a qualified lawyer" substitute "advice from a relevant independent adviser".

102 *Employment Act 2002* (c. 22) = EA 2002.

103 *Deakin/Morris*, 2.26, pp. 85, 91; *Fox*, ELJ 2006 (73), Sept, 2 (3); *Hepple/Morris*, (2002) 31 ILJ 245 (261, 262). Genauere Regelungen des Verfahrensablaufs werden durch die ETR 2004 getroffen, die neben dem ETA 1996 die anzuwendenden Verfahrensregelungen darstellen.

104 Die Vorverfahren wurden mit dem *Employment Act 2008* bereits wieder abgeschafft. Zum Ablauf der Vorverfahren siehe auch: *Deakin/Morris*, 2.21-2.26, pp. 85-92; *Hepple/Morris*, (2002) 31 ILJ 245 (255-263).

nes weiteren Gesprächs.[105] Kritik wurde an der Folge der Nichtbeachtung des Vorverfahrens geübt.[106] Bei Nichtdurchführung durfte der Arbeitnehmer keine Klage bei den *Employment Tribunals* erheben,[107] eine Kündigung des Arbeitsgebers konnte andererseits als *unfair dismissal* betrachtet werden[108] und Abfindungszahlungen konnten bis zu 50 % gekürzt oder erhöht werden, je nachdem welche Partei die Nichtdurchführung verursacht hatte.[109] Diese Rechtsfolgen wurden teilweise als Verstoß gegen Art. 6 EMRK, das Recht auf ein faires Verfahren, gesehen.[110]

Die umstrittenen Vorverfahren wurden somit bereits durch den *Employment Act 2008*[111] wieder abgeschafft.[112] DasMinisterium für Handel und Industrie[113] hatte zuvor einen Bericht, die sogenannte *Gibbons-Review*, in Auftrag gegeben, um Vorschläge zur Vereinfachung und Verbesserung der Streitlösung zu finden.[114] Die *Gibbons-Review* von 2007 zeigte, dass die Vorverfahren ihr Ziel, die Verfahrenslast an *Employment Tribunals* zu verringern, verfehlt

---

105 EA 2002, Schedule 2, Step 1: statement of grounds for action and invitation to meeting s 1 (1) The employer must set out in writing the employee's alleged conduct or characteristics, or other circumstances, which lead him to contemplate dismissing or taking disciplinary action against the employee.... Step 2: meeting s 2 (1) The meeting must take place before action is taken, except in the case where the disciplinary action consists of suspension.... Step 3: appeal s 3 (1) If the employee does wish to appeal, he must inform the employer. (2) If the employee informs the employer of his wish to appeal, the employer must invite him to attend a further meeting....

106 *Hepple/Morris,* (2002) 31 ILJ 245 (245-269).

107 ER (DR) A 2002, s 32 (2) An employee shall not present a complaint to an employment tribunal under a jurisdiction to which this section applies if — (a)...(b) the requirement has not been complied with. Klagearten, bei denen die Klagemöglichkeit verfällt, waren in ER (DR) A 2002, schedule 4 aufgezählt.

108 ER (DR) A 2002, s 34 (2) ... An employee who is dismissed shall be regarded for the purposes of this Part as unfairly dismissed if— (a) one of the...dismissal and disciplinary procedures applies in relation to the dismissal, (b) the procedure has not been completed, and (c) the non-completion of the procedure is wholly or mainly attributable to failure by the employer to comply with its requirements. Hierdurch wird die „*no-difference*" rule bei Kündigungen wieder eingeführt, die durch die EAT Entscheidung *British Labour Pump Co Ltd v Byrne* [1979] IRLR 94, EAT eingeführt und mit der Entscheidung *Polkey v AE Dayton Services* [1987] IRLR 503, HL abgeschafft wurde, da sie als ungerecht galt, vgl. *Sanders,* (2007) 36 ILJ, 355.

109 EA (DR) 2002, s 31 (2) If ... it appears to the employment tribunal that— (a) the claim to which the proceedings relate concerns a matter to which one of the statutory procedures applies, (b) the statutory procedure was not completed before the proceedings were begun, and (c) the non-completion of the statutory procedure was wholly or mainly attributable to failure by the employee..., it must... reduce any award which it makes to the employee by 10 per cent, and may, if it considers it just and equitable in all the circumstances to do so, reduce it by a further amount, but not so as to make a total reduction of more than 50 per cent. (3) ... increase any award which it makes to the employee by 10 per cent and may, if it considers it just and equitable in all the circumstances to do so, increase it by a further amount, but not so as to make a total increase of more than 50 per cent.... Bei welchen Klagearten dies der Fall ist, siehe ER (DR) A 2002, schedule 3.

110 *Hepple/Morris,* (2002) 31 ILJ 245 (250).

111 *Employment Act 2008* (c. 24) = EA 2008.

112 EA 2008, s 1 In the EA 2002 (c. 22), ss 29 to 33 and Schedules 2 to 4 (which make provision for statutory dispute resolution procedures) are repealed.

113 Das Ministerium für Handel und Industrie, das *Departement for Trade and Industrie* (DTI), wurde inzwischen durch das *Departement for Business, Innovation and Skills* (BIS) ersetzt.

114 *Manley/Heslop,* Employment Tribunals, 1.1, p. 1; *Gibbons,* Better Dispute Resolution.

hatten.[115] Die meisten Unternehmen führten bereits interne Vorverfahren dieser Art durch, sodass mit einer gesetzlichen Anordnung derselben keine Neuheit entstand. Vielmehr verursachten die gesetzlich angeordneten Vorverfahren 30% mehr an Prozessen, da die Arbeitgeber mit ihren internen Vorverfahren meist die Voraussetzungen des strengen, dreistufigen Verfahren nicht wahrten und eine Kündigung daher unwirksam war.[116]

Die heutigen Verfahrensregelungen an den *Employment Tribunals* werden maßgeblich durch die *Employment Tribunal Regulations 2004*[117] bestimmt. Die ETR 2004 sollen den *Employment Tribunals* effizientere und gleichmäßigere Verfahren ermöglichen und zur außergerichtlichen Streitlösung am Arbeitsplatz animieren.[118] Im Jahr 2012 besteht nach wie vor Bedarf zur Reduzierung der Verfahrenslast. Der neuste Regierungsbericht zur Steigerung der Effektivität und Entlastung der *Employment Tribunals* schlägt neben einer möglichst frühen, außergerichtlichen Streitlösung die Verkürzung mündlicher Verhandlungen und die Einführung einer neuen Kostenstruktur als Lösungsmöglichkeit vor.[119]

H. Zusammenfassung

Insgesamt hat die Bedeutung der *Employment Tribunals* kontinuierlich zugenommen. Die Zuständigkeit wurde auf nahezu alle arbeitsrechtlichen Streitigkeiten ausgedehnt. Inzwischen wird nur noch darüber diskutiert, wie die Arbeitslast so gering wie möglich zu halten ist. Denn auch heute sollen die von der Donovan-Kommission aufgestellten Kriterien gelten: *Employment Tribunals* sollen im Jahr 2012 wie im Jahr 1964 *„easily accessible, informal, speedy and inexpensive"*[120] bei der Rechtsfindung agieren.

§ 2 Zusammensetzung der Richterbank

Zu Beginn wie auch heute entscheidet ein *Employment Tribunal* als dreigliedriges Organ bestehend aus einem Vorsitzenden Richter (*„chairman"* oder *„Employment Judge"*), der juris-

---

115 *Gibbons,* Better Dispute Resolution, p. 5: *„This is perhaps a classic case of good policy, but inappropriately inflexible and prescriptive regulation."*; *Sanders,* (2009) 38 ILJ 30 (34)

116 *Fox,* ELJ 2006 (73) Sept, 2 (4); *Gibbons,* Better Dispute Resolution, p. 7; *Sanders,* (2009) 38 ILJ 34 (34, 38); Restoring faith in employment tribunals, p. 24.

117 *Employment Tribunals Regulations 2004 (SI 2004/1681)* = ETR 2004.

118 *Fox,* ELJ 2006 (73) Sept, 2 (2); *Korn/Sethi,* ET Remedies, 22.02, p. 274; *Levinson,* ELJ 2004 (54) Oct, 9 (9); *Panesar/Gurnham,* SJ 2005, 149 (36), 1110.

119 *Davey/Djangoly,* Resolving workplace disputes, pp. 5, 6.

120 Bericht der Royal Commission on Trade Unions and Employers` Association 1965-68, Cmnd 3623, para 572.

tisch vorgebildet ist, und zwei Laienrichter („*lay members*").[121] Einer der Laienrichter wird von Arbeitgeberverbänden, üblicherweise von der *Confederation of British Industry* benannt, der andere Laienrichter seitens der Arbeitnehmerseite, d.h. seitens der Gewerkschaften.[122] Die meist für die Entscheidung maßgebliche Gewerkschaft ist der *Trade Union Congress* („*TUC*").[123]

Diese „*rule of equality*" soll die Interessen beider Parteien ausgleichen.[124] Eine Entscheidung mit zwei aus dem Arbeitsleben kommenden Personen treffen zu können, ist daneben der größte Vorteil der englischen Arbeitsgerichtsbarkeit.[125] Während die Richterkollegen am Zivilgericht allein entscheiden, kann sich der *chairman* mit seinen Kollegen beraten und durch die Arbeits- und Lebenserfahrung seiner Kollegen Beweise besser würdigen und einschätzen.

Aber welche Eigenschaften zeichnen einen Richter aus, der an einem *Employment Tribunal* entscheidet? S 3A des *Employment Tribunals Act* 1996[126] bestimmt lediglich technisch, wer ein Arbeitsrichter ist:

> *„A person who is a member of a panel of chairmen of employment tribunals which is appointed ... may be referred to as an Employment Judge."*

A. Die Person des Richters zu Beginn der Industrial Tribunals

Bei Entstehung der *Industrial Tribunals* waren die englischen Arbeitsrichter vorwiegend ehemalige, koloniale Verwaltungsbeamte. Sie hatten kaum praktische Erfahrung aus der Arbeitswelt, waren aber sozialkompetent und erfahren im Umgang mit Menschen.[127]

---

121 ETA 1996, s 4 (1)... proceedings before an employment tribunal shall be heard by— (a) the person who, in accordance with regulations made under section 1 (1), is the Employment Judge and (b) two other members, or (with the consent of the parties) one other member, selected as the other members (or member) in accordance with regulations so made.

122 ETR 2004, r 8 (3) The panels referred to in paragraphs (1) and (2) are: (a) a panel of full-time and part-time Employment Judge appointed by the appointing office holder consisting of persons — (i) having a seven year general qualification within the meaning of section 71 of the Courts and Legal Services Act 1990 ... (b) a panel of persons appointed by the Secretary of State after consultation with such organisations or associations of organisations representative of employees as she sees fit; and (c) a panel of persons appointed by the Secretary of State after consultation with such organisations or associations of organisations representative of employers as she sees fit.

123 *Donaldson,* RdA, 1974, 232 (233); *Harth/Taggart,* in: Arbeitsrecht in Europa, S. 540, Großbritannien, Rn. 123; *Kilian,* NZA 1999, 1088 (189); *Shakleton,* Employment Tribunals, pp. 26, 27; *Stein/Rabe von Pappenheim,* Arbeitsrecht in Großbritannien, Rn. 295, S. 104; Tolley's Employment Handbook, 18.7, p. 452.

124 *De Haney v Brent MIND* [2003] EWCA Civ 1637, [2004] ICR 348, para 28.

125 *Employment Judge* Paul Stewart im Interview vom 17.01.2012. So auch *Greenhalgh,* Industrial Tribunals, p. 18 „*...it is an obvious advantage, if experience from both sides is available.*".

126 *Industrial Tribunals Act 1996* (c. 17); durch Angleichung in ER (DR) A 1998, s 1 (2) (a) (b) heute *Employment Tribunals Act 1996* (c. 17) = ETA 1996.

Der erste Präsident der *Industrial Tribunals*,[128] Sir Diarmaid Conroy, selbst war geprägt durch seine Dienstzeit als kolonialer Verwaltungsbeamter in Gibraltar und Nordrodhesien. Er zeichnete sich durch Erfahrung mit Streitbeilegung und der Verwaltung aus, was zu einer weniger formellen und rechtlichen Ausgestaltung seiner Verhandlung führte.[129] Neben Toleranz und Geduld mit den rechtsunkundigen Parteien soll der nach Sir Conroy ideale *chairman* Verfahrensregeln als unersetzlichen rechtlichen Rahmen beachten, aber das Verfahren trotzdem so einfach und informell wie möglich gestalten.[130]

Als Arbeitsrichter wurden *barrister* wegen ihrer Erfahrung vor Gericht eher ernannt als *solicitor*.[131] Vorwiegend waren die *chairmen* männlich und es gab wenig weibliche Richterinnen.[132]

Bereits in den Anfängen der *Industrial Tribunals* sollten *lay members* ein ausgewogenes Bild von Arbeitgeber- und Arbeitnehmerseite repräsentieren. In der Praxis wurde diese Ausgewogenheit nicht erreicht, da die Gewerkschaften infolge des IRA 1971 den *Industrial Tribunals* ablehnend gegenüber standen. Sie nahmen den Gewerkschaftsmitgliedern in ihrer aktiven Opposition gegen die Arbeitsgerichte die Lust, als *lay member* an der Rechtsfindung mitzuwirken. *Lay members* waren durch die konservative Gewerkschaftspolitik fast ausschließlich männlich und Frauen sowie ethnische Minderheiten unterrepräsentiert.[133]

---

127 *Rubenstein,* (2011) 40 ILJ 3 (3); *Whitesides/Hawker,* Industrial Tribunals, p. 25.

128 Allen *Employment Tribunals* in England und Wales steht der Präsident der *Employment Tribunals* voran, der mit mindestens siebenjähriger Berufserfahrung als *barrister* oder *solicitor* vom *Lord Chancellor* ernannt wird. Der Präsident der *Employment Tribunals* entscheidet über die Besetzung der Richterbank in einzelnen Fällen, gibt Anweisungen für Sitzungen und bestimmt, wie viele *tribunals* instituiert werden, vgl. Blackstone´s Employment Law Practice, 1.41, 142, pp. 15, 16; *Manley/Heslop,* Employment Tribunals, 1.5, p. 9; Tolley´s Employment Handbook, 18.6, p. 451.

129 *Whitesides/Hawker,* Industrial Tribunals, p. 15.

130 *Whitesides/Hawker,* Industrial Tribunals, p. 15: *"To be a good chairman of an Industrial Tribunal, a man must be tolerant and patient with humble working people, who are usually unrepresented, incapable of expressing themselves adequately and overwhelmed by the occasion. One must maintain full control of the proceedings, and it is essential that there be a legal framework of procedure. But within that control and that framework, it is very necessary to keep the proceedings as simple and as informal as one can.".*

131 *Pannick,* Judges, p. 53; *Whitesides/Hawker,* Industrial Tribunals, p. 25.

132 *Leonhard,* Judging Inequality, pp. 70, 133; *Rubenstein,* (2011) 40 ILJ 3 (3). Selbst 1982 gab es erst eine erste weibliche Vollzeitrichterin, sodass auch über Diskriminierungsfälle und Klagen auf gleichen Lohn nur in 5% der Prozesse eine Richterin entschied, wobei gerade bei Diskriminierungen aufgrund des Geschlechts ein Ausgleich von weiblichen und männlichen Vorsitzenden Richtern von Vorteil gewesen wäre, vgl. *Leonhard,* Judging Inequality, pp. 70, 133.

133 *Shakleton,* Employment Tribunals, p. 101; Tolley´s Employment Handbook, 18.7, p. 452; *Whitesides/Hawker,* Industrial Tribunals, p. 33.

B. Die Person des Richters heute

Seit 2007 ersetzt der Begriff des *Employment Judge* den Begriff *chairman.*[134] *Lay members* gelten nach dieser Legaldefinition nicht als Richter im engeren Sinne. Allen drei Mitgliedern der Richterbank, dem *Employment Judge* und den *lay members*, ist es jedoch gemeinsam, dass sie frei und unabhängig entscheiden müssen.[135]

I. Der Vorsitzende („Employment Judge")

Ein *Employment Judge* muss in England fünf Jahre als *barrister* oder *solicitor* gearbeitet und dabei erhebliche praktische Erfahrung gesammelt haben, um vom *Lord Chancellor*[136] ernannt werden zu können.[137] Es gibt Teil- und Vollzeit arbeitende *Employment Judges*, wobei die Teilzeitrichter in der Regel nebenher als *barrister* oder *solicitor* arbeiten. Sie dürfen allerdings nicht in der Region als Prozessanwalt auftreten, in der sie als *Employment Judge* arbeiten.[138] *Employment Judges* haben denselben Status wie ein Richter am *county court* oder *crown court.* Sie tragen allerdings kein Perücke und Robe wie ihre Kollegen an den *courts.*[139]

Die meisten der Vorsitzenden Richter haben weiße Hautfarbe, sind männlich und kommen aus der englischen Mittel- oder Oberschicht. Viele *Employment Judges* sind nach wie vor *barrister*, da sie immer noch größere Erfahrung vor Gericht haben als *solicitor*. In der Regel haben sie an den Eliteuniversitäten von Oxford oder Cambridge studiert.[140] Die meisten Teilzeitarbeitsrichter sind auch daher *barrister*, da sich eine Tätigkeit als *barrister* nach Stunden-

---

134 ETA 1996, s 3A A person who is a member of a panel of chairmen of employment tribunals which is appointed in accordance with regulations under section 1(1) may be referred to as an Employment Judge.

135 Blackstone's Employment Law Practice, 1,15, p. 6; *Manley/Heslop,* Employment Tribunals, 1.5, p.11; Tolley's Employment Handbook, 18.7, p. 452.

136 Der *Lord Chancellor* war der Vorsitzende des bis September 2009 bestehenden *House of Lords* als höchster nationaler Instanz in England. Heute beschränkt sich die Aufgabe des *Lord Chancellor* neben der Richterernennung auf andere organisatorische Aufgaben. Seit Oktober wurde das *House of Lords* durch den *Supreme Court of the United Kingdom* als oberstes Gericht abgelöst. Dessen Vorsitzender ist nicht mehr der *Lord Chancellor*, sondern der *Lord Chief of Justice.* Vgl. hierzu: *Graf von Bernstorff,* Einführung in das englische Recht, S. 20, 21.

137 ETR 2004, s 8 (3) (a) (i) (a) a panel of full-time and part-time Employment Judges… —(i) having a five year general qualification…. TCEA 2007, s 50 (2) A person satisfies that condition…if— (a) the person has a relevant qualification, and (b) the total length of the person's qualifying periods is at least…. (3) In (2) "qualifying period", in relation to a person, means a period during which the person (a) has a relevant qualification, and (b) gains experience in law. (4) For the purposes of (2) and (3), a person has a relevant qualification if the person (a) is a solicitor or a barrister…. Die ursprünglich siebenjährige Frist wurde 2008 auf fünf Jahre verkürzt, vgl. Tolley's Employment Handbook, 18.7, p. 451.

138 Blackstone's Employment Law Practice, 1.10, p. 5.

139 *Elliott/Quinn,* English Legal System, p. 501; *Manley/Heslop,* Employment Tribunals, 1.3, p. 7; *Taylor/Emir,* Employment Law, p. 45; Tottel's ET Handbook, 1.17, p. 10.

140 *Elliott/Quinn,* English Legal System, p. 144; *Geary/Morrison/Jago,* in: The Politics of the Common Law, p. 123; *Griffith,* The Politics of the Judiciary, p. 19; *Pannick,* Judges, p. 53. So auch die Einschätzung von *Employment Judge* Paul Stewart im Interview am 17.01.2012.

honorar abrechnen lässt. Eine zeitlich begrenzbare Anwaltstätigkeit macht eine Teilzeitrichtertätigkeit nebenbei einfacher möglich.[141] Da Richter in England erst mit 70 Jahren in den Ruhestand gehen müssen, liegt das Durchschnittsalter der *Employment Judges* mit 58 Jahren vergleichsweise hoch.[142] Arbeitsrichter neigen zudem gernerell dazu, einzelne Personen, sei es auf Arbeitnehmer- oder Arbeitgeberseite, im Gegensatz zu den Kollektiven der Gewerkschaften oder Arbeitgeberverbände zu begünstigen.[143]

II. Die Laienrichter („lay members“)

Lay members sind vom *Lord Chancellor* nach jeweiligem Vorschlag von Arbeitgeber- oder Arbeitnehmervertretungen zu ernennen.[144] Im Gegensatz zu den *Employment Judges* sind alle *lay members* nur Teilzeitrichter. *Lay members* werden für drei Jahre gewählt und können auch wiedergewählt werden. Eine Abwahl ist nur aus fünf Gründen möglich: Fehlverhalten, Unvermögen, Versagen bei der Ausbildung oder bei den Sitzungsanforderungen und nachhaltiges Versagen bei der Beachtung der vernünftigerweise von einem *lay member* zu erwartenden Anforderungen. Einem *lay member* wird die Wiederernennung bei Nichtvorliegen dieser Gründe nach Ablauf der dreijährigen Dienstzeit per se wieder angeboten.[145]

Bis zur Entscheidung *Smith v Secretary of State for Trade and Industry* [2000][146] war für die Ernennung das Ministerium für Handel und Industrie zuständig.[147] Smith, der alleinige Geschäftsführer und Gesellschaftsinhaber eines insolventen Unternehmens, verlangte vom Minister für Handel und Industrie eine Abfindungszahlung infolge der durch die Insolvenz ausgelöste betriebsbedingten Kündigung, die ihm aber weder durch den Minister noch anschließend durch das *Employment Tribunal* gewährt wurde. In der Berufung vor dem EAT berief sich Smith auf Art. 6 EMRK, sein Recht auf ein faires Verfahren. Aufgrund der Ernennung der *lay members* durch den Minister für Handel und Industrie sei der Fall nicht von einem *„independent and impartial tribunal“* entschieden worden. Künftige *lay members* müssen

141 *Employment Judge* Paul Stewart im Interview am 17.01.2012. Er selbst ist seit 10 Jahren *Employment Judge* und arbeitet nebenbei als *barrister*.
142 *Elliott/Quinn,* English Legal System, p. 144; *Griffith,* The Politics of the Judiciary, .p. 21; *Pannick,* Judges, p. 61.
143 *Davidson,* The Judiciary and the Development of Employment Law, p. 206.
144 ETR 2004, schedule 1, r 8 (b) a panel of persons appointed by the Secretary of State after consultation with such organisations or associations of organisations representative of employees as she sees fit; and (c) a panel of persons appointed by the Secretary of State after consultation with such organisations or associations of organisations representative of employers as she sees fit.
145 Blackstone´s Employment Law Practice, 1.13, p. 5.
146 *Smith v Sceretay of State for Trade and Industry* [2000] ICR 69, [2000] IRLR 6, para 29; hierzu auch *Mason,* NLJ 2000, 150, (6921), 124, (137).
147 Blackstone´s Employment Law Practice, 1.12, p. 3.

sich seitdem in offenem Wettbewerb bewerben und werden vom *Lord Chancellor* erst nach einem persönlichen Gespräch ernannt.[148]

Der offene Wettbewerb aufgrund öffentlicher Ausschreibung führt zu einer vielfältigeren Schicht von *lay members* und zu einem Anstieg von jungen Richtern in dieser Position. Hierbei geht vor allem auf der Arbeitnehmerseite einiges an Kenntnis von der Arbeitspraxis verloren.[149] Aufgrund vieler Verfahren mit diskriminierungsrechtlichem Bezug werden auch immer mehr Frauen und Angehörige ethnischer Minderheiten benannt.[150] In Diskriminierungsfällen wegen des Geschlechts oder der Rasse ist es besonders wünschenswert, dass in der Kammer Richter beider Geschlechter vertreten sind, bzw. dass ein Mitglied der Kammer spezielles Wissen oder besondere Erfahrungen mit Personen verschiedener Herkunft hat.[151] Wenn die Kammer aber nicht nach diesen Merkmalen besetzt ist, ist eine Entscheidung trotzdem wirksam.[152]

Auch sind auf Arbeitgeberseite hauptsächlich Angehörige größerer Firmen und des öffentliche Dienstes als *lay members* tätig. Kleinere Unternehmen können es sich kaum leisten, ihre Arbeitnehmer für den Dienst als Laienrichter freizustellen, der mindestens 15 Tage im Jahr beträgt. Auch werden immer mehr *lay members* aus der Personalverwaltung ohne spezielles Fachwissen vorgeschlagen. Viele *lay members* sind pensionierte oder in Altersteilzeit gehende Personalberater, da der *lay member*-Beruf mit bis zu 72 Jahren ausgeübt werden kann.[153] Problematisch hieran ist, dass ältere Laienrichter aus größeren Unternehmen nicht immer die Perspektive eines jungen Unternehmers einnehmen können. Um wachsen zu können, muss eine kleine Firma oftmals Entscheidungen treffen, die ein ehemaliger Personalberater aus einem Großunternehmen mit strukturierten Verhältnissen nicht nachvollziehen kann. Dadurch wird er aus Gerechtigkeitsgründen eher zugunsten des Arbeitnehmers entscheiden.[154]

Trotz Ernennung von Arbeitgeber- und Arbeitnehmerseite sollen *lay members* unabhängig entscheiden. Sie sind verpflichtet, jeden Fall nach seinen Eigenheiten ohne Vorurteile, Angst oder Begünstigung zu beurteilen.[155] Vergessen werden darf nicht, dass *lay members* nicht unbedingt Vertreter einer Seite, sondern vielmehr individuell ernannte Personen sind, die le-

---

148 *Employment Judge* Paul Stewart im Interview vom 17.01.2012.
149 Blackstone's Employment Law Practice, 1.11, p. 5.
150 *Leonard,* Judging Inequality, p. 70; *Stein/Rabe von Pappenheim,* Arbeitsrecht in Großbritannien, S.104, Rn. 295; Tolley's Employment Handbook, 18.7, p. 452.
151 Blackstone's Employment Law Practice, 1.14, p. 6.
152 *Habib v Elkington & Co Ltd.* [1981] ICR 435 (440), [1981] IRLR 344 (349), EAT.
153 *Shakleton,* Employment Tribunals, p. 102, *Taylor/Emir,* Employment Law, pp. 44, 45.
154 *Shakleton,* Employment Tribunals, p. 102.
155 *Rabahallah v BT Group Plc* [2005] ICR 440, [2005] IRLR 184, EAT, paras 13-14.

diglich Lebenserfahrung und spezielles Wissen aus Arbeitgeber- oder Arbeitnehmersphäre mitbringen.[156] Zusammenfassend kann man *lay members* daher wie folgt beschreiben:

> *„Our own experience... is that lay members, albeit bringing with them experience from different areas, judge each case on its facts and without fear, favor or preconception. Lay members are not advocates for one side or the other. Nor is the chairman or judge a casting vote between them. ... Together they decide the case as independent judges."*[157]

C. Besetzung der Richterbank

Grundsätzlich entscheiden die *Employment Tribunals* als Kollegialgericht in einer Kammer mit dem *Employment Judge* und den *lay members*, im sogenannten *„panel of three"*.[158] Bei bestimmten Streitigkeiten ist der Vorsitzende befugt, allein zu entscheiden. Unter anderem fallen hierunter:

- Klagen auf Schadensersatz wegen vertragswidriger Kündigung
- Klagen auf Entschädigung wegen betriebsbedingter Kündigung
- gesetzwidrige Lohnkürzungen
- sämtliche Verfahren, wenn die Parteien hierzu ihr schriftliches Einverständnis gegeben haben.[159]

Weiter können sämtliche Prozessanträge, die vor der Hauptverhandlung gestellt werden, vom Vorsitzenden allein entschieden werden.[160] Dazu gehören Anordnungen, die zur Organisation des Verfahrensablaufs dienen, und Anordnungen innerhalb eines Vorverfahrens, wobei auch schon einzelne Rechtsfragen geklärt und Teile der Klage abgewiesen werden können.[161]

D. Zusammenfassender Vergleich mit dem deutschen Arbeitsrichter

Das System der Kammerentscheidungen in England entspricht der Besetzung der deutschen Arbeitsgerichtsbarkeit nach § 16 Abs. 2 ArbGG[162]. Auch im deutschen Arbeitsgerichtsverfahren kann der Vorsitzende allein entscheiden. Einzelrichtersitzungen sind im Vorverfahren, der

156 *Clark/Wedderburn,* in: Labour Law and Industrial Relations: Building on Otto Kahn-Freund, p. 184.

157 *Rabahallah v BT Group Plc* [2005] ICR 440, [2005] IRLR 184 EAT, para 14.

158 ETA 1996, s 4 (1), vgl. oben Teil 1 § 2, S. 20, Fn. 121.

159 ETA 1996, s 4 (2), (3).

160 *Stein/Rabe von Pappenheim*, Arbeitsrecht in Großbritannien, S. 104, Rn. 296.

161 ETR 2004, schedule 1, s 17 (1) ... Case management discussions shall be conducted by an Employment Judge. ETR 2004, schedule 1, s 18 (1) Pre-hearing reviews are interim hearings and shall be conducted by an Employment Judge....

162 Arbeitsgerichtsgesetz in der Fassung der Bekanntmachung vom 2. Juli 1979 (BGBl. I S. 853, 1036), das zuletzt durch Artikel 2 des Gesetzes vom 14. Juni 2011 (BGBl. I S. 1050) geändert worden ist = ArbGG.

Güteverhandlung nach § 54 I S. 2 ArbGG, und in Fällen der katalogartigen Auflistung in § 55 ArbGG möglich. Im Unterschied zum englischen System sind in § 55 ArbGG aber nur prozessuale Handlungen der Parteien, wie die Zurücknahme der Klage, ein Anerkenntnis oder die Säumnis, nicht aber Entscheidungen in materiellrechtlicher Hinsicht genannt.

Auch benötigt ein deutscher Arbeitsrichter im Unterschied zum englischen Recht keinerlei Berufserfahrung, weder aus der Arbeitswelt noch als Anwalt.[163] Vorsitzender Arbeitsrichter in Deutschland kann jeder Volljurist, der das zweite juristische Staatsexamen bestanden hat, werden, §§ 5-7 DRiG[164]. In der Praxis ist zu beobachten, dass nur die besten Absolventen des Assessorexamens als Richter eingestellt werden.[165] An welcher Universität der Bewerber hingegen studiert hat, ist für eine Einstellung irrelevant. Ein weiterer Unterschied zum englischen Recht ist, dass der Vorsitzende Arbeitsrichter nicht nebenher als Anwalt tätig sein kann.

Im Allgemeinen besitzt der *Employment Judge* in England einen höheren Stellenwert.[166] Dies liegt zum einen an der erforderlichen Berufserfahrung und dem höheren Lebensalter der *Employment Judges*. Durch eine fünfjährige und bis vor kurzem sogar siebenjährige Berufserfahrung als Einstellungsvoraussetzung sind *Employment Judges* wesentlich älter als deutsche Arbeitsrichter, die zum Teil als junge, berufsunerfahrene Assessoren den Richterstuhl besetzen können. Zum anderen gibt es in England prozentual gesehen wenige Richter.[167] Eine Ernennung in wenigen und privilegierten Fällen spricht an sich schon für Kompetenz. Weiter spricht die Verbundenheit der *Employment Judges* mit Anwälten bedingt durch eine ehemalige oder nebenberufliche Tätigkeit als *barrister* oder *solicitor* für eine hohe Achtung der Richtertätigkeit.

---

163 *Schmidt/Luczak,* in: FS Arbeitsgerichtsverband, S. 226; *Stein,* BB 2007, 2681 (2682).
164 Deutsches Richtergesetz in der Fassung der Bekanntmachung vom 19. April 1972 (BGBl. I S. 713), das zuletzt durch Artikel 9 des Gesetzes vom 5. Februar 2009 (BGBl. I S. 160) geändert worden ist = DRiG.
165 *Schmidt/Luczak,* in: FS Arbeitsgerichtsverband, S. 227.
166 So auch *Bley,* Die zweite Instanz nach deutschem und englischem Zivilprozessrecht, S. 136.
167 *Zweigert/Kötz,* Einführung in die Rechtsvergleichung, § 15 I, S. 202.

Teil 2 Entscheidungsbefugnis der Arbeitsgerichte

§ 3 Zuständigkeit des Employment Tribunal

Die englischen Arbeitsgerichte kann man nicht im Sinne einer „Arbeitsgerichtsbarkeit" als eigenen, separierten Gerichtszweig sehen. Vielmehr ist ein *Employment Tribunal* ein Spezialgericht, das unter bestimmten Voraussetzungen für Streitigkeiten örtlich und sachlich zuständig ist. Die Arbeitsgerichtsbarkeit ist in England mit den *Employment Tribunals* und dem EAT nur zweistufig aufgebaut. Rechtsmittel gegen Entscheidungen des EAT sind in England nicht bei einer speziell arbeitsrechtlichen Instanz, sondern bei den ordentlichen Obergerichten einzulegen. Sie unterscheidet sich daher vom dreistufigen Aufbau der deutschen Arbeitsgerichte, die nach § 1 ArbGG in Arbeitsgerichte, Landesarbeitsgerichte und das Bundesarbeitsgericht aufgeteilt sind.

A. Örtliche Zuständigkeit

Die örtliche Zuständigkeit eines *Employment Tribunal* bestimmt sich nach der Postleitzahl des gewöhnlichen Arbeitsortes des Arbeitnehmers. Falls bei Klageerhebung noch kein Arbeitsverhältnis bestand, richtet sich die Zuständigkeit nach der Postleitzahl des Ortes, an dem die zur Klage führende Handlung begangen wurde.[168] Diese Zuständigkeit ist nicht obligatorisch angeordnet, sondern ergibt sich aus praktischen Gründen.[169] Der *Regional Employment Judge*[170] hat die Entscheidungsfreiheit, eine Klage aus einem seiner Ansicht nach guten Grund an ein anderes *Employment Tribunal* weiter zu verweisen, es sei denn, eine Verweisung wird willkürlich vorgenommen. Willkür kann in einer Verweisung liegen, wenn beide Parteien ihren Wohnsitz am Ort des verweisenden Gerichts haben.[171]

B. Sachliche Zuständigkeit

Employment Tribunals sind in nahezu allen arbeitsrechtlichen Streitigkeiten sachlich zur Entscheidung berufen. Ihre Zuständigkeit muss jedoch ausdrücklich von Gesetzes wegen ange-

---

168 *Kaufmann,* FA 2003, 354 (354); Blackstone´s Employment Law Practice, 1.42, p. 16.

169 Blackstone´s Employment Law Practice, 1.42, p. 16.

170 *Employment Tribunals* sind in verschiedenen Regionen angeordnet, denen jeweils ein *Regional Employment Judge* voran steht. *Regional Employment Judges* werden aus einer Kammer von Vollzeitrichtern vom *Lord Chancellor* ernannt, vgl. Blackstone´s Employment Law Practice, 1.41, 142, pp. 15, 16; *Manley/Heslop,* Employment Tribunals, 1.5, p. 9; Tolley´s Employment Handbook, 18.6, p. 451.

171 *Falaye v UK Mission Enterprise Ltd* [2010] UKEAT/0359/10/LA, 08 September 2010, unreported, para 15.

ordnet werden,[172] da Aufgabe der *Employment Tribunals* nur die Wahrung und Verteidigung der aufgrund von diesen Gesetzen geschaffenen, arbeitsvertraglichen Rechte ist. Neben der gesetzlich zugelassenen Zuständigkeit besitzen *Employment Tribunals* keine eigene Rechtsprechungsbefugnis, sodass sie ohne ausdrückliche, gesetzliche Anordnung nicht entscheiden dürfen.[173] Dadurch dass die Entscheidungskompetenz der *Employment Tribunals* von Gesetzen geschaffen und begrenzt wird, bezeichnet man sie auch als *„creatures of statutes"*[174].

Die Entscheidungsbefugnis aufgrund von Einzelgesetzen übersteigt inzwischen 70 verschiedene Streitgegenstände.[175] Kündigungsschutzklagen machen als häufigste Streitigkeit circa 20 % aller Rechtsstreitigkeiten vor den *Employment Tribunals* aus. Weiter werden regelmäßig Klagen wegen einer Diskriminierung, vorwiegend aufgrund des Geschlechts, einer Behinderung oder der Herkunft, erhoben.[176] Hauptsächlich entscheiden *Employment Tribunals* nach folgenden Gesetzen:

- Nach dem ERA 1996 erhalten die *Employment Tribunals* ihre wichtigsten Entscheidungsbefugnisse. Unter anderem urteilen sie über Ansprüche wegen unwirksamer Kündigung (*„unfair dismissal"*),[177] Abfindungszahlungen (*„redundancy payments"*),[178] Ansprüche wegen gesetzwidriger Lohnabzüge,[179] Ansprüche auf Arbeitsfreistellungen bei Mutterschutz oder Elternzeit[180] sowie über Streitigkeiten wegen einer flexibleren Arbeitszeitregelung[181].

- Der *Trade Union and Labour Relations (Consolidation) Act 1992*[182] verleiht *Employment Tribunals* Entscheidungsbefugnis in kollektivarbeitsrechtlichen Streitigkeiten.

---

172 Blackstone's Employment Practice, 1.32, p. 9; *Goodier/Parkin,* 2.1.1; *Manley/Heslop,* Employment Tribunals, 1.4, p. 9; *McMullen,* Employment Tribunal Procedure, 2.1, p. 17; *Merrett,* (2010) 39 ILJ 355 (357); Tolley's Employment Handbook, 18.11, p. 456.

173 Browne-Wilkinson J in *Kelly v Ingersoll Rand Co Ltd* [1982] ICR 476 (480): *„they have no inherent jurisdiction; any jurisdiction they have is to be found in their regulating statutory provisions."*.

174 Tolley's Employment Handbook, 18.11, p. 456. So auch *Employment Judge* Paul Stewart im Interview vom 21.01.2012.

175 Blackstone's Employment Law Practice, 1.32; p. 9; Tolley's Employment Handbook, 18.11, p. 456; Restoring faith in Employment Tribunals, p. 3; Alle Zuständigkeiten der *Employment Tribunals* siehe unter http://www.justice.gov.uk/guidance/courts-and-trib-unals/tribunals/employment/claims/jurisdiction.htm, zuletzt aufgerufen am 01.06.2012.

176 ACAS Annual Report 2010/2011, pp. 38, 39; *Gibbons,* Better Dispute Resolution, pp. 18, 19; *Manley/Heslop,* Employment Tribunals, 1.4, p. 8.

177 ERA 1996, s 111.

178 ERA 1996, ss 163, 164.

179 ERA 1996, s 23.

180 ERA 1996, s 80.

181 ERA 1996, s 80H.

182 *Trade Unions and Labour Relations (Consolidation) Act 1992* (c. 52) = TULCRA 1992.

Darunter fallen unwirksame Kündigungen von Gewerkschaftsmitgliedern[183] oder wegen Teilnahme am Arbeitskampf[184] sowie die Schaffung von Anreizen, einer Gewerkschaft nicht anzugehören[185] und Diskriminierungen von Gewerkschaftsmitgliedern[186].

- Aufgrund des *Equality Act 2010*[187] können *Employment Tribunals* über Diskriminierungen jeglicher Art in Bezug auf das Arbeitsverhältnis entscheiden.[188]

- Nach dem *Employment Tribunals Extension of Jurisdiction (England and Wales) Order 1994 (SI 1994/1623)*[189] ist ein *Employment Tribunal* für Vertragsstreitigkeiten und diesbezügliche Widerklagen bis zu einem Streitwert von £25.000 entscheidungsbefugt.

- Nach den *Working Time Regulations 1998 (SI 1998/1833)* sind *Employment Tribunals* zuständig für Kündigungsschutzklagen, die im Zusammenhang mit der Forderung von Ruhezeiten und von gesetzlich geschuldetem Jahresurlaub sowie der Verweigerung von arbeitnehmerseitigen Überstunden stehen.[190] Sie dürfen auch über Schadensersatzklagen wegen Schäden der Arbeitnehmer durch die Mehrarbeit entscheiden.[191] Weiter besteht eine Entscheidungsbefugnis für die Gewährung des verlangten Urlaubs und der Ruhezeiten[192] oder für die Abgeltung des Urlaubs.[193]

- Der *Employment Relations Act 1999* gibt den *Employment Tribunals* die Zuständigkeit bei Versagung der Teilnahme an Beschwerde- oder Disziplinarverfahren gegenüber Arbeitnehmern.[194]

---

183 TULCRA 1992, ss 152-160.
184 TULCRA 1992, ss 237-239.
185 TULCRA 1992, ss 145A-145C.
186 TULCRA 1992, ss 137, 139.
187 *Equality Act 2010* (c. 15) = EA 2010. Der EA 2010 ersetzt den *Equal Pay Act* 1970, den *Discrimination Act* 1975, den *Race Relations Act* 1976 und den *Disability Discrimination Act* 1995 und die *regulations* über Diskriminierungen wegen sexueller Orientierung, Religions- oder Glaubenszugehörigkeit und des Alters, vgl. Tolley´s Employment Handbook, 18.11, p. 458.
188 EA 2010, s 120 in Verbindung mit EA 2010, part V (ss 39-83), ss 108, 111, 112
189 *Employment Tribunal Extension of Jurisdiction (England and Wales) Order 1994 (SI 1994/1623)* = ETEJO 1994. Hierzu siehe mehr unten Teil 2 § 4 B., S. 36-38.
190 *Working Time Regulations 1998 (SI 1998/1833)* regs 4, 6, 12-17 in Verbindung mit ERA 1996, ss 101A, 111.
191 *Working Time Regulations 1998 (SI 1998/1833)* regs 4, 6, 12-17 in Verbindung mit ERA 1996, ss 45A, 48.
192 *Working Time Regulations 1998 (SI 1998/1833)* regs 10-12, 30.
193 *Working Time Regulations 1998 (SI 1998/1833)* regs 13, 14 , 30.
194 *Employment Relations Act 1999* (c. 26), ss 10, 11.

- Nach den *Part-time Workers (Prevention of Less Favourable Treatment) Regulations 2000 (SI 2000/1551)* können *Employment Tribunals* über Verstöße gegen das Gleichbehandlungsgebot von Arbeitnehmern in Teilzeit und Schadensersatz wegen Ungleichbehandlung urteilen.[195]

- Die *Fix-Term Employees (Prevention of Less Favourable Treatment) Regulations 2002 (SI 2002/2034)* lassen *Employment Tribunals* über Verstöße gegen das Gleichbehandlungsgebot von befristet Beschäftigten, Schadensersatz infolge Ungleichbehandlung[196] und Klagen auf ein unbefristet bestehendes Arbeitsverhältnis entscheiden.[197]

Eine gesetzlich begründete Zuständigkeit kann weder durch ausdrückliche Parteivereinbarung noch durch rügelose Einlassung der Parteien erweitert oder übertragen werden. Zwar können *Employment Tribunals* über Streitigkeiten bezüglich ihrer Zuständigkeit entscheiden, bejahen sie ihre Zuständigkeit aber fälschlicherweise, kann eine Entscheidung nur aufgrund dieser falschen Annahme mittels Berufung angefochten werden.[198] Wird eine Berufung wiederum nur auf die fehlerhafte Feststellung von zuständigkeitsbegründenden Tatsachen gestützt, gibt es keinen praktischen Grund dafür, die Entscheidung aufzuheben.[199]

Employment Tribunals haben auch Entscheidungsbefugnisse über EU-Recht. Diese Zuständigkeit leitet sich ausnahmsweise nicht nur aus englischen Gesetzen, sondern auch aus Grundsätzen und Prinzipien des EU-Rechts ab.[200] Die Bestimmung der Zuständigkeit eines *Employment Tribunal* mit Bezug auf EU-Recht ist aufgrund dieses Ausnahmecharakters mit Schwierigkeiten behaftet.[201] Unstreitig ist, dass sich Kläger vor den *Employment Tribunals* auf Primärrecht aus den Verträgen, wie z.B. das Recht auf gleiches Entgelt für Männer und Frauen nach Art. 157 AEUV[202], berufen können.[203] Ebenso können Ansprüche, gestützt auf

---

195 *Part-time Workers (Prevention of Less Favourable Treatment) Regulations 2000 (SI 2000/1551)*, reg 8.

196 *Fix-Term Employees (Prevention of Less Favourable treatment) Regulations 2002 (SI 2002/2034)*, reg 7.

197 *Fix-Term Employees (Prevention of Less Favourable treatment) Regulations 2002 (SI 2002/2034)*, reg 9 (5).

198 *British Midland Airways Ltd v Lewis* [1978] ICR 782 (785). Zur Berufung siehe unten Teil 5 § 12 B.-H., S. 127-150.

199 *Clark v Clark Construction Initiatives Ltd* [2008] EWCA Civ 1466, [2009] ICR 718, para 14.

200 *Selwyn,* 1.28, p. 12; Tolley's Employment Handbook, 18.11, p. 456.

201 *Rösler,* ZVglRWiss 100 (2001), 448 (459); *Shakleton,* Employment Tribunals, p. 49; Tolley's Employment Handbook, 18.12, p. 459.

202 Vertrag über die Arbeitsweise der Europäischen Union (Fassung aufgrund des am 1.12.2009 in Kraft getretenen Vertrages von Lissabon; bekannt gemacht im ABl. EG Nr. C 115 vom 9.5.2008, S. 47) = AEUV, ehemals Art. 141 EGV.

203 *Pickstone v Freemans Plc* [1987] 3 WLR 811 (819, 820), [1987] 3 All ER 756 (764, 765), [1987] ICR 867 (879, 880); *Stein/Rabe von Pappenheim,* Arbeitsrecht in Großbritannien, Rn. 293, S. 103.

die Gleichbehandlungs-Richtlinie 76/207/EWG[204] des Rates, vor den englischen Arbeitsgerichten geltend gemacht werden, seitdem der Gerichtshof der Europäischen Union deren unmittelbare Wirkung festgestellt hat.[205] Für andere Richtlinien gilt dies nur, wenn diese im Einzelfall unmittelbare Wirkung haben, d.h. sie innerhalb der Umsetzungsfrist nicht in nationales Recht umgesetzt wurden und sie rechtlich vollkommen, d.h. hinreichend bestimmt und unbedingt, sind.[206]

Nach der Rechtsprechung fielen Klagen aus dem EU-Recht ohne Bezug zu englischen Gesetzen früher nicht unter die Entscheidungsbefugnis der *tribunals*. Für eine Zuständigkeit der *Employment Tribunals* musste immer aus einer entsprechenden Bestimmung eines Gesetzes, das durch den englischen Gesetzgeber umgesetzt wurde, geklagt werden.[207] Der Gerichtshof der Europäischen Union hat diese Entscheidungen aber in mehreren Urteilen aufgehoben und neue Präzendenzfälle konstituiert.[208] Daher ist es den *Employment Tribunals* nun möglich, über EU-Recht mit arbeitsrechtlichem Bezug zu urteilen, unabhängig von einer speziellen Zuständigkeitszuweisung. Staatshaftungsklagen auf Schadensersatz wegen Nicht- oder Falschanwendung von Europarecht[209] müssen allerdings gegen den Generalanwalt beim *High Court* geltend gemacht werden.[210]

§ 4 Zuständigkeitsabgrenzung zur ordentlichen Gerichtsbarkeit

Aufgabe der *Employment Tribunals* ist es, arbeitsvertragliche Rechte aus kodifiziertem Recht zu schützen. Die Zivilgerichte sind hingegen für die „normalen" *common law*-Klagen, wie

---

204 Richtlinie 76/207/EWG des Rates vom 9. Februar 1976 zur Verwirklichung des Grund-satzes der Gleichbehandlung von Männern und Frauen hinsichtlich des Zugangs zur Beschäftigung, zur Berufsbildung und zum beruflichen Aufstieg sowie in Bezug auf die Arbeitsbedingungen, inzwischen ersetzt durch Richtlinie 2006/54.

205 *Marshall v South West Hampshire Area Health Authority (Teaching)* [1986] QB 401, [1986] 2 WLR 780, [1986] 2 All ER 584, [1986] ICR 335, [1986] IRLR 140, paras 47, 52, 55.

206 EuGH, Urteil vom 19.01.9181 – Rs. C-8/81; Slg. 1982, 53; EuGHE 1982, 53 – *Becker* = NJW 1982, 499, 1. Leitsatz.

207 *Barber v Staffordshire County Council* [1996] ICR 379 (396), [1996] IRLR 209 (216); *Biggs v Somerset County Council* [1996] 2 All ER 734 (738), [1996] ICR 364 (378); [1996] IRLR 203 (207).

208 EuGH, Urteil vom 21.01.2010 – Rs. C-555/07 – *Kücükvedeci,* = NJW 2010, 427 = NZA 2010, 85, 2. Leitsatz, Rn. 54-56; EuGH, Urteil vom 15.04.2008 – Rs. C-268/06, Slg. 2008, I-2483 – *Impact/Minister for Agriculture and Food* = NZA 2008, 581, 1. Leitsatz, Rn. 51, 53, 55; EuGH, Urteil vom 25.11.2005 – Rs. C 144/04; Slg. 2005, I-9981-10042 – *Mangold* = NJW 2005, 3695 = NZA 2005, 1345, 2. Leitsatz, Rn. 77, 78.

209 Begründet wurde ein Staatshaftungsanspruch durch EuGH, Urteil vom 19.11.1991 – Rs. C-6/90; C-9/90; Slg. 1991, I-5357 – *Francovich* = NJW 1991, 165, 3. Leitsatz, Rn. 39-41; die Voraussetzungen sind in EuGH, Urteil vom 05.03.1996 – Rs. C-46/93, C-48/93; Slg. 1996, I-1029 – *Brasserie du pecheur*= NJW 1996, 1267, 2. Leitsatz, Rn. 51-58 konstituiert worden.

210 *Secretary of State for Employment v Mann* [1997] ICR 209 (229, 230), [1997] IRLR 21 (41, 42), CA. Ein Beispiel für eine Schadensersatzklage ist *R v Attorney-General for Northern Ireland, ex p Burns* [1999] IRLR 315.

Vertragsverletzungsklagen, Deliktsklagen und Klagen aus *„trust“*[211], zuständig, bei denen Rechte aufgrund von *case law* entstehen.[212]

A. Grundsätzliche Zuständigkeit der Zivilgerichte

Grundsätzlich sind die Zivilgerichte immer dann zuständig, wenn den *Employment Tribunals* keine Zuständigkeit aufgrund kodifizierten Rechts gegeben ist. Zudem sind *Employment Tribunals* bei bestimmten Klagen generell unzuständig und die Zivilgerichte an deren Stelle zuständig. *„Equity“*-Klagen,[213] Deliktsklagen und Klagen wegen Personenschäden können ausschließlich von Zivilgerichten beurteilt werden, da diese typische *common law*-Klagen sind. Gleiches gilt für Diskriminierungen, sofern sie keinen Bezug zum Arbeitsverhältnis aufweisen.[214]

Die Rechtsprechung hat zudem in einigen Fällen die gesetzlich vorgesehene Zuständigkeit der *Employment Tribunals* verneint und eine Zuständigkeit der Zivilgerichte angenommen. *Employment Tribunals* sind danach nicht befugt, unbestimmte Sonderzahlungen festzusetzen und anzuordnen, ob die Nichtzahlung oder eine zu geringe Zahlung der Gratifikation als ungerechtfertigter Lohnabzug gilt.[215] Auch wenn *Employment Tribunals* nach dem ERA 1996 grundsätzlich über ungerechtfertigte Lohnabzüge entscheiden dürfen,[216] ist die Bestimmung von Sonderzahlungen für die Feststellung des Arbeitslohns und eines diesbezüglichen ungerechtfertigten Lohnabzugs notwendige Entscheidungsvoraussetzung und damit eine allgemeine Vertragsstreitigkeit, für die die Zivilgerichte zuständig sind. Weiter hat die Rechtsprechung die Entscheidungsbefugnis der *Employment Tribunals* hinsichtlich der Auslegung von Arbeitsvertragsbedingungen beschränkt. Dies betrifft die Bezeichnung näherer Angaben zum

---

211 Ein *trust* (Treuhandverhältnis) ist eine Vertragskonstellation des *common law*, die es in verschiedenen Rechtsgebieten, wie im Schuldrecht, Familien- und Erbrecht sowie im Gesellschaftsrecht, gibt. Siehe hierzu: *Graf von Bernstorff,* Einführung in das englische Recht, S.138-148; *Sims,* English Law and Terminology, pp. 99-104.

212 *Merrett,* (2010) 39 ILJ 355 (357).

213 Blackstone´s Employment Law Practice, 8.08, p. 121. *Equity* ist eine Art Billigkeitsrecht und Besonderheit des Anglo-Amerikanischen Rechtskreises. *Employment Tribunals* können keine Abhilfen nach Billigkeitsrecht erlassen, wie eine *„injunction“*, eine gerichtliche Anordnung, eine Handlung vorzunehmen oder zu unterlassen. Vgl. hierzu: *Graf von Bernstorff,* Einführung in das englische Recht, S. 6-9; *Elliott/Quinn,* English Legal System, pp. 98-104; *Sims,* English Law and Terminology, pp. 94-99.

214 Blackstone´s Employment Law Practice 19.04-19.09, pp. 300, 301; *Manley/Heslop,* Em-ployment Tribunals, 1.4, p. 9.

215 *Coors Brewers Ltd v Advock* [2007] EWCA Civ 19, [2007] ICR 983, [2007] IRLR 440, para 62; hierzu: *Levinson,* ELJ 2007 (78) March, 18.

216 ERA 1996, s 23.

Anstellungsverhältnis, z.B. die Bestimmung der Anzahl der Urlaubstage des Arbeitnehmers. Hierfür sind ebenfalls die Zivilgerichte zuständig.[217]

B. Klagen wegen Vertragsverletzung („breach of contract")

Abgrenzungsschwierigkeiten bezüglich der Zuständigkeit bestehen vor allem bei Vertragsverletzungsklagen. Bei einem Verstoß gegen den Arbeitsvertrag als „normale" Vertragsverletzung sind grundsätzlich die Zivilgerichte zuständig. Über die Unwirksamkeit von Kündigungen und andere arbeitsrechtliche Streitigkeiten können dagegen nur *Employment Tribunals* aufgrund gesetzlicher Zuständigkeitszuweisung entscheiden. Ein Arbeitnehmer, der beispielsweise neben einer Klage gegen eine unwirksame Kündigung (*„unfair dismissal"*) auch eine Klage gegen eine vertragswidrige Kündigung (*„wrongful dismissal"*)[218] verlangt, müsste daher an zwei verschiedenen Gerichten Klage erheben.[219] Für eine *wrongful dismissal* als Vertragsverletzung und *common law*-Streitigkeit sind die ordentlichen Gerichte zuständig, wohingegen für eine *unfair dismissal* die *Employment Tribunals* aufgrund gesetzlicher Zuständigkeitszuweisung[220] entscheidungsbefugt sind.

Unter bestimmten Voraussetzungen nach der ETEJO 1994 sind jedoch aus Gründen der Prozessökonomie ausnahmsweise auch *Employment Tribunals* für Vertragsverletzungsklagen zuständig. Voraussetzung für eine Klageerhebung bei den *Employment Tribunals* ist, dass ein etwaiger Schaden noch bei Bestehen des Arbeitsverhältnisses entstanden ist oder zum Ende desselben entsteht[221] und kein Ausschlusstatbestand des ETEJO 1994, Art 3, 5[222] vorliegt. Ein *Employment Tribunal* kann hiernach bei Vertragsverletzungen grundsätzlich nicht über eine Klage oder Widerklage[223] entscheiden bei

---

217 *Southern Cross Healthcare Co Ltd v Perkins* [2010] EWCA Civ 1442, [2011] IRLR 247, paras 30, 34, 37.

218 Zur Abgrenzung *unfair dismissal – wrongful dismissal* siehe oben, Teil 1 § 1 C. III., S. 11, Fn. 57.

219 Blackstone's Employment Law Practice 19.10, p. 301; *Kaufmann,* FA 2003, 354 (354); *Selwyn,* 1.40, p. 16.

220 ERA 1996, s 111.

221 *Harvey,* V, T/21 [52.01]; *Selwyn,* 1.40, p. 16; *Smith & Wood's,* p. 43. Vgl. auch ETEJO 1994, Art 3 Proceedings may be brought before an employment tribunal in respect of a claim of an employee for the recovery of damages or any other sum (other than a claim for damages, or for a sum due, in respect of personal injuries) if ... (b) the claim is not one to which article 5 applies; and (c) the claim arises or is outstanding on the termination of the employee's employment.

222 ETEJO 1994, Art 3, siehe oben Teil 2 § 4 B., S. 36, Fn. 221. ETEJO 1994, Art 5 This article applies to a claim for breach of a contractual term of any of the following descriptions — (a) a term requiring the employer to provide living accommodation for the employee; (b) a term imposing an obligation on the employer or the employee in connection with the provision of living accommodation; (c) a term relating to intellectual property; (d) a term imposing an obligation of confidence; (e) a term which is a covenant in restraint of trade... Vgl. auch: Blackstone's Employment Law Practice 19.04, p. 300; *Harvey,* V, T/22 [54]; *Levinson,* NLJ 2006, 156 (7234), 1158 (1159); *Selwyn,* 1.42, p. 16.

223 Zur Widerklage siehe unten Teil 3§ 6 B., S. 60-62.

- Personenschäden
- einer Verpflichtung zur Wohnmöglichkeit neben dem Arbeitsverhältnis
- Vertragsbedingungen bezüglich geistigen Eigentums
- Verschwiegenheitsklauseln und
- Wettbewerbsklauseln.

Der Streitwert der Vertragsverletzungsklage darf zudem £25.000 nicht übersteigen. Sollte eine Partei erst Klage wegen Vertragsverletzung bei einem *Employment Tribunal* erheben und dann feststellen, dass er höheren Schadensersatz als £25.000 verlangen kann, stellt sich die Frage, ob er den fehlenden Betrag noch bei den Zivilgerichten geltend machen kann. In *Sajid v Sussex Muslim Society* [2001][224] wurde dies bejaht, sodass der Arbeitnehmer den fehlenden Betrag nach Klageerhebung an einem *Employment Tribunal* beim *High Court* einklagen konnte. Hier hatte der Kläger allerdings die Klage auf Schadensersatz vor der Entscheidung des *Employment Tribunal* zurückgenommen und von diesem nur ein Urteil über die Rechtswidrigkeit der Kündigung erhalten.

In *Fraser v HILMAD Ltd* [2006][225] wurde dies für den Fall der Nichtrücknahme der Schadensersatzklage am *Employment Tribunal* anders entschieden. Ein Urteil des *Employment Tribunal* über einen geringeren Schadensersatzbetrag steht einer erneuten Entscheidung eines Zivilgerichts über die Restforderung grundsätzlich entgegen. Es schließt als *estoppel per rem iudicatam*[226] eine wiederholte Klageerhebung aus. Der Kläger muss sich entscheiden, ob er vor dem *Employment Tribunal* den maximalen Betrag von £25.000 einklagt oder ob er vor einem ordentlichen Gericht einen höheren Betrag fordert und neben einer Kündigungsschutzklage eine zweite Klage erhebt.

---

224 *Sajid v Sussex Muslim Society* [2001] EWCA Civ 1684, [2002] IRLR 113, paras 18-20; ebenso für den Fall der Rücknahme der Klage bei *Employment Tribunals*: *Khan v Heywood and Middleton Primary Care Trust* [2006] EWCA Civ 1087, [2007] ICR 24, [2006] IRLR 793, para 78.

225 *Fraser v HILMAD Ltd* [2006] EWCA Civ 73, [2007] 1 All ER 383, [2006] ICR 1395, IRLR 687, paras 29, 31, 32, 46, 55, 60, 61. Dieser Entscheidung folgend *University of London v Tariquez-Zaman* [2010] EWHC (QB) 908, para 59.

226 *University of London v Tariquez-Zaman* [2010] EWHC (QB) 908, para 59; *Fraser v HILMAD Ltd* [2006] EWCA Civ 738, [2007] 1 All ER 383, [2006] ICR 1395, IRLR 687, paras 29, 55, 60. Ein *estoppel* ist ein Grundsatz des materiellen und des Verfahrensrechts im *Common Law*, der die Geltendmachung eines Anspruchs ausschließt. Ein *estoppel* ist ein verschuldetes Verhalten des Anspruchsinhabers, aufgrund dessen die gegnerische Partei nicht mehr mit Geltendmachung des Anspruchs rechnen muss. Ein *estoppel per rem iudicatam* (auch *estoppel by judgment)* stellt eine vorherige verfahrensrechtliche Situation dar, die eine spätere Klageerhebung der Parteien über denselben Streitgegenstand verhindert. Sie ist vergleichbar mit der Einrede entgegenstehender Rechtskraft im deutschen Recht. Vgl. hierzu *Fraser v HILMAD Ltd* [2006] EWCA Civ 738, [2007] 1 All ER 383, [2006] ICR 1395, IRLR 687, para 39; *Thoday v Thoday* [1964] 2 WLR 371 (386, 387), [1964] 1 All ER 341 (356, 357); Blackstone´s Employment Law Practice, 19.16, p. 301; *Manley/Heslop,* Employment Tribunals, 1.3, p. 6; *Partington,* SJ 2003, 147 (21), 609 (609).

Sollte der Arbeitnehmer wegen einer unwirksamen Kündigung („*unfair dismissal*“) und wegen einer höheren Schadensersatzforderung als £25.000 zwei Klagen an *court* und *tribunal* erheben müssen, ist es ratsam, zuerst Klage gegen die unwirksame Kündigung an einem *tribunal* zu erheben. Die Klagerhebungsfrist ist hier kürzer und eine Klageerhebung daher dringender als bei einem *court*.[227] Klagen werden bei *tribunals* in der Regel schneller und kostengünstiger entschieden.[228] An den Zivilgerichten sind hingegen teure Vorverfahren durchzuführen, die bei Wissen um einen erfolglosen Ausgang des Rechtsstreits vermieden werden können. Sollten ein Rechtstreit zwischen denselben Parteien jeweils bei einem *court* und bei einem *tribunal* anhängig sein, kann eines der Verfahren ausgesetzt werden.[229] Hierbei sind Aspekte wie die Verzögerung des Rechtsstreits, der Grad der Überschneidung von Rechtsfragen an *court* und *tribunal*, die Komplexität der Rechtsfragen und der Beweislage, das Risiko bindender Urteilsgründe und die Frage, ob der Fall aufgrund der Rechts- und Beweislage besser von einem *court* entschieden werden kann, zu berücksichtigen.[230]

Eine weitere schwierige Zuständigkeitsabgrenzung außerhalb einer Vertragsverletzung liegt vor, wenn ein Arbeitnehmer von anderen Kollegen gemobbt wird und dadurch einen gesundheitlichen Schaden nimmt. Er kann am *Employment Tribunal* eine Klage wegen unzulässiger Diskriminierung erheben. Daneben ist eine deliktische Klage vor den Zivilgerichten aufgrund einer Fahrlässigkeitshaftung nach dem *Protection from Harassment Act* 1997[231] denkbar, da der Arbeitgeber für das Mobbing der Mitarbeiter verantwortlich sein kann.[232] Für den Arbeitnehmer ist der Grund der Behandlung schlecht zu erkennen und die Entscheidung, an welchem Gericht er Klage erhebt, schwierig. Auch hier ist ihm wegen der vergleichsweise kurzen Klagefrist und einer schnellen und kostengünstigen Entscheidungsfindung zu einer Klageerhebung bei den *Employment Tribunals* zu raten.

C. Zusammenfassender Vergleich

Die Arbeitsgerichtsbarkeit in Deutschland ist im Gegensatz zu England als eigener Rechtsweg isoliert von der ordentlichen Gerichtsbarkeit zu betrachten, vgl. Art. 95 GG. Ob Gerichte für Arbeitssachen oder ordentliche Gerichte zuständig sind, richtet sich zudem nicht nach einer

---

227 Blackstone's Employment Law Practice, 19.22, p. 303; *Kaufmann,* NZA 2003, 354 (354); *Levinson,* NLJ 2006, 156 (7234), 1158 (1159); *Yew,* ELJ 2006 (73) Sept, 9 (9).

228 Blackstone's Employment Law Practice, 19.22, p. 303; *Elliott/Quinn,* English Legal Sys-tem, p. 501; *Kaufmann,* NZA 2003, 354 (354); *MacMillan,* (1999) 28 ILJ 33 (47); *Yew,* ELJ 2006 (73) Sept, 9 (9).

229 *JMCC Holdings Ltd v Conroy* [1990] ICR 179 (187).

230 Blackstone's Employment Law Practice, 9.36, pp. 132, 133.

231 *Protection from Harassment Act 1997* (c. 40).

232 Ein Beispielsfall für eine Fahrlässigkeitshaftung nach dem *Protection from Harassment Act 1997* ist *Majrowski v Guys and St Thomas NHS Trust* [2006] UKHL 34, [2006] 3 WLR 125, [2006] 4 All ER 395, [2006] ICR 1199, [2006] IRLR 695.

Vielzahl von Einzelgesetzen, sondern nach katalogartiger Aufzählung der Zuständigkeiten in § 2 ArbGG[233] bei Urteilsverfahren und nach § 2a ArbGG bei Beschlussverfahren.[234] § 2 I ArbGG gewährt wie die verschiedenen Gesetze in England eine ausschließliche Rechtswegzuständigkeit, von der weder durch rügelose Einlassung, § 39 ZPO[235], noch durch Gerichtsstandsvereinbarung, § 40 ZPO, abgewichen werden kann.

Im Vergleich zum englischen Recht ist in Deutschland die fakultative Zuständigkeit nach § 2 III ArbGG hervorzuheben. Hier können auch Ansprüche, die nicht der Arbeitsgerichtsbarkeit unterfallen, vor den Gerichten für Arbeitssachen als Annex zu einer beim Arbeitsgericht anhängigen oder gleichzeitig anhängig werdenden bürgerlichen Rechtsstreitigkeit nach § 2 I, II ArbGG geltend gemacht werden (Zusammenhangsklage). Voraussetzung hierfür ist, dass der Anspruch mit einer in § 2 I, II ArbGG genannten Streitigkeit in rechtlichem oder unmittelbar wirtschaftlichem Zusammenhang steht und für seine Geltendmachung nicht die ausschließliche Zuständigkeit eines anderen Gerichts gegeben ist. Unabhängig von einer konkreten gesetzlichen Regelung, die in England Voraussetzung für die Zuständigkeit der *Employment Tribunals* ist, können aus dem Grund der Prozessautonomie Klagen jeglichen Ursprungs vor deutschen Arbeitsgerichten verhandelt werden.

Die Zuständigkeit der *Employment Tribunals* ergibt sich nur aufgrund von speziellen Gesetzen und ist für jeden Einzelfall zu bestimmen, was eine Abgrenzung zur Entscheidungsbefugnis der Zivilgerichte schwierig macht.

---

233 Arbeitsgerichtsgesetz in der Fassung der Bekanntmachung vom 2. Juli 1979 (BGBl. I S. 853, 1036), das zuletzt durch Artikel 2 des Gesetzes vom 14. Juni 2011 (BGBl. I S. 1050) geändert worden ist.

234 Zur Rechtswegzuständigkeit im Beschlussverfahren siehe: *Junker*, Grundkurs Arbeitsrecht, Rn. 864, 885, S. 461, 471.

235 Zivilprozessordnung in der Fassung der Bekanntmachung vom 5. Dezember 2005 (BGBl. I S. 3202 (2006 I S.431) (2007 I S. 1781), die zuletzt durch Artikel 4 des Gesetzes vom 23. Mai 2011 (BGBl. I S. 898) geändert worden ist.

Teil 3 Einleitung des Verfahrens

§ 5 Die Zulässigkeit einer arbeitsgerichtlichen Klage

Eine Klage zu den *Employment Tribunals* bedarf gewisser Zulässigkeitsvoraussetzungen. Der Kläger muss die Klage in einem bestimmten Formblatt (*„claim form"*) innerhalb einer Klagefrist (*„time limit"*) einreichen, wobei eine anwaltliche Vertretung nicht erforderlich ist.

A. Einreichung einer Klageschrift („claim form")

Bei Ausfüllen des Formblatts, genannt ET 1[236], muss der Kläger seinen Namen und Adresse und die der etwaigen weiteren Kläger, Namen und Adressen jedes Beklagten sowie Details der Klage angeben.[237] Wird das Formblatt nicht verwendet oder nicht richtig ausgefüllt, wird die Klage nicht angenommen.[238] Wenn das Klageformblatt nur teilweise vollständig ist oder Klagegründe ungenau wiedergegeben sind, sind die ETR 2004 allerdings so auszulegen, dass der Kläger begünstigt und ihm rechtliches Gehör möglichst nicht versagt wird.[239] In *Grimmer v KLM Cityhopper Ltd* [2005] hatte die Klägerin die näheren Be-stimmungen im Klageformblatt mit *„flexible working"* angegeben, wobei wirklicher Klagegrund die Abweisung eines Antrags auf Teilzeitarbeit war. Die Klage wurde wegen eines zu unbestimmten Klageantrags abgewiesen, wodurch die Klägerin die Klagefrist nicht einhalten konnte. Eine Fristverlängerung wurde ihr nicht gewährt. Die klageabweisende Entscheidung wurde vom EAT aufgrund der Auslegbarkeit der Klagedetails und eindeutiger Zuordnungsmöglichkeit der Klage zu der Zuständigkeit des *Employment Tribunal* aufgehoben. Zwar gelten die ETR 2004 bei einem Konflikt grundsätzlich als maßgebliches, geltendes Recht, sodass Klagegründe genannt werden müssen.[240] Eine Auslegung des genannten Klagegrundes ist aber dennoch erforderlich.[241]

---

236 Das Formblatt ET 1 ist auf der Homepage des *Employment Tribunal Service* unter http://www.justice.gov.uk/downloads/global/forms/tribunals/employment/ET1.pdf, abruf-bar, zuletzt aufgerufen am 01.06.2012.

237 ETR 2004, schedule 1, r 1 (4) … the required information in relation to the claim is — (a) each claimant's name; (b) each claimant's address; (c) the name of each person against whom the claim is made ("the respondent"); (d) each respondent's address; (e) details of the claim….

238 ETR 2004, schedule 1, r 3 (2) The Secretary shall not accept the claim (or a relevant part of one) if it is clear to him that one or more of the following circumstances applies — (a) the claim does not include all the relevant required information….

239 *Grimmer v KLM Cityhopper Ltd* [2005] IRLR 596, paras 10, 11; *Gower,* ELJ 2005 (65) Nov, 14 (15).

240 *Grimmer v KLM Cityhopper Ltd* [2005] IRLR 596, para 13; *Panesar/Gurnham,* SJ 2005, 149 (36), 1110 (1119).

241 *Grimmer v KLM Cityhopper Ltd* [2005] IRLR 596, para 15: *„Whether it can be discerned from the claim as presented that the claimant is complaining of an alleged breach of an employment right which falls within the jurisdiction of the employment tribunal."*.

Aus ETR 2004 r 3 (2)[242] folgt auch, dass eine Klage nicht die notwendigen Details beinhaltet, wenn sie unlesbar ist.[243] Lesbarkeit liegt dann vor, wenn das *Employment Tribunal* die Klage ohne Lupe lesen kann.[244] Auch wenn ein ungenaues oder schlecht leserliches Ausfüllen der *claim form* grundsätzlich zugunsten einer nicht anwaltlich vertretenen Partei ausgelegt wird, sollte ein Kläger aufgrund der weitreichenden Folgen seine Klage möglichst genau formulieren.[245]

B. Zugang der Klageschrift

Wichtig für die Einhaltung der Klagefrist ist vor allem der Zugang der Klage. Das Absenden der Klageschrift reicht zur Fristwahrung nicht aus.[246] Die Zugangsvoraussetzungen richten sich nach der jeweiligen Form der Klage, die persönlich, per Post, per Fax, online[247] oder per Email erhoben werden kann.[248] Ein großer Unterschied zum deutschen Recht ist hier die Möglichkeit, eine Klage elektronisch zu erheben. Bestimmende Schriftsätze, wie die Klageschrift, können vor deutschen Arbeitsgerichten nur schriftlich erhoben werden, vgl. §§ 46 II ArbGG, §§ 495, 253, 130 Nr. 6 ZPO, wobei die Schriftform aber gerade nicht die elektronische Form umfasst.[249]

Eine Klage geht im Allgemeinen zu, wenn sie bei der Zentralstelle oder einer Einzelstelle der *Employment Tribunals* eingeht.[250] Bei postalischer Klageerhebung gilt eine Klage entspre-

---

242 ETR 2004, schedule 1, r 3 (2), siehe oben Teil 3 § 5 A, S. 41, Fn. 238.

243 *May v Greenwich* UKEAT/0102/10/LA, 15 April 2010, unreported, paras 16, 17.

244 *May v Greenwich* UKEAT/0102/10/LA, 15 April 2010, unreported, para 3.

245 *Gower,* ELJ 2005 (65) Nov, 14 (16); Tolley's Employment Handbook, 18.17, p. 464.

246 *Bone v Fabcon Projects Ltd* [2007] 1 All ER 1071 (1084), [2006] ICR 1421 (1435), [2006] IRLR 908 (921).

247 *Tyne and Wear Autistic Society v Smith* [2005] 4 All ER 1336, [2005] ICR 663, [2005] IRLR 336, para 26.

248 ETR 2004, schedule 1, r 61 (1) Any notice given or document sent under these rules shall (unless an Employment Judge or tribunal orders otherwise) be in writing and may be given or sent — (a) by post; (b) by fax or other means of electronic communication; or (c) by personal delivery. Zur elektronischen Klageerhebung siehe auch *Gower,* ELJ 2005 (65) Nov, 14 (16).

249 BGH, Beschluss vom 04.12.2008 – IX ZB 41/08 = NJW-RR 2009, 357, Rn. 9; ThP/*Reichold,* § 129 ZPO, Rn. 5.

250 *Consignia Plc v Sealy* [2002] EWCA Civ 878, [2002] 3 All ER 801, [2002] ICR 1193 [2002] IRLR 624, para 31 (1); *Secretary of State for Employment v Banks* [1983] ICR 48 (50); *Hammond v High Castle & Co Ltd* [1973] 2 All ER 289 (295), [1973] ICR 148 (153), [1973] IRLR 91 (97); *Selwyn,* 20.12, p. 557; Tolley's Employment Handbook, 18.21, p. 467.

chend der Zweitages-Fiktion nach CPR 1998[251], r 6.7[252] am zweiten Tag nach Aufgabe zur Post als zugegangen. Sonn- und Feiertage werden hierbei nicht mitgezählt.[253]

Eine Klageschrift ist per Faxoder auf elektronischem Weg zugegangen, wenn sie vom Faxgerät des jeweiligen *Employment Tribunal* bzw. vom Server der *Employment Tribunals Service* Website empfangen worden ist,[254] unabhängig von einer Weiterleitung an die einzelne Website des jeweiligen *Employment Tribunal* Büros.[255] Entscheidend ist der Empfang des Faxes, der Email oder des Online-Klageformblattes, wobei das Absenden allein nicht ausreicht.[256] Sollte die Klage vor Mitternacht abgeschickt worden sein, aber durch die Transportzeit erst wenige Sekunden nach 24.00 Uhr angekommen sein, ist sie verfristet.[257]

Der Kläger ist grundsätzlich verantwortlich dafür, dass die Klageschrift dem Gericht zugeht. Wenn er keine Bestätigung für den Eingang bei Gericht erhält, hat er die Pflicht bei Gericht nachzufragen.[258] Sollte der Kläger anwaltlich vertreten sein, trifft den Klägervertreter diese Überprüfungspflicht. Ein Anwalt handelt im Gegensatz zum deutschen Recht nur schuldlos und kann eine Fristverlängerung erhalten, wenn er sich erkundigt hat, ob die Klageschrift zugegangen ist und der normale Gerichtslauf die Verzögerung verursacht hat.[259] Bei Erhebung einer Klage vor einem deutschen Arbeitsgericht kann der Kläger oder Klägervertreter hinge-

---

251 *Civil Procedure Rules 1998 (SI 1998/3132)* = CPR 1998.

252 CPR 1998, r 6.7 (1) A document which is served in accordance with these rules or any relevant practice direction shall be deemed to be served on the day shown in the following table— Method of service = First class post; Deemed day of service = The second day after it was posted....

253 *Consignia Plc v Sealy* [2002] EWCA Civ 878, [2002] 3 All ER 801, [2002] ICR 1193 [2002] IRLR 624, para 31 (3), (4). Anders der Denkansatz des EAT in *St Basil's Centre v Mc Crossan* [1992] ICR 140 (145). Hier sollten Samstage neben Sonn- und Feiertagen auch ausgeschlossen werden. Grundlegende Richtlinien zum postalischen Zugang siehe bei *Consignia Plc v Sealy* [2002] EWCA Civ 878, [2002] 3 All ER 801, [2002] ICR 1193 [2002] IRLR 624, para 31. Hierzu siehe auch: *Jones,* SJ 2002, 146 (32), 758; *Smail,* NLJ 2002, 152 (7042), 1150.

254 ETR 2004, schedule 1, r 61 (2) Where a notice or document has been given or sent in accordance with 1), that notice or document shall, unless the contrary is proved, be taken to have been received by the party to whom it is addressed— (a)... (b) in the case of a notice or document transmitted by fax or other means of electronic communication, on the day on which the notice or document is transmitted....

255 Blackstone's Employment Law Practice, 2.06, p. 19.

256 *Goodier/Parkin,* 2.4.6.3, p.24; *McMullen,* Employment Tribunal Procedure, 3.59; 5.11, pp. 50, 79; Tolley's Employment Handbook, 18.21, p. 467. In *Hartley v HFC Bank* UKEAT/1468/99, 25 January 2001, unreported, para 8 wurde bei verspätetem Nichtankommen des Faxes eine Fristverlängerung nicht gewährt, da das Wählen der richtigen Faxnummer und rechtzeitige Ankommen des Faxes auch früher hätte festgestellt werden können und das Absenden allein nicht ausreicht.

257 *Beasley v National Grid* [2008] EWCA Civ 742, EAT, paras 11, 22 (Verspätung um 88 Sekunden); *Miller v Community Links Trust* UKEAT/0486/07/JOJ, 29 October 2007, unreported, para 1 (neun Sekunden Verspätung).

258 Tolley's Employment Handbook, 18.21, p. 468.

259 *Camden and Islington Community Health Services NHS Trust v Kennedy* [1996] IRLR 381; *Capital Foods Retail Ltd v Corrigan* [1993] IRLR 430.

gen davon ausgehen, dass das Gericht die Klage ohne besondere Verzögerung erhält.[260] Eine besondere Verpflichtung zur Nachfrage trifft ihn nicht.[261]

C. Einhaltung der Klagefrist („time limit")

Alle Klagen vor einem *Employment Tribunal* müssen innerhalb einer bestimmten Klagefrist (*„time limit"*) erhoben werden. Sollte die Klagefrist versäumt werden, weist das *Employment Tribunal* die Klage ab, sofern keine Fristverlängerung in Betracht kommt. Im Gegensatz zur deutschen materiellen Präklusionsfrist im Fall einer Kündigungsschutzklage, Änderungsschutzklage oder Entfristungsklage, §§ 4 S. 1, 7 KSchG, § 17 S.1, 2 TzBfG[262], bei deren Versäumnis die Klage zwar zulässig bleibt, aber das Recht in materieller Hinsicht ausgeschlossen wird, führt die Versäumnis der Klagefrist im englischen Recht dazu, dass ein *Employment Tribunal* keine Entscheidungsbefugnis mehr besitzt.[263] Die Klage wird daher bereits unzulässig und nicht erst auf materieller Ebene unbegründet.[264]

I. Berechnung der Klagefrist

Eine Klagefrist wird durch ein bestimmtes Ereignis, z.B. eine Kündigung, Diskriminierung oder Vertragsverletzung, ausgelöst. Das Gesetz, das die Zuständigkeit anordnet, bestimmt auch das Ereignis, das für den Fristbeginn maßgeblich ist.[265] Klagen können nicht vor Beginn

---

260 Ständige Rechtsprechung: BVerfG, Beschluss vom 7. 1. 2003 – 2 BvR 447/02= BVerfG NJW 2003, 1516, Rn. 1; BGH, Beschluss vom 20. 5. 2009 – IV ZB 2/08 = BGH NJW 2009, 2379, Rn. 8; BGH, Beschluss vom 22.05.2007 – VI ZB 59/05 = BGH NJW-RR 2008, 141, Rn. 4; BGH, Beschluss vom 18. 7. 2007 – XII ZB 32/07 = BGH NJW 2007, 2778, Rn. 6; Th/P/*Hüßtege,* § 233 ZPO, Rn. 28.

261 BVerfG, Entscheidung vom 11.01.1991 – 1 BvR 1435/89 = BVerfG NJW 1992, 38 (39); BGH, Beschluss vom 19. 7. 2007 – I ZB 100/06 = BGH NJW 2008, 587, Rn. 10; BAG Urteil vom 6. 10. 2010 – 7 AZR 569/09 = BAG NJW 2011, 1246 = BAG NZA 2011, 477, Rn. 13; Musielak/*Grandel,* § 233 ZPO, Rn. 39; Th/P/*Hüßtege,* § 233 ZPO, Rn. 28.

262 Teilzeit- und Befristungsgesetz vom 21. Dezember 2000 (BGBl. I S. 1966), das zuletzt durch Artikel 1 des Gesetzes vom 19. April 2007 (BGBl. I S. 538) geändert worden ist = TzBfG.

263 *Dedman v British Building and Engineering Appliances Ltd* [1974] 1 WLR 171 (175), [1974] 1 All ER 520 (524), [1974] ICR 53 (59), [1973] IRLR 379 (383); *Anglo Continental School of English (Bournemouth) Ltd v Gardiner* [1973] ICR 261 (267); Blackstone's Employment Law Practice, 3.01, p.25; *Harvey,* V T/68 [91]; *Honeyball,* Labour Law, p. 1; *McMullen,* Employment Tribunal Procedure, 3.1, p. 33, Tolley's Employment Handbook, 18.18 (a), p. 465 .

264 Lord Denning MR in *Dedman v British Building and Engineering Appliances Ltd* [1974] 1 WLR 171 (175), [1974] 1 All ER 520 (524), [1974] ICR 53 (59), [1973] IRLR 379 (383): *„If an application arrives a minute after midnight on the last day the clerks must throw it out, the tribunal is not competent to hear it."*

265 Blackstone's Employment Law Practice, 3.01, p. 25; *McMullen,* Employment Tribunal Procedure, 3.1, p.33; *Selwyn,* 20.01, p. 554; Tolley's Employment Handbook, 18.18, p. 465. Eine Auflistung aller bestehenden *time limits* erfolgt bei: *Harvey,* V, T 61-67 [84].

der Klagefrist, d.h. vor diesem Ereignis, erhoben werden.[266] In Deutschland ist hingegen eine Klageerhebung auch vor dem fristauslösenden Ereignis zulässig.

Die korrekte Berechnung der Frist erfolgt, indem man die Fristdauer von einem Tag vor dem Ereignis, beispielsweise der Kündigung oder der Diskriminierung, aus berechnet.[267] Wenn der Arbeitnehmer beispielsweise zum 1. Januar entlassen wurde, ist der letzte Tag einer möglichen Klageerhebung bei einer dreimonatigen Fristdauer der 31. März. Vergleichbar ist die Fristberechnung in England mit der deutschen Ablauffrist, §§ 46 II ArbGG, § 222 II ZPO, §§ 187 II, 188 II BGB. Die Ereignisfrist nach §§ 46 II ArbGG, § 222 II ZPO, §§ 187 I, 188 II BGB, nach der die Präklusionsfrist nach §§ 4 S. 1, 7 KSchG berechnet wird, beginnt gerade einen Tag nach dem fristauslösenden Ereignis. Sollte in England eine Frist nach der deutschen Ereignisfrist berechnet werden und die Frist erst einen Tag nach dem Ereignis zu laufen beginnt, muss dies in der entsprechenden Regelung mit *„from"*, *„after"* oder *„of"* gekennzeichnet sein.[268]

Bei Fristende gibt es im Unterschied zum deutschen Recht, §§ 46 II ArbGG, § 222 II ZPO, § 193 BGB, keine Fristverlängerung, wenn der letzte Tag auf einen Sonn- oder Feiertag fällt. Vielmehr muss die Klage am Sonn- oder Feiertag selbst in den Briefkasten des Gerichts geworfen werden.[269] Falls ein Gericht keinen entsprechenden Briefkasten bereithält, ist noch ungeklärt, wie die Frist gewahrt werden kann. Mögliche Lösungsvorschläge sind das Einreichen am folgenden Werktag oder das Durchschieben der Klage unter dem Türschlitz.[270]

---

266 *Capek v Lincolnshire County Council* [2000] ICR 878 (885,886), [2000] IRLR 590 (597, 598), CA (eine Klage wegen *unfair dismissal* und wegen Vertragsverletzung wurde vor Ende des Arbeitsvertrags eingereicht); *Throsby v Imperial College* [1978] 2 WLR 50 (60), [1978] 2 All ER 465 (475), [1977] ICR 357 (367), [1977] IRLR 337 (347) (eine Klage wegen *unfair dismissal* wurde vor Ende des Arbeitsvertrags eingereicht); *Goodier/Parkin,* 4.2.3, p. 89; Tolley's Employment Handbook, 18.18, p. 465.

267 *RJB Mining (UK) Ltd v National Union of Mineworkers* [1995] IRLR 556, CA, para 6; Blackstone's Employment Law Practice 3.03, 3.04, p. 26; *Harvey,* V T/71, [14]; *McMullen,* Employment Tribunal Procedure, 3.52, p. 49; *Taylor/Emir,* Employment Law, p. 574; Tolley's Employment Handbook, 18.18 (e), p. 465. In *RJB Mining (UK) Ltd v National Union of Mineworkers* [1995] IRLR 556, CA, para 6 sind die bei der Fristberechnung grundsätzlich zu beachtenden Prinzipien aufgelistet.

268 *RJB Mining (UK) Ltd v National Union of Mineworkers* [1995] IRLR 556, CA, para 6; *Trow v Ind Coope (West Midlands) Ltd* [1967] 2 QB 899 (916, 917), [1967] 3 WLR 633 (650, 651), [1967] 2 All ER 900 (917, 918).

269 *Consignia Plc v Sealy* [2002] EWCA Civ 878, [2002] 3 All ER 801, [2002] ICR 1193 [2002] IRLR 624, para 31.

270 Blackstone's Employment Law Practice, 3.43, p. 32. Vgl. hierzu *Consignia Plc v Sealy* [2002] EWCA Civ 878, [2002] 3 All ER 801, [2002] ICR 1193, [2002] IRLR 624, para 31 (2).

II. Fristdauer

Die Fristdauer richtet sich bei jedem Klagegegenstand nach dem entsprechenden Gesetz und ist daher immer unterschiedlich, was eine Fristberechnung ausgesprochen kompliziert macht. Einem Vorschlag der *Gibbons-Review*, nach dem die Dauer der Klagefristen vereinheitlicht werden sollte, wurde bisher nicht entsprochen.[271] Die Klageerhebung wegen eines Streitgegenstands wahrt auch nicht die Klagefrist bezüglich eines anderen Streitgegenstands. Die Klage muss ausdrücklich wegen einer bestimmten Kündigung oder einer bestimmten Diskriminierung erhoben werden.[272] Eine allgemeine Feststellungsklage, die nach deutschem Recht als Schleppnetzantrag für eventuell folgende Kündigungen erhoben werden kann, um die Gefahr der Präklusion nach §§ 4 S. 1, 7 KSchG zu vermeiden, wäre nach englischem Recht sinnlos. Die wichtigsten Fristen sind die Drei-Monatsfrist bei unwirksamer Kündigung[273] und die Sechs-Monatsfrist bei Abfindungszahlungen.[274]

Die dreimonatige Ausschlussfrist bei Kündigungsschutzklagen nach ERA 1996, s 111 (2)[275] beginnt ab der wirksamen Beendigung des Arbeitsverhältnisses, dem *„effective date of termination"*. Damit ein Arbeitsverhältnis wirksam beendet wird, muss der Arbeitnehmer wissen, dass er gekündigt wurde oder zumindest eine angemessene Gelegenheit zur Kenntnisnahme der Kündigung erhalten.[276] Daher kann das *effective date of termination* auch erst dann eintreten, wenn der gekündigte Arbeitnehmer erst nach mehreren Wochen Urlaub Kenntnis von einer schriftlichen Kündigung erlangt.[277] Im Unterschied dazu wäre ein postalisches Kündigungsschreiben im deutschen Recht schon zugegangen und damit wirksam i.S.d. § 130 BGB, wenn es so in den Machtbereich des Empfängers gelangt, dass unter normalen Umständen mit

---

271 *Gibbons,* Better Dispute Resolution, pp. 8, 9.

272 *Goodier/Parkin,* 4.2.4, p. 89; Tolley's Employment Handbook, 18.18 (g), p. 466.

273 ERA 1996, s 111 (2) Subject to the following provisions of this section, an employment tribunal shall not consider a complaint under this section unless it is presented to the tribunal— (a) before the end of the period of three months beginning with the effective date of termination....

274 ERA 1996, s 164 (1) An employee does not have any right to a redundancy payment unless, before the end of the period of six months beginning with the relevant date— (a)... (d) a complaint relating to his dismissal has been presented by the employee under section 111.

275 ERA 1996, s 111 (2), siehe oben Teil 3 § 5 C. II., S. 47, Fn. 273.

276 *Gisda CYF v Barratt* [2010] UKSC 41, [2010] 4 All ER 851, [2010] ICR 1475, [2010] IRLR 1073, paras 34, 42; hierzu: *Johnson,* Cov LJ 2011, 16 (1), 60.

277 *Gisda CYF v Barratt* [2010] UKSC 41, [2010] 4 All ER 851, [2010] ICR 1475, [2010] IRLR 1073, paras 34, 42; *McMaster v Manchester Airport* [1998] IRLR 112 (114, 115).

einer Kenntnisnahme zu rechnen ist.[278] Eine Kenntnisnahme ist nach dieser Definition täglich außer sonntags und auch während des Urlaubs des Arbeitnehmers möglich.[279]

Bei Verfahren mit diskriminierungsrechtlichem Bezug beträgt die normale Ausschlussfrist drei Monate ab der angeklagten Diskriminierungshandlung, ungeachtet deren Grund. Dauern die Diskriminierungshandlungen über einen längeren Zeitraum an, beginnt die Frist mit der letzten Handlung oder Unterlassung,[280] unabhängig vom Vertragsende.[281] Sollte der Arbeitgeber beispielsweise einem Mobbing eines Arbeitnehmers durch Arbeitskollegen nicht abhelfen, beginnt die Klagefrist mit der letzten Handlungsmöglichkeit seitens des Arbeitgebers.[282]

Im einstweiligen Rechtsschutz muss eine Klage sieben Tage nach dem *effective date of termination* erhoben werden.[283] Wegen der besonderen Dringlichkeit gibt es hier keine Möglichkeit zur Fristverlängerung.[284]

III. Möglichkeit einer Fristverlängerung

Die Möglichkeit und Voraussetzungen einer Fristverlängerung richten sich nach dem Streitgegenstand und des jeweiligen Gesetzes.[285] Die meisten Fristverlängerungen, so auch bei einer Kündigungsschutzklage, werden gewährt, wenn die Fristeinhaltung vernünftigerweise nicht möglich war („*not reasonably practicable*").[286] Die Prüfung erfolgt in zwei Stufen:

---

278 BGH, Urteil vom 21.01.2004 – XII ZR 214/00 = NJW 2004, 1320 (1320); BGH, Urteil vom 13.2.1980 – VIII ZR 5/79 = NJW 1980, 990 (990, 991); BAG, Urteil vom 11.11.1992 – 2 AZR 328/92 = NJW 1993, 1093 (1093, 1094).

279 Palandt/*Ellenberger*, § 130 BGB, Rn. 6; KR/*Friedrich*, § 4 KSchG, Rn. 377.

280 Blackstone's Employment Law Practice, 3.12, p. 27; *Harvey*, V T/82 [114]. Leitender Fall hierzu ist: *Barclay Bank Plc v Kapur* [1991] IRLR 136, HL, der eine Regelung von 1970 zu Pensionszahlungen betraf, bei denen Arbeitszeiten in Afrika im Gegensatz zu Arbeitszeiten in Europa nicht eingerechnet wurden. Die Kläger konnten bis 1987 Klage erheben, da sich die Regelung bis zu diesem Zeitraum erstreckte.

281 *Humphries v Chevler Packaging Ltd.* EAT/0224/06/DM, 24 July 2006, unreported, paras 24-29.

282 *Littlewoods Organisation Plc v Traynor* [1993] IRLR 154, Blackstone's Employment Law Practice, 3.14, p. 28.

283 ERA 1996, s 128 (2) The tribunal shall not entertain an application for interim relief unless it is presented to the tribunal before the end of the period of seven days immediately following the effective date of termination (whether before, on or after that date). Das Recht auf einstweiligen Rechtsschutz gibt es bei Kündigungen wegen Ge-werkschaftsmitgliedschaft, TULCRA 1992, ss 152, 161, bei Gesundheits- und Sicherheitsbeschwerden, ERA 1996, s 100, oder bei Handlungen als Betriebsratsmitglied, ERA 1996, ss 101A (d), 103.

284 *McMullen*, Employment Tribunal Procedure, 3.42, p. 45.

285 *Harvey*, V, T/110-120 [186]; *Manley/Heslop*, Employment Tribunals, 2.6, p.30; Tolley's Employment Handbook, 18.18 (a), p. 465

286 ERA 1996, s 111 (2) (b) …an employment tribunal shall not consider a complaint under this section unless it is presented to the tribunal—…(b) within such further period as the tribunal considers reasonable in a case where it is satisfied that it was not reasonably practicable for the complaint to be presented before the

(a) War es für den Kläger *„not reasonably practicable"* die Frist einzuhalten?
(b) Wenn dies der Fall ist, hat er die Klage innerhalb einer weiteren angemessenen (*„reasonable"*) Frist erhoben?

Nach dem *not reasonably practicable*-Test können gesundheitliche Gründe, eine Verzögerung auf dem Postweg und die fehlende Kenntnis eines Rechts zur Klage, einer Klagefrist als solcher oder rechtsbegründender Tatsachen eine Fristverlängerung rechtfertigen.[287] In *Walls Meat Co Ltd v Khan* [1979] wurde eine Fristverlängerung beispielsweise gewährt, weil der Kläger nicht wusste, dass eine Klage auf Arbeitslosengeld die Klagefrist für eine Kündigungsschutzklage nicht wahrt.[288]

Auch wenn Unwissenheit über die gegenwärtige Rechts- oder Beweislage eine Fristverlängerung ermöglichen kann,[289] scheidet dies aufgrund einer späteren Änderung der Rechtslage aus. In *Biggs v Somerset County Council* [1996][290] wurde 1976 eine in Teilzeit arbeitende Lehrerin entlassen. Der damals noch bestehende Ausschluss einer Kündigungsschutzklage bei Teilzeitlehrern wurde 1994 vom *House of Lords* wegen Verstoß gegen EU-Recht für unwirksam erklärt. Die Klage der Lehrerin wurde nicht als fristgerecht erachtet und eine Fristverlängerung nach dem *not reasonably practicable*-Test abgelehnt, da Ms Biggs bereits in 1976 Klage hätte erheben müssen. Alles andere würde gegen die Rechtssicherheit verstoßen.[291]

Sofern der Kläger rechtlich vertreten ist, ist ein Fristversäumnis seitens des rechtlichen Vertreters (*„skilled advisor"*) dem Kläger zuzurechnen. Hätte der Anwalt oder sonstige rechtliche Vertreter die Klage rechtzeitig einreichen können, ist keine Fristverlängerung möglich, sondern nur eine Klage gegen den rechtlichen Vertreter selbst aufgrund von Anwalts- oder sonstiger Haftung:[292]

---

end of that period of three months.; Blackstone's Employment Law Practice, 3.54, p. 34; *Harvey,* V, T110/120 [187]; *McMullen,* Employment Tribunal Procedure, 3.61, p. 51

287 *Walls Meat Co Ltd v Khan* [1979] ICR 52 (60, 61), [1978] IRLR 499 (507, 508), CA; Blackstone's Employment Law Practice, 3.59, p. 35; *Harvey,* V T/122 [193]; *McMullen*, Employment Tribunal Procedure, 3.62-3.75, pp. 51-56.

288 *Walls Meat Co Ltd v Khan* [1979] ICR 52 (60, 61); [1978] IRLR 499 (507, 508), CA.

289 *Walls Meat Co Ltd v Khan* [1979] ICR 52 (60, 61); [1978] IRLR 499 (507, 508), CA; Blackstone's Employment Law Practice, 3.69-3.73, pp. 37, 38; *Harvey,* V, T/123 [197]; *McMullen*, Employment Tribunal Procedure, 3.69-3.75, pp. 54-56.

290 *Biggs v Somerset County Council* [1996] 2 All ER 734, [1996] ICR 364, [1996] IRLR 203.

291 *Biggs v Somerset County Council* [1996] 2 All ER 734, [1996] ICR 364, [1996] IRLR 203, para 26.

292 *Riley v Tesco Stores Ltd* [1980] ICR 323 (329), [1980] IRLR 103 (109), CA; *Dedman v British Building and Engineering Appliances Ltd* [1974] 1 WLR 171, [1974] 1 All ER 520, [1974] ICR 53, [1973] IRLR. 379, para 61; Blackstone's Employment Law Practice, 3.75, p. 38; *Harvey,* V, T128 [214]; *McMullen*, Employment Tribunal Procedure, 3.76, 3.77, p. 56.

„If a man engages skilled advisors to act for him – and they mistake the time limit and present too late – he is out. His remedy is against them."[293]

Etwas anderes soll nur gelten, wenn eine Fristverlängerung für den Beklagten ein unverhoffter Glücksfall wäre.[294] Als *skilled advisor* gelten neben Anwälten, den *barristers* und *solicitors*, auch Mitarbeiter der Bürgerberatung,[295] der Gewerkschaften und der Arbeitgeberverbände.[296] Eine Fristverlängerung wird im Gegensatz dazu gewährt, wenn die Fristversäumnis auf einer falschen Aussage oder Beratung eines *Employment Tribunal*-Mitarbeiters beruht.[297] Ein aus der Risikosphäre des Gerichts herrührender Fehler kann dem Kläger nicht angelastet werden.

Bei Verfahren mit diskriminierungsrechtlichem Bezug, wie der Diskriminierung eines Arbeitnehmers wegen des Geschlechts, der Herkunft oder des Alters, aber auch wegen einer Teilzeitbeschäftigung oder eines befristeten Beschäftigungsverhältnisses, bestimmt sich eine Fristverlängerung nicht nach oben genannter Formel. Vielmehr wird eine Verlängerung gewährt, wenn sie dem Gericht als gerecht und angemessen (*„just and equitable"*) erscheint.[298] Hierbei ist jede Fristversäumnis im Einzelfall nach allen Umständen zu betrachten. Kriterien, die für eine Fristverlängerung herangezogen werden können, sind die Kenntnis des Klägers von seinem Recht zur Klageerhebung, das Verhalten des Arbeitgebers, die Länge der gewünschten Fristverlängerung und die Nachteile, die dem Arbeitgeber oder dem Arbeitnehmer andererseits entstehen würden, würde die Fristverlängerung gewährt.[299] Ein anwaltlich vertretener Kläger kann unbeschadet einer deliktischen Anwaltshaftung grundsätzlich auch hier keine Fristverlängerung erhalten, wenn der Anwalt die Frist versäumt, es sei denn dies wäre

---

293 Lord Denning MR in *Dedman v British Building and Engineering Appliances Ltd* [1974] 1 WLR 171, [1974] 1 All ER 520, [1974] ICR 53, [1973] IRLR. 379, para 61.

294 *Steeds v Peverel Managment Services Ltd* [2001] EWCA Civ 419, paras 38-40.

295 *Riley v Tesco Stores* [1980] ICR 323 (333, 334); [1980] IRLR 103 (113, 114), CA.

296 *Hammond v High Castle & Co Ltd* [1973] ICR 148 (152, 153), [1973] IRLR 91 (95, 96), NIRC.

297 *London International College Ltd v Sen* [1993] IRLR 333 (337); *Jean Sorelle Ltd v Rybak* [1991] ICR 127 (134, 135), [1991] IRLR 153 (160, 161), EAT.

298 EA 2010, s 123 (2) Proceedings may not be brought ...after the end of— (a) ... (b) such other period as the employment tribunal thinks just and equitable. *Part Time Workers (Prevention of Less Favourabel Treatment) Regulations* 2000, reg 8 (3) A tribunal may consider any such complaint which is out of time if, in all the circumstances of the case, it considers that it is just and equitable to do so. *Fixed-term Employees (Prevention o Less Favourable Treatment) Regulations* 2002, reg 7 (3) A tribunal may consider any such complaint which is out of time if, in all the circumstances of the case, it considers that it is just and equitable to do so.

299 Blackstone's Employment Law Practice, 3.82, p. 40; *Harvey,* V, T162 [277], Tolley's Employment Handbook, 18.30, p. 480. Vgl. auch *Hutchison v Wetward Televison Ltd* [1977] ICR 279 (282), [1977] ILRL 69 (72), EAT: *"a wide discretion to do what it thinks is just and equitable in the circumstances...they entitle the tribunal to take into account anything which it judges to be relevant."*.

für den Beklagten ein unverhoffter Glücksfall.[300] Aber auch im Fall der Fristversäumnis durch den Anwalt oder einen anderen *skilled advisor* müssen alle anderen in Betracht kommenden Umstände für die Entscheidung, ob eine Fristverlängerung *just and equitable* ist, herangezogen werden.[301]

Auch wenn das Ermessen des *Employment Tribunal* hinsichtlich einer *just and equitable* Fristverlängerung größer als bei der *not reasonably practicable* Fristverlängerung ist,[302] soll diese dennoch die Ausnahme bleiben.[303]

Über die Dauer der Fristverlängerung gibt es wenige Aussagen der Gerichte. Eine Fristverlängerung ist nach dem *not reasonably practicable*-Test für einen *reasonable* Zeitraum möglich.[304] Eine Klageerhebung innerhalb von zwei Wochen nach Ende der Klagefrist wurde noch als *reasonable* angesehen.[305] Bei einer *just and equitable* Fristverlängerung wurde ausnahmsweise sogar eine Fristverlängerung um neun Jahre gewährt, da ansonsten kein faires Verfahren gewährleistet worden wäre.[306] Der Kläger, ein Arbeitnehmer schwarzafrikanischer Herkunft, erkannte eine Diskriminierung seinerseits neun Jahre lang nicht. Obwohl er seiner Akte aus 1990 nach als bester Arbeitnehmer für eine Beförderung geeignet war, wurde er nur wegen seiner Herkunft nicht berücksichtigt und ab 1994 sogar in einer niederrangigeren Abteilung beschäftigt. Erst 1999 bekam er Einblick in seine Akte und damit Kenntnis von seiner positiven Beurteilung und von seinem Anspruch auf Beförderung. Er erhob kurz nach Kenntniserlangung Klage nach dem *Race Relations Act 1976* und seinem Antrag auf eine Fristverlängerung wurde auch neun Jahre nach Fristablauf entsprochen.

IV. Vergleich mit der materiellen Präklusion im deutschen Recht

Die Klagefrist in England unterscheidet sich sehr von der materiellen Präklusionsfrist für Kündigungsschutzklagen, Änderungsschutzklagen und Entfristungsklagen nach §§ 4 S. 1, S. 2, 7 KSchG, § 17 S. 1, 2 TzBfG im deutschen Arbeitsrecht. Im Gegensatz zur dreimonatigen, bzw. sechsmonatigen Frist in England beträgt die Präklusionsfrist nur drei Wochen ab Zugang der schriftlichen Kündigung, Änderungskündigung oder dem Ende des befristeten Arbeitsver-

---

300 *Chohan v Derby Law Centre* [2004] IRLR 685, para 16; *Steeds v Peverel Managment Services Ltd* [2001] EWCA Civ 419, paras 38-40.

301 Tolley's Employment Handbook, 18.30, p. 480

302 *Mills and Crown Prosecution Service v Marshall* [1998] ICR 518 (527), [1998] IRLR 494 (503); *British Coal Corp v Keeble* [1997] IRLR 336, EAT; *Hawkins v Ball and Barclays Bank Plc* [1996] IRLR 258, EAT.

303 Auls LJ in *Robertson v Bexley Community Centre* [2003] EWCA Civ 576, [2003] IRLR 434, para 25.

304 ERA 1996, s 111 (2) (b), siehe oben Teil 3 § 5 C III., S. 48, Fn. 286.

305 *James W Cook and Co (Wivenhoe) v Tipper* [1990] ICR 716 (725), [1990] IRLR 386 (385), CA.

306 *Afolabi v Southwark London Borough Council* [2003] EWCA Civ 15, [2003] ICR 800, paras 35, 55, 58, 77.

trages § 4 S. 1 KSchG, § 17 S. 1 TzBfG. Die wesentlich kürzere Frist dient der Rechtssicherheit. Arbeitgeber und Arbeitnehmer sollen schnell Klarheit über die Beendigung des Arbeitsverhältnisses und daraus resultierende Rechte und Pflichten erlangen können.[307]

Die Präklusionsfrist nach §§ 4 S. 1, 7 KSchG ist anders als im englischen Recht eine materiell-rechtliche Ausschlussfrist, die nicht in der Zulässigkeit, sondern in der Begründetheit geprüft wird.[308] Nach Verstreichen der Frist gilt eine Kündigung, eine Änderungskündigung oder eine Befristung als rechtmäßig und eine Klage wird unbegründet.[309] Die Zuständigkeit des deutschen Arbeitsgerichts wird hingegen nicht berührt. Lediglich die Rechtsfolge bleibt in beiden Ländern gleich: die Fristversäumnis führt zur Klageabweisung.

Im Fall der Fristversäumnis kann ähnlich wie in England nach § 5 KSchG eine nachträgliche Zulassung beantragt werden, wenn der Arbeitnehmer nach erfolgter Kündigung, trotz Anwendung aller ihm nach Lage der Umstände zuzumutenden Sorgfalt, verhindert war, Klage innerhalb von drei Wochen nach Zugang der schriftlichen Kündigung zu erheben.[310] Den Arbeitnehmer darf bei Ansetzung eines subjektiven Maßstabs[311] kein Verschulden, d.h. weder Vorsatz noch leichteste Fahrlässigkeit, an der Fristversäumnis treffen. Das Verschuldensprinzip, das sich am subjektiven Maßstab orientiert, steht im Gegensatz zu den allgemeinen *not reasonably practicable*- und *just and equitable*-Tests aus dem englischen Recht, die einen objektiven Maßstab ansetzen. Danebn kann im deutschen Recht auch Unkenntnis von der Präklusionsfrist niemals ein Grund für eine nachträgliche Zulassung nach § 5 KSchG sein.[312]

---

307 *Junker,* Grundkurs Arbeitsrecht, Rn. 357, S. 206.

308 *Junker,* Grundkurs Arbeitsrecht, Rn. 339, 357, S. 193, 206; ErfKO/*Kiel,* § 4 KSchG, Rn. 1

309 § 7 KSchG Wird die Rechtsunwirksamkeit einer Kündigung nicht rechtzeitig geltend gemacht (§ 4 Satz 1, §§ 5 und 6), so **gilt** die Kündigung als von Anfang an rechtswirksam [Hervorhebung nicht im Original]. Die Präklusionsfrist bezieht sich nicht nur auf die Sozialwidrigkeit der Kündigung nach § 1 KSchG, sondern auch auf alle sonstigen Unwirksamkeitsgründe wie die Kündigung während einer Schwangerschaft, § 9 I S. 1 MuSchG, die Kündigung eines Schwerbehinderten ohne Zustimmung des Integrationsamts nach § 85 SGB IX, oder die Kündigung ohne vorherige Anhörung des Betriebsrats, § 102 BetrVG, vgl. *Junker,* Grundkurs Arbeitsrecht, Rn. 339, S. 193; ErfKo/*Kiel,* § 4 KSchG, Rn. 3, 4; KR/*Friedrich,* § 4 KSchG, Rn. 136, 217.

310 Der Antrag ist nur innerhalb von zwei Wochen nach Behebung des Hindernisses zulässig, § 5 III S. 1 KSchG, und ist mit dem Verfahren über die Kündigungsschutzklage zu verbinden, § 5 IV S. 1 KSchG.

311 LAG *Bremen,* Beschluss vom 30.06.2005 – 3 Ta 22/05 = NZA-RR 2005, 633 (633); LAG *Niedersachsen,* Beschluss vom 28.01.2003 – 5 TA 5507/02 = NZA-RR 2004, 17 (19); LAG *Niedersachsen,* Beschluss vom 08.11.2002 – 5 Ta 257/02 = NZA 2004, 120 (121) = NZA-RR 2003, 556 (557); ErfKO/*Kiel* § 5 KSchG, Rn. 2; KR/*Kiel* § 5 KSchG, Rn. 10, 13.

312 BAG, Urteil vom 26.08.1993 – 2 AZR 154/93 = NZA 1994, 63; KR/*Kiel* § 5 KSchG, Rn. 11.

D. Postulationsfähigkeit

Employment Tribunals haben den Anspruch günstiger und weniger einschüchternd als die ordentlichen Gerichte zu sein. Daher sind die Parteien auch in Person postulationsfähig und sollen idealerweise sogar ohne rechtlichen Beistand eine Klage erheben und vor Gericht auftreten.[313] Da die Parteien sich grundsätzlich nicht rechtlich vertreten lassen müssen, gibt es auch keine Prozesskostenhilfe für Verfahren vor den *Employment Tribunals*.[314] In einem Parteiprozess nehmen die Richter dafür aktiver die Position der nicht anwaltlich vertretenen Partei ein:

> „*The little man, or the little woman, trying to put a case of grievance, should be given every assistance so that his or her case will have been put and properly considered.*"[315]

Die Parteien sind daneben grundsätzlich berechtigt, einen Anwalt, einen Vertreter einer Gewerkschaft oder eines Arbeitgeberverbands oder eine sonstige Person als rechtlichen Vertreter zu bestimmen, vgl. ETA 1996, s 6.[316]

50% der Parteien sind rechtlich vertreten, sobald sie eine Klage erheben oder verklagt werden. Sobald es zur mündlichen Verhandlung kommt, übersteigt die Anzahl der rechtlich vertretenen Parteien sogar 60%.[317] Die meisten rechtlichen Vertreter sind Anwälte, d.h. *solicitor* oder *barrister*.[318] Der immer weiter steigende Anteil an anwaltlich vertretenen Parteien in arbeitsgerichtlichen Streitigkeiten liegt vor allem in der wachsenden Komplexität der Fälle und in der zunehmenden Tendenz der Arbeitnehmer zur objektiven Konfliktlösung durch einen unabhängigen Dritten.[319] Anwälte werden vorwiegend auch deshalb eingeschaltet, da sie meist eine schnellere und juristisch bessere Lösung des Rechtsstreits finden.[320] Dies ist jedoch nicht immer gewährleistet, da zum Teil Anwaltsgebühren über den Ablauf eines Rechtstreits entscheiden: Wird auf Stundenbasis abgerechnet, kann der Rechtsstreit künstlich in die Länge

---

313 *Binkert/Reber,* AuR 2000, 163 (165); Blackstone´s Employment Law Practice, 1.44, p. 16, *Stein/Rabe von Pappenheim,* Rn. 307, S. 108, Tolley´s Employment Handbook, 19.55, p. 548.

314 Blackstone´s Employment Law Practice, 1.50, p. 17. Ein Vorschlag zur Einführung von Prozesskostenhilfe bei *tribunals* siehe *Draycott/Hynes,* Legal Action 2007, June, 6.

315 Kilner Brown J in *Mortimer v Reading Windings Ltd* [1977] ICR 511 (511, 512).

316 ETA 1996, s 6 (1) A person may appear before an employment tribunals in person or be represented by— (a) counsel or a solicitor, (b) a representative of a trade union or an employers' association, or (c) any other person whom he desires to represent him.

317 *Peters,* Findings from the Survey of Employment Tribunal Applications 2008, pp. 45, 46, 48, 53; figure 5.1, p.46.

318 *Latreille/Knight,* (2005) 35 ILJ 309 (309); *Peters,* Findings from the Survey of Employment Tribunal Applications 2008, figure 5.2, p. 47.

319 *Latreille/Knight,* (2005) 35 ILJ 309 (309).

320 *Latreille/Knight,* (2005) 35 ILJ 309 (309); *Peters,* Findings from the Survey of Employment Tribunal Applications 2008, p. 53; Tottel´s ET Handbook, 2.2, p. 13.

gezogen werden. Ermittelt sich das Honorar hingegen nach Ausgang des Rechtsstreites, kann dies aufgrund der Kosten- und Zeitersparnis, trotz Erfolgsaussicht, zu einem voreiligen Vergleichsschluss führen.[321]

Eine Zurückweisung eines Anwalts seitens des Gerichts ist nicht möglich, da das Recht auf rechtliche Vertretung nach ETA 1996, s 6 unbeschränkt gewährleistet wird und vom Gericht nicht durch Ablehnung umgangen werden kann. Liegt etwa ein Interessenkonflikt vor oder erfolgt die Prozessführung nicht ordnungsgemäß oder zuungunsten des Arbeitnehmers, kann das Gericht den Anwalt nicht von seinem Mandat entbinden.[322] Ein Rechtsanwalt, der zuvor die beklagte Partei vertreten hat, kann beispielsweise nach Mandatsniederlegung auch den Kläger vor Gericht vertreten.[323] Die Gerichte können die Parteivertreter lediglich zu einer fairen und vernünftigen Prozessführung anhalten.[324]

Neben Anwälten können auch Vertreter von Gewerkschaften oder Arbeitgeberverbände oder jede sonstige dritte Person als rechtliche Vertreter bestimmt werden.[325] Arbeitnehmer werden in der Regel von Gewerkschaften, dem Bürgerberatungsbüro oder sonstigen Stellen, die unentgeltlich Rechtsberatung erteilen, vertreten, während Arbeitgeber vorwiegend den Rat von Rechtsanwälten in Anspruch nehmen.[326] Eine Zurückweisung des rechtlichen Vertreters seitens des Gerichts kann auch bei sonstigen dritten Personen nicht erfolgen.[327] So kann auch ein

---

321 *Hay/Spier,* in: The New Palgrave, p. 444; *Latreille/Knight,* (2005) 35 ILJ 309 (310, 311). Auch wenn unter anwaltlicher Vertretung verhältnismäßig mehr Klagen zurückgenommen und Rechtsstreitigkeiten bei einer mündlichen Verhandlung ausgetragen werden, wird ein Verfahren meistens durch einen Vergleichsschluss beendet. Ca. 18 % aller Klagen werden nach anwaltlicher Beratung zurückgenommen, 25% werden vor den *tribunals* verhandelt und 60 % werden durch einen Vergleich beendet, *Latreille/Knight,* (2005) 35 ILJ 309 (315, 323), table 3. *Hammersley/Johnson/Morris,* Influence of legal representation, p. vi, stellt fest, dass die rechtliche Vertretung keinen nachweislichen Einfluss auf den Ausgang des Prozesses hat. Anders noch bei *Genn,* (1993) 56 MLR 393 (398); (1990) 53 *Mullen,* MLR 230 (234).

322 *Bache v Essex County Council* [2000] 2 All ER 847 (847, 854, 858), [2000] ICR 313 (313, 320, 324), [2000] IRLR 251 (251, 258, 262).

323 *Douglas v Dispatch Management Services (UK) Ltd* [2002] IRLR 389, paras 45-49; folgend aus *Bache v Essex County Council* [2000] 2 All ER 847, [2000] ICR 313, [2000] IRLR 251.

324 *Bache v Essex County Council* [2000] 2 All ER 847 (857), [2000] ICR 313 (323), [2000] IRLR 251 (261): *„The tribunal is responsible for the fair conduct of the hearing. It is in control. Neither the parties nor the representative are in control of the hearing. ... Just as the tribunal is under duty to behave fairly, so are the parties and their representatives. The tribunal is accordingly entitled to require the parties and their representatives to act in a fair and reasonable way in the presentation of their evidence, in challenging the other side's evidence and in making submissions."*.

325 ETA 1996, s 6 (1) (b), (c) siehe oben Teil 3 § 5 D., S. 54, Fn. 316.

326 *Latreille/Knight,* (2005) 35 ILJ 309 (313), table 1.

327 *Bache v Essex County Council* [2000] 2 All ER 847 (847, 854, 858); [2000] ICR 313 (313, 320, 324), [2000] IRLR 251 (251, 258, 262).

Mitglied der Geschäftsführung, das auf Seiten der beklagten Partei steht, den Arbeitnehmer im gerichtlichen Prozess wegen einer internen Beschwerde vertreten.[328]

Umgekehrt kann das Gericht einer nicht vertretenen Partei aber auch keinen Prozessbevollmächtigten gegen deren Willen zuordnen.[329] In *Johnson v Edwardian International Hotels* [2009] klagte ein Hotelangestellter gegen seine Kündigung, da er hierin eine Verschwörungstheorie seitens des britischen Premierministers und den Zeugen Jehovas sah.[330] Das *Employment Tribunal* überlegte, dem Kläger wegen geistiger Minderbemitteltheit infolge von Wahnvorstellungen einen *official solicitor*[331] als rechtlichen Vertreter zu bestellen, konnte die Klage aber ohnehin wegen Unschlüssigkeit des Tatsachenvortrags abweisen. In der Berufung seitens des Hotelangestellten befand das EAT, dass eine Beiordnung selbst bei geistiger Behinderung der Partei nicht möglich sei und die Klage in diesem Fall vielmehr wegen Unbegründetheit abzuweisen wäre.[332]

Vor den deutschen Arbeitsgerichten können sich die Parteien ebenso wie in England selbst vertreten, § 11 I S. 1 ArbGG. Im Gegensatz zum englischen Recht kann aber nicht jede sonstige Person die rechtliche Vertretung übernehmen, sondern nur die im Gesetz katalogartig aufgezählten Personen, § 11 II S.2 Nr. 1-5 ArbGG, wie Anwälte, Angestellte der betroffenen Partei, volljährige Familienangehörige, Gewerkschaften und Arbeitgeberverbände.

Im extremen Unterschied zum englischen Recht steht die Möglichkeit der deutschen Arbeitsgerichte, eine nicht in § 11 II S. 2 ArbGG genannte vertretungsberechtige Person mit unanfechtbarem Beschluss zurückzuweisen, vgl. § 11 III S.1 ArbGG. Das Recht auf Vertretung ist in Deutschland nur beschränkt gewährleistet und stellt kein ähnlich umfangreiches Recht wie in England dar. Auch muss ein deutscher Anwalt das Verbot widerstreitender Interessen beachten, das eine seiner Grundpflichten darstellt, § 43 a IV BRAO[333]. Im Gegensatz zum englischen Recht besteht für einen Anwalt ein Tätigkeitsverbot, wenn er in derselben Rechtssache zuvor die gegnerische Partei vertreten hat, §§ 43 a IV BRAO, § 3 I BORA[334], oder für diese

---

328 *Singh v London Country Bus Services Ltd* [1976] IRLR 176 (191); *Goodier/Parkin,* 11.3.2, p. 242.

329 *Johnson v Edwardian International Hotels Ltd* UKEATPA/1558/08/CEA, 23 July 2009, unreported, para 11; Tolley's Employment Handbook, 19.55, p. 548.

330 *Johnson v Edwardian International Hotels Ltd* UKEATPA/1558/08/CEA, 23 July 2009, unreported.

331 Ein *official solicitor* entspricht dem deutschen Verfahrensbeistand nach § 158 FamFG. Er ist ein *officer* des *Supreme Court*, handelt für minderjährige und behinderte Parteien und schützt deren Interessen.

332 *Johnson v Edwardian International Hotels Ltd* UKEATPA/1558/08/CEA, 23 July 2009, unreported, paras 11, 14.

333 Bundesrechtsanwaltsordnung in der im Bundesgesetzblatt Teil III, Gliederungsnummer 303-8, veröffentlichten bereinigten Fassung, die zuletzt durch Artikel 1 des Gesetzes vom 22. Dezember 2010 (BGBl. I S. 2248) geändert worden ist = BRAO.

334 Berufsordnung für Rechtsanwälte in der Fassung vom 1. März 2011 = BORA.

auch nur in einer Funktion außerhalb des Anwaltsberufs, z.B. als Richter oder Notar, tätig war, § 45 BRAO. Bei Verstoß gegen das Tätigkeitsverbot, hat der Anwalt beide Parteien unverzüglich zu unterrichten und beide Mandate niederzulegen, § 3 IV BORA.[335] Bei vorsätzlicher Vertretung widerstreitender Interessen ist meist sogar eine Strafbarkeit wegen Parteiverrat gegeben, § 356 StGB[336].[337]

E. Folgen einer zulässigen Klage

Wenn eine Klage vor dem *Employment Tribunal* zulässig ist, wird sie vom zuständigen Beamten der Geschäftsstelle oder von einem Richter angenommen. Eine Kopie der Klage muss zusammen mit einer Belehrung über die Art der Klageerwiderung und die Klageerwiderungsfrist an jeden Beklagten geschickt werden.[338] Sofern eine Schlichtung durch den ACAS in Betracht kommen, muss auch hierüber informiert werden.[339] Bei einer Teilabweisung muss das Gericht die Gründe hierfür mitteilen und aufzeigen, welche Teile angenommen wurden.[340]

Sollte die Klage nicht angenommen werden, leitet der zuständige Beamte der Geschäftsstelle diese an den zuständigen Vorsitzenden Richter weiter, verbunden mit einer mit Gründen versehenen Stellungnahme, warum die Klage nicht angenommen werden soll. Der Vorsitzende Richter entscheidet dann endgültig, ob die Klage angenommen oder abgelehnt wird.[341] Eine ablehnende Entscheidung ist mit einer *review* durch das *Employment Tribunal* nur auf administrative Fehler oder wegen besonderen rechtlichen Interesses überprüfbar.[342]

---

335 Anwaltsrecht/*Axmann,* Rn. 34, S. 25; *Feuerich/Weyland,* § 45 BRAO, Rn. 36, § 46 BRAO, Rn. 28.

336 Strafgesetzbuch in der Fassung der Bekanntmachung vom 13. November 1998 (BGBl. I S. 3322), das zuletzt durch Artikel 4 des Gesetzes vom 23. Juni 2011 (BGBl. I S. 1266) geändert worden ist = StGB.

337 Anwaltsrecht/*Axmann,* Rn. 35, S. 25.

338 ETR 2004, schedule 1, r 2 (2) If the Secretary accepts the claim or part of it, he shall (a) send a copy of the claim to each respondent and record in writing the date on which it was sent; (b) inform the parties in writing of the case number of the claim (which must from then on be referred to in all correspondence relating to the claim) and the address to which notices and other communications to the Employment Tribunal Office must be sent; (c) inform the respondent in writing about how to present a response to the claim, the time limit for doing so, what may happen if a response is not entered within the time limit and that the respondent has a right to receive a copy of any judgment disposing of the claim....

339 ETR 2004, schedule 1, r 2 (2) ... (d) when any enactment relevant to the claim provides for conciliation, notify the parties that the services of a conciliation officer are available to them....

340 ETR 2004, schedule 1, r 2 (2) ... (f) if only part of the claim has been accepted, inform the claimant and any respondent which parts of the claim have not been accepted and that the tribunal shall not proceed to deal with those parts unless they are accepted at a later date.

341 ETR 2004 schedule 1, r 3 (4) (4) If the Employment Judge decides that the claim or part of one should be accepted he shall inform the Secretary in writing and the Secretary shall accept the relevant part of the claim....

342 ETR 2004 schedule 1, r 34 (1) (a) Parties may apply to have certain judgments and decisions made by a tribunal or an Employment Judge reviewed under rules 34 to 36. Those judgments and decisions are (a) a decision not to accept a claim, response or counterclaim.... Zur *review* siehe unten Teil 5 § 12 A., S. 124-128.

§ 6 Reaktion auf Beklagtenseite

Nach Zustellung der Klage muss der Beklagte innerhalb einer Frist von 28 Tagen auf die Klage erwidern.[343] Anderenfalls kann ein Urteil ohne Sachentscheidung („*default judgment*") gegen ihn ergehen.[344]

A. Die Klageerwiderung

Die Klageerwiderung ist, ebenso wie die Klageschrift, verpflichtend auf einem Formblatt einzureichen, der sogenannten „*response form*" oder ET 3.[345] Sie muss den Namen, die Adresse, die Angabe, ob der Beklagte sich gegen die Klage vollständig oder teilweise verteidigen will und die Gründe hierfür enthalten.[346] Eine Klageerwiderung wird nur angenommen, wenn sie die notwendigen Informationen enthält und auf dem ET 3-Formblatt eingereicht wird.[347]

Nach Zusendung der Klage muss der Beklagte innerhalb von 28 Tagen auf die Klage erwidern, um ein *default judgment* zu vermeiden.[348] Die beklagte Partei kann vor Ablauf der Klageerwiderungsfrist eine Fristverlängerung beantragen, die ihm das *Employment Tribunal* gewährt, wenn es dies als *just and equitable* erachtet.[349] Der Begriff *just and equitable* wird ähn-

---

343 ETR 2004, schedule 1, r 4 (1) If the respondent wishes to respond to the claim made against him he must present his response to the Employment Tribunal Office within 28 days of the date on which he was sent a copy of the claim. The response must include all the relevant required information. The time limit for the respondent to present his response may be extended in accordance with paragraph (4).

344 ETR 2004, schedule 1, r 8 (1) In any proceedings if the relevant time limit for presenting a response has passed, an Emplyoment Judge may, in the circumstances listed in paragraph (2), issue a default judgment to determine the claim without a hearing if he considers it appropriate to do so. (2) Those circumstances are when either — (a) no response in those proceedings has been presented to the Employment Tribunal Office within the relevant time limit ... and the claimant has not informed the Employment Tribunal Office in writing either that he does not wish a default judgment to be issued or that the claim has been settled.

345 ETR 2004, schedule1, r 4 (2) ... any response presented on or after 6 April 2005 must be on a response form.... Blackstone's Employment Law Practice, 4.11, p.46; *McMullen,* Employment Tribunal Procedure, 6.2, p. 91; *Taylor/Emir,* Employment Law, pp. 474, 475; Tolley's Employment Handbook, 18.35, p. 486. Die *response form* ist auf der Homepage der *Employment Tribunals* abrufbar unter: http://www.justice.gov.uk/down-loads/global/forms/tribunals/employment/ET3_7_4.pdf, zuletzt aufgerufen am 01.06. 2012.

346 ETR 2004, schedule 1, r 4 (3) The required information in relation to the response is (a) the respondent's full name; (b) the respondent's address; (c) whether or not the respondent wishes to resist the claim in whole or in part; and (d) if the respondent wishes to so resist, on what grounds.

347 ETR 2004, schedule 1, r 6 (1) Where a response is required to be presented using a prescribed form by rule 4 (2), but the prescribed form has not been used, the Secretary shall not accept the response and shall return it to the respondent with an explanation of why the response has been rejected and provide a prescribed response form.

348 ETR 2004, schedule 1, r 4 (1), siehe Teil 3 § 6 A S. 58, Fn. 343. ETR 2004, schedule 1, r 8 (1), siehe Teil 3 § 6 A S. 58, Fn. 344.

349 ETR 2004, schedule 1, r 4 (4) The respondent may apply under rule 11 for an extension of the time limit within which he is to present his response. The application must be presented to the Employment Tribunal Office within 28 days of the date on which the respondent was sent a copy of the claim... and must explain

lich ausgelegt wie bei einer Klagefristverlängerung.[350] Bei der Entscheidung, ob eine Klageerwiderung nachträglich zugelassen wird, werden die Nachteile, die Kläger oder Beklagten durch die Nichtzulassung entstehen, unter Einbeziehung aller Umstände des Einzelfalls abgewogen.[351] Grundsätzlich ist der Spielraum zugunsten einer Fristverlängerung bei der Klageerwiderung aber größer als bei der Klageschrift selbst, da der Beklagte die Entscheidung zum Rechtsstreit nicht selbst getroffen hat und sich auf eine Klage u.U. nicht einstellen konnte. Der Kläger hat es hingegen selbst in der Hand, die Klage rechtzeitig zu erheben.[352] Beispiele für eine gewährte Verlängerung der Klageerwiderungsfrist sind die Zustellungsverzögerung durch die Post, die Angabe einer falschen Beklagtenadresse oder die urlaubsbedingte Abwesenheit des Beklagten.[353] Wegen fehlender Richtlinien für die Bestimmung einer *just and equitable* Fristverlängerung ist es aber anzuraten, dass der Beklagte rechtzeitig auf die Klage erwidert und für den Fall der Fristversäumnis einen Schriftsatz möglichst schnell nachreicht.[354]

Auch unterscheidet sich die Rechtsfolge der Versäumnis der Klageerwiderungsfrist von der Rechtsfolge der Klagefristversäumnis. Die Zuständigkeit des *Employment Tribunal* bleibt bei Versäumnis der Klageerwiderungsfrist bestehen. Das *Employment Tribunal* muss vielmehr ein *default judgment* erlassen oder sonstige Anordnungen im Rahmen seines *case management*[355] treffen.[356]

Aus praktischer Sicht sollte die Klageerwiderung möglichst viele Gründe gegen die Klage vorbringen, um bei Nichtgreifen eines Arguments, diese aus einem anderen Grund zu Fall zu

---

why the respondent cannot comply with the time limit. ...the Employment Judge shall only extend the time within which a response may be presented if he is satisfied that it is just and equitable to do so.

350 Zum Begriff der *just and equitable* Fristverlängerung siehe oben Teil 3 § 5 C. III., S. 50, 51.

351 *Pendragon Plc t/a CD Bramall Bradford v Copus* [2005] ICR 1671, para 12; *Moroak t/a Blake Envelopes) v Cromie* [2005] ICR 1226, [2005] IRLR 535, para 28; *Kwik Save Stores Ltd v Swain* [1997] ICR 49 (53-55). Die Entscheidung richtet sich nicht nur nach einem guten Entschuldigungsgrund für die Fristversäumnis, *Pendragon Plc t/a CD Bramall Bradford v Copus* [2005] ICR 1671, para 17 (iii). Generelle Anforderungen bei einer *review* bzgl. einer Nichtannahme der Klageerwiderung werden in *Moroak (t/a Blake Envelopes) v Cromie* [2005] ICR 1226, [2005] IRLR 535 aufgestellt. Hierzu auch: *Gower,* ELJ 2005 (65) Nov, 14 (14).

352 *Pendragon Plc t/a CD Bramall Bradford v Copus* [2005] ICR 1671, para 17 (i); *Gower,* ELJ 2005 (65) Nov, 14 (15); Tolley's Employment Handbook, 18.37, p. 488.

353 Tolley's Employment Handbook, 18.36, p. 487.

354 *Gower,* ELJ 2005 (65) Nov, 14 (16); *McMullen,* Employment Tribunal Practice, 6.8, pp. 92, 93; Tolley's Employment Handbook, 18.36, p. 487.

355 Das *case management* umfasst die organisatorische Tätigkeit eines *Employment Tribunal* im Vorfeld der mündlichen Verhandlung. Das *Employment Tribunal* kann im Rahmen des *case management* Schriftsätze zustellen lassen und verschiedene Anordnungen treffen, wie die Anordnung eine Sicherheit zu leisten oder eine Klage abzuweisen. Mehr hierzu siehe unten Teil 4 § 8 A., S. 75-77.

356 *Pendragon Plc t/a CD Bramall Bradford v Copus* [2005] ICR 1671, para 2; *Gower,* ELJ 2005 (65) Nov, 14 (15).

bringen. Trägt der Arbeitgeber als Beklagter vor, dass er den Arbeitnehmer nicht gekündigt habe, sondern dieser selbst gekündigt hat, sollte der Arbeitgeber trotzdem noch darstellen, dass selbst eine Kündigung durch ihn rechtmäßig gewesen wäre.[357] Hierbei sollte der beklagte Arbeitgeber die Wahrheitspflicht beachten. Zwar wird er für die Benennung falscher Gründe nicht bestraft, doch wirkt ein nachträgliches Austauschen von Gründen unglaubwürdig.[358]

B. Erhebung einer Widerklage

Hat der Beklagte keine Einwendungen gegen die Klageforderung oder befürchtet er, dass diese nicht greifen, kann er als Verteidigungsmittel eine Widerklage erheben. Dies ist im Gegensatz zum deutschen Recht[359] nur bei Klagen wegen Vertragsverletzungen möglich,[360] da sich eine Zuständigkeit des *Employment Tribunal* für eine Widerklage nur aus der ETEJO 1994 ergibt.[361] Voraussetzung ist weiter, dass die ursprüngliche Klage bei Erhebung der Widerklage noch rechtshängig ist. Eine Widerklage muss daher vor einem Vergleichsschluss oder einer Klagerücknahme erhoben werden.[362] Eine Klagerücknahme nach Widerklageerhebung schadet hingegen nicht.[363]

Die Frist zur Widerklageerhebung beträgt sechs Wochen nach Klageeingang,[364] wobei eine Fristverlängerung nach dem *not reasonably practicable*-Test gewährt wird.[365] Für die Erhebung einer Widerklage gibt es kein besonderes Formblatt, vielmehr wird in jedem Fall gesondert nach gerichtlichen Anordnungen verfahren.[366] Zu treffende Mindestangaben sind nach

---

357 Blackstone's Employment Law Practice, 4.13, p.47.

358 *Abernethy v Mott, Hay & Anderson* [1974] ICR 323 (329).

359 Eine Widerklage ist vor deutschen Arbeitsgerichten grundsätzlich bei allen Streitgegenständen möglich, sofern die Widerklagevoraussetzungen vorliegen. Bei Erhebung der Widerklage muss die ursprüngliche Klage rechtshängig sein, beide Ansprüche müssen im Rahmen derselben Prozessart geltend gemacht werden und zwischen den Parteien der ursprünglichen Klage und der Widerklage muss Identität bestehen. Zusätzlich muss der in der Widerklage geltend gemachte Anspruch mit dem Klageanspruch in einem prozessualen Zusammenhang stehen, d.h. es muss Konnexität gegeben sein. Vgl. hierzu Th/P/*Hüßtege,* § 33 ZPO Rn. 4-7, 22-28; *Zöller/Vollkommer,* § 33 ZPO, Rn. 17-19.

360 Blackstone's Employment Law Practice, 4.32, p. 50; *Selwyn,* 1.41, pp. 15,16; Tolley's Employment Handbook, 18.32, 18.35, pp. 482, 486.

361 Tolley's Employment Handbook, 18.35, p. 486, vgl. ETEJO 1994, Art 4.

362 *McMullen,* Employment Tribunal Practice, 6.43, p. 102; *Selwyn,* 1.41, pp. 15,16, Tolley's Employment Handbook, 18.32, p. 482.

363 *Patel v RCMS Ltd* [1999] IRLR 161, EAT.

364 ETEJO 1994, Art 8 An employment tribunal shall not entertain a complaint in respect of an employer's contract claim unless ... (c) it is presented — (i) within the period of six weeks beginning with the day, or if more than one the last of the days, on which the employer (or other person who is the respondent party to the employee's contract claim) received from the tribunal a copy of an originating application in respect of a contract claim of that employee....

365 ETEJO, Art 8 (c) ... (ii) where the tribunal is satisfied that it was not reasonably practicable for the complaint to be presented within that period, within such further period as the tribunal considers reasonable. Zur Fristverlängerung nach dem *not reasonably practi-cable*-Test siehe oben Teil 3 § 5 C. III., S. 48-50.

366 Tolley's Employment Handbook, 18.32, p. 482.

ETR 2004, schedule 1, r 7[367] Name und Adresse des Widerklägers, die Namen und Adressen des Widerbeklagten und die Gründe, auf die die Widerklage gestützt ist.

Vorteil einer Widerklage ist, dass der gesamte Streitstoff zwischen den Parteien in einem Rechtsstreit abgehandelt werden kann.[368] Dies dient vor allem der Prozessökonomie, da weitere Rechtsstreitigkeiten vermieden werden können.

C. Stattgebendes Urteil ohne Sachentscheidung („default judgment")

Der *Employment Judge* muss ein *default judgment* erlassen, wenn die Klageerwiderung nicht rechtzeitig bei Gericht eingegangen ist.[369] Die Regelung des *default judgment* entspricht den Normen §§ 276 I S.1, 331 III ZPO, die bei nicht rechtzeitiger Anzeige der Verteidigungsbereitschaft den Erlass eines Versäumnisurteils anordnen, bei arbeitsgerichtlichen Verfahren aber keine Anwendung finden, § 46 II S. 2 ArbGG.

Der Erlass eines *default judgment* ist grundsätzlich verpflichtend, es sei denn, das Gericht kann seine Zuständigkeit nicht feststellen oder es liegen Beweise vor, dass der Beklagte die Klageschrift nicht erhalten hat.[370] Eine Verpflichtung zum Erlass besteht auch dann nicht, wenn der Richter aus der Klageschrift nicht genügend Informationen für einen Urteilserlass entnehmen kann.[371] Der Richter kann in diesem Fall eine Anordnung treffen, dass entsprechende Informationen nachgereicht werden, und erst bei wiederholter Verweigerung der Informationen ein *default judgment* erlassen.[372] Hierin besteht ein großer Unterschied zur Schlüssigkeitsprüfung im deutschen Recht, § 331 I ZPO. Ist eine Klage nicht schlüssig, ist der

---

367 ETR 2004, schedule 1, r 7 (1) When a respondent wishes to present a claim against the claimant ("a counterclaim") … he must present the details of his counterclaim to the Employment Tribunal Office in writing. Those details must include — (a) the respondent's name; (b) the respondent's address; (c) the name of each claimant whom the counterclaim is made against; (d) the claimant's address; (e) details of the counterclaim.

368 *Bunge,* Zivilprozess in England, S. 156.

369 ETR 2004 schedule 1, r 8 (1) In any proceedings if the relevant time limit for presenting a response has passed, an Employment Judge may, in the circumstances listed in paragraph (2), issue a default judgment to determine the claim without a hearing if he considers it appropriate to do so. (2) Those circumstances are when either — (a) no response in those proceedings has been presented to the Employment Tribunal Office within the relevant time limit … and the claimant has not informed the Employment Tribunal Office in writing either that he does not wish a default judgment to be issued or that the claim has been settled.

370 ETR 2004, schedule 1, r 8 (2A) No default judgment need be issued where the Employment Judge — (a) is not satisfied that the tribunal has jurisdiction to consider the claim, or part of it; or (b) has sufficient evidence to conclude that the claim form has not been received by the respondent.

371 Tolley's Employment Handbook, 18.38, p. 489.

372 ETR 2004, schedule 1, r 8 (1A) If the Employment Judge is not satisfied that he has sufficient information to issue a default judgment, he shall make an order requiring such additional information as he considers appropriate to enable him … to issue a default judgment. (1B) Where an order is made as described in paragraph (1A), and the additional information requested has not been received within the specified time limit, a default judgment shall be issued in accordance with paragraph (1).

Erlass eines Versäumnisurteils in Deutschland gesetzeswidrig. Eine unschlüssige Klage wird durch streitiges Endurteil, ein sogenanntes „unechtes Versäumnisurteil", abgewiesen.[373]

Wird ein *default judgment* erlassen, wird es den Parteien geschickt.[374] Ebenso wie das Versäumnisurteil nach § 313b ZPO bedarf das *default judgment* keiner Urteilsgründe.[375]

Gegen ein *default judgment* kann sich die betroffene Partei mit dem Rechtsbehelf der *review* nach ETR 2004, schedule 1, r 33 wehren.[376] Hierauf kann das *Employment Tribunal* den Antrag auf *review* ablehnen, das *default judgment* abändern, ganz oder teilweise widerrufen oder bestätigen.[377] Bei einer *review* muss der Beklagte die Klageerwiderung, einen Antrag auf Fristverlängerung und die Gründe, warum er die Klageerwiderung nicht rechtzeitig und vollständig erheben konnte, einreichen.[378]

Die Pflicht zur Begründung der Fristversäumnis steht im Gegensatz zum Begründungsumfang des Einspruchs gegen ein Versäumnisurteil nach § 338 ZPO. Hier muss der Beklagte nur die Einspruchsfrist wahren und erklären, dass und gegen welches Urteil er Einspruch einlegt, §§ 338, 340 I, II ZPO. Er muss die Säumnis vor dem ersten Urteil aber nicht rechtfertigen. Der Einspruch versetzt das Verfahren in Deutschland vielmehr in die Lage vor Erlass des Versäumnisurteils, vgl. § 342 ZPO, und macht bei Begründetheit die Nachholung einer vollständigen Klageerwiderung möglich.

Das EAT hält das Fehlen eines guten Grundes für die Versäumnis der Klageerwiderungsfrist aber nicht generell für ein Hindernis. Es lässt auch die Aufhebung eines *default judgment* zu, obwohl kein Grund für die Verzögerung gegeben ist.[379] In der Praxis wird ein *default judg-*

---

373 *Musielak/Stadler,* vor §§ 330 ff ZPO, Rn. 12; Th/P/*Reichold,* vor § 330 ZPO Rn. 11,12; § 331 ZPO Rn. 6; *Zöller/Herget,* vor § 330 ZPO Rn. 11; *Stadler/Jarsumbek,* JuS 2006, 34 (36).

374 ETR 2004, schedule 1, r 8 (4) Any default judgment issued by an Emplyoment Judge under this rule shall be recorded in writing and shall be signed by him. The Secretary shall send a copy of that judgment to the parties, to ACAS, and, if the proceedings were referred to the tribunal by a court, to that court.

375 Tolley´s Employment Handbook, 18.38, p. 489.

376 ETR 2004, schedule 1, r 33 (5) The claimant or respondent may apply to have the default judgment reviewed in accordance with rule 33. Zur *review* allgemein siehe unten Teil 5 § 12 A., S. 123-127.

377 ETR 2004, schedule 1, r 33 (2) The application must state the reasons why the default judgment should be varied or revoked....

378 vgl. ETR 2004, schedule 1, r 33 (2)... The application must state the reasons why the default judgment should be varied or revoked. When it is the respondent applying to have the default judgment reviewed, the application must include with it the respondent's proposed response to the claim, an application for an extension of the time limit for presenting the response and an explanation of why rules 4 (1) and (4) were not complied with.

379 *Jarretts Motors Ltd v Wells* UKEAT/0327/08/DA, 22 April 2008, unreported, para 19; *Pestle and Mortar v Turner* UKEAT/0327/08/DA, 9 December 2005, unreported, paras 6, 12; *Pendragon Plc t/a CD Bramall Bradford v Copus* [2005] ICR 1671, para 17 (iii).

ment in der Regel durch eine *review* aufgehoben, es sei denn der Beklagte trägt völlig abwegige Gründe für die Versäumnis der Klageerwiderungsfrist vor.[380] Für eine Aufhebung eines *default judgment* spricht es auch, wenn der Beklagte sich erfolgreich gegen die Klage verteidigen kann.[381]

D. Zusammenfassung

Auch für den Beklagten ist die Einhaltung der *time limit* sehr wichtig. So kann er den Erlasss eines *default judgment* vermeiden und sich mit einer Widerklage verteidigen ohne sich des Rechtsbehelfs der *review* bedienen zu müssen.

380 *Cunningham/Reed*, 6.2, p. 180; *Manley/Heslop,* Employment Tribunals, 14.2, p. 207.
381 *Kwik Save Stores Ltd. v Swain* [1997] ICR 47 (52).

Teil 4 Das arbeitsgerichtliche Verfahren erster Instanz

§ 7 Allgemeine Verfahrensgrundsätze

Employment Tribunals sollten nach dem Bericht der Donovan-Kommission *„easily accessible, speedy, informal and inexpensive"* ausgestaltet werden.[382] Auch heute sind die damals aufgezeigten Charakteristika als allgemeine Verfahrensgrundsätze der *Employment Tribunals* zu erkennen.

A. Leichter Zugang zur Rechtsfindung

Die *easy accessibility* soll noch immer bei Verfahren vor *Employment Tribunals* gelten. Grundsätzlich ist es Arbeitnehmern wie Arbeitgebern möglich, einen Parteiprozess zu führen und ohne anwaltliche Vertretung vor den *Employment Tribunals* aufzutreten.[383] Ein besonders einfacher Zugang zur Rechtsfindung ohne rechtliche Beratung wird aber durch die Anordnung von Formblättern für Klage und Klageerwiderung verhindert.[384] Auch könnte der Zugang zu den *Employment Tribunals* wesentlich leichter sein, wenn z.B. Telefonhotlines eingerichtet werden würden, die potentiellen Klägern bei der Klageerhebung helfen oder sie über alternative Streitbeilegungsmöglichkeiten aufklären.[385] Ungeachtet der Telefonhotlines anderer Beratungsstellen, wie z.B. des ACAS ist eine Kontaktaufnahme mit den *Employment Tribunals* nur schriftlich oder per Email möglich.

Früher bezog sich die *easy accessibility* auf den Ort und die Art und Weise der Verhandlung, da die Arbeitsrichter mit den Akten, Gesetzen, *law reports* und einem Diktiergerät zu den jeweiligen Verhandlungsorten reisten.[386] Inzwischen haben sich aus Kostengründen Gerichtszentren mit Sitzungssälen gebildet, sodass nicht mehr die Richter reisen, sondern die Parteien zu ihnen kommen.

---

382 Bericht der Royal Commission on Trade Unions and Employers` Association 1965-68, Cmnd 3623, para 572.

383 *Binkert/Reber,* AuR 2000, 163 (165); Blackstone´s Employment Law Practice, 1.44, p. 16, *Stein/Rabe von Pappenheim,* Rn. 307, S. 108, Tolley´s Employment Handbook, 19.55, p. 548. Vgl. auch Sedley LJ in *Gee v Shell Ltd* [2002] EWCA Civ 1479, [2003] IRLR 82, para 35: *„It is nevertheless a very important feature of the employment jurisdiction that it is designed to be accessible to people without the need of lawyers.".* Siehe zum Parteiprozess allgemein Teil 3 § 5 D., S. 53-57.

384 *Gibbons,* Better Dispute Resolution, p. 49, recommendation 12; *Taylor/Emir,* Employment Law, p. 573. Anders noch bei *MacMillan,* (1999) 28 ILJ 33 (37). Zu Formblättern siehe: Teil 3 §5 A., S. 41, 42 , § 6 A., S. 58, 59.

385 *Gibbons,* Better Dispute Resolution, p. 5; *Taylor/Emir,* Employment Law, p. 573.

386 *MacMillan,* (1999) 28 ILJ 33 (36); *Whitesides/Hawker,* Industrial Tribunals, p. 2.

Ein anderer Aspekt der *easy accessibility* ist die Bereitschaft des *Employment Tribunal* den Parteien bei der Vorbereitung und Darstellung des Falles zu helfen. Bei einem Parteiprozess unterstützt das *tribunal* den rechtlichen Laien mit Fragen zur Sachverhaltsaufklärung, hört ihm aufmerksam zu und zeigt ihm die Rechtslage auf.[387]

Der vereinfachte Zugang zu deutschen Arbeitsgerichten liegt auch hier in der Möglichkeit einen Parteiprozess zu führen, § 11 I S. 1 ArbGG. Im Gegensatz zur englischen Arbeitsgerichtsbarkeit ist die Klageerhebung aber einfacher möglich. Ein rechtsunkundiger Kläger muss keine Klageschrift fertigen, vielmehr kann er eine Klage zu Protokoll der Geschäftsstelle diktieren, vgl. § 46 II ArbGG, §§ 496, 129a ZPO. Selbst wenn ein Rechtsunkundige eine Klageschrift selbst verfasst, muss er ungeachtet der Angaben aus § 46 II ArbGG, §§ 495, 253 II ZPO kein Formblatt verwenden.

B. Beschleunigungsgrundsatz

Verfahren an *Employment Tribunals* werden in der Regel schneller (*„speedy"*) bearbeitet und abgeschlossen als an den Zivilgerichten. Es gilt der Beschleunigungsgrundsatz.[388]

Nach dem Report der Donovan-Kommission sollte ein Verfahren wegen einer *unfair dismissal* seitens des Arbeitnehmers innerhalb von fünf Werktagen eingeleitet werden.[389] Schon bald zeigte sich, dass der Kläger innerhalb einer so kurzen Frist keine Klage erheben konnte und dadurch in seinen Rechten beeinträchtigt wurde. Bereits mit dem TULRA 1974 wurde daher die heute noch geltende Klagefrist von drei Monaten instituiert, die der Verfahrensbeschleunigung dient.[390] Die Verfahren werden infolgedessen wesentlich schneller als bei den Zivilgerichten abgeschlossen.

Der Beschleunigungsgrundsatz drückt sich weiter in der fehlenden Bindung an die zivilprozessualen Regeln bei der Beweisfindung aus. *Employment Tribunals* müssen bei der Beweisaufnahme nicht strikten Regeln folgen und können das Verfahren in manchen Punkten abkür-

---

387 *Greenhalgh,* Industrial Tribunals, p. 22.

388 *Elliott/Quinn,* English Legal System, p. 501; *Stein/Rabe von Pappenheim,* Arbeitsrecht in Großbritannien, Rn. 306, S. 107.

389 Bericht der Royal Commission on Trade Unions and Employers' Association 1965-68, Cmnd 3623, para 546: *„It is a necessary part of a satisfactory procedure that it should operate speedily. We think that an employee who wishes to lodge a complaint against his dismissal on the ground that it is unfair should be obliged to do so within five working days of dismissal, failing which he should be deemed to have forfeited his right of complaint."*.

390 *Greenhalgh,* Industrial Tribunals, p. 28.

zen, z.B. können sie die Beweisaufnahme oder Schlussvorträge schriftlich durchführen.[391] Verfahren werden bei *Employment Tribunals* auch deshalb schneller erledigt, da eine Schlichtung durch den unabhängigen und unparteiischen ACAS oft bereits vor dem gerichtlichen Verfahren zum Vergleichsschluss führt.

Die Beschleunigung des Verfahrens wird jedoch nicht über die Richtigkeit und Genauigkeit der Rechtsfindung gestellt. In *Gayle v Sandwell & West Birming-ham Hospitals NHS Trust* [2011] zog sich ein Verfahren über fünf Jahre hin. Allein die mündliche Verhandlung dauerte drei Wochen, wobei sich die Termine über ein Jahr hinweg verteilten.[392] Mummery LJ verteidigt hier das System der *Employment Tribunals*, da diese trotz Anstiegs der Verfahrenslast Prozesse in der Regel immer noch schnell bewältigen und darauf achten, dass alle Fälle qualifiziert, unvoreingenommen und unabhängig in einem fairen Verfahren beurteilt werden:

> „...*as for those who complain about the time taken and the legal costs and other expenses and losses incurred, I think that they would want the hearings to be conducted in the interests of justice to both sides, I have seen very few constructive suggestions for practical improvements. If works are given rights, there must be properly qualified, impartial and independent tribunals to adjudicate on them in accordance with a fair procedure.*"[393]

Employment Tribunals agieren bei der Rechtsfindung so schnell, wie es von ihnen vernünftigerweise erwartet werden kann.[394]

Der Beschleunigungsgrundsatz in der deutschen Arbeitsgerichtsbarkeit ist gesetzlich in § 9 I ArbGG normiert. Vor allem bei Kündigungsschutzverfahren wird auf eine schnelle Verfahrensbeendigung gedrängt, § 61a I ArbGG.[395] Die Abweichungen von den Verfahrensvor-

---

391 ETR 2004, schedule 1, r 14 (2) So far as it appears appropriate to do so, the Employment Judge or tribunal... shall not be bound by any enactment or rule of law relating to the admissibility of evidence in proceedings before the courts.

392 *Gayle v Sandwell & West Birmingham Hospitals NHS Trust* [2011] EWCA Civ 924, [2011] IRLR 810.

393 Mummery LJ in *Gayle v Sandwell &West Birmingham Hospitals NHS Trust* [2011] EWCA Civ 924, [2011] IRLR 810, para 20.

394 *MacMillan,* (1999) 28 ILJ 33 (47).

395 Nach § 61a II ArbGG soll bereits zwei Wochen nach Klageerhebung ein Gütetermin nach § 54 ArbGG festgesetzt werden. Gegen ein Versäumnisurteil eines Gerichts für Arbeitssachen ist ein Einspruch nur innerhalb einer Woche, nicht innerhalb von zwei Wochen wie gegen Versäumnisurteile der Zivilgerichte, § 339 I ZPO, möglich, § 59 S. 1 ArbGG. Auch beträgt die Einlassungsfrist zur Verfahrensbeschleunigung statt zwei Wochen, § 274 III ZPO, nur eine Woche, § 47 I ArbGG.

schriften der grundsätzlich geltenden ZPO, vgl. § 46 II ArbGG, bezwecken wie in England Arbeitnehmerschutz durch eine schnellere Beilegung des Rechtsstreits.[396]

C. Grundsatz des formlosen Verfahrens

Grundsätzlich ist das Verfahren an *Employment Tribunals* weniger förmlich als an den Zivilgerichten. Richter werden nicht mit *„Your Lordships"* oder *„Your Honour"*, sondern mit *„Sir"* oder *„Madam"* angesprochen. Richter und rechtliche Vertreter tragen lediglich Anzüge und keine Perücken oder Roben. Auch sind das Gerichtsgebäude und die Sitzungssäle puristisch gehalten. Die größtmögliche Formfreiheit arbeitsgerichtlicher Verfahren ist inzwischen sogar gesetzlich verankert, vgl. ETR 2004, schedule 1, r 14 (2):

> *„So far as it appears appropriate to do so, the Employment Judge or tribunal shall seek to avoid formality in his or its proceedings…."*

In der Praxis variiert die Förmlichkeit des Verfahrens je nach rechtlicher Vertretung und Komplexität des Falles.[397] Die Verfahren sind bei Parteiprozessen weit formloser als bei anwaltlicher Vertretung. Gegen eine völlige Informalität spricht allerdings schon das Vorhandensein von kodifizierten Verfahrensregeln für Verfahren bei den *Employment Tribunals*, die ETR 2004.

Auch durch die nach den ETR 2004 angeordnete Verwendung von *claim forms* und *response forms* wird das Verfahren zunehmend von Formalität geprägt. Vor allem die Klageabweisung als Folge der Nichtverwendung der Formblätter zeigt, dass Formlosigkeit nicht mehr unbedingt als Hauptcharakteristikum der *Employment Tribunals* gilt.

Informell bleiben hingegen jegliche Verfahrensschritte ab dem Vorverfahren, vor allem aber die mündliche Verhandlung.[398] In mündlichen Verhandlungen wird eine Sprache verwendet, die alle Beteiligten verstehen, wobei Formalität möglichst außer Acht gelassen werden soll.[399] Auch die Beweisregeln der Zivilgerichte haben bei mündlichen Verhandlungen der *Employ-*

---

396 *Junker,* Grundkurs Arbeitsrecht, Rn. 879, S. 468; ErfKO/*Koch,* § 46 ArbGG, Rn. 1.

397 *Manley/Heslop,* Employment Tribunals, 1.3, p. 7; *McKee,* (1986) 49 MLR 314 (321); *Munday,* (1981) ILJ 10, 146 (151); Tottel's ET Handbook, 1.17, p. 10. Der unterschiedlich formelle Ablauf des Verfahrens je nach rechtlicher Vertretung war auch Inhalt eines Vorschlags zur Änderung der ETR 2004, wurde bisher aber nicht ausdrücklich gesetzlich festgehalten, vgl. *Henderson,* NLJ 2008, 158 (7344), 1546 (1546).

398 *MacMillan,* (1999) 28 ILJ 33 (40); *Manley/Heslop,* Employment Tribunals, 1.3, p. 7. Vgl. auch oben ETR 2004, schedule 1, r 14 (2), Teil 4 § 7 C., S. 68.

399 *Manley/Heslop,* Employment Tribunals, 1.3, p. 7; *Munday,* (1981) ILJ 10, 146 (149); Tottel's ET Handbook, 1.17, p. 10.

ment Tribunals nur eingeschränkte Gültigkeit.[400] Dennoch läuft die Beweisaufnahme mit Zeugenbefragung und Kreuzverhör oft ähnlich wie bei den Zivilgerichten ab, da eine zu große Informalität beim Verfahrensablauf die Parteien verunsichern könnte und ein faires Verfahren nicht gewährleistet wäre.[401]

In einer Sitzung eines Parteiprozesses im Januar 2012 war zu beobachten, dass der *Employment Judge* den Parteien angestrengt zuhörte und sie nicht unterbrach, wenn sie sich nicht an die gesetzlichen Regeln hielten. Als eine Partei bei einem Kreuzverhör Fragen und Rechtsauffassungen vermischte, versuchte der Richter die Tatsachen aus den rechtlichen Äußerungen herauszufiltern und verwies die Partei mit ihren Ausführungen nicht auf die Schlussvorträge, in denen laut den gesetzlichen Regeln erst rechtliche Schlüsse gezogen werden dürfen. Eine zu große Formalität und genaue Beachtung der Verfahrensregeln würde die *Employment Tribunals* in ihrer Tätigkeit nur lähmen:

> *„If we are not careful, we shall find the (Employment) Tribunals bent down under the weight of the law books or, what is worse, asleep under them. Let principles be reported, but not particular instances."*[402]

Während in Deutschland die Verfahrenseinleitung wesentlich formloser als in England möglich ist, entspricht das Verfahren in der Hauptverhandlung dem vor den Zivilgerichten, vgl. auch § 46 II ArbGG. Es wird bis auf die Möglichkeit des Parteiprozesses nach § 11 I S. 1 ArbGG nach keinen besonders informellen Grundsätzen gehandhabt.

D. Keine Verfahrenskosten

Die Eigenschaft der *inexpensiveness* war in den Verfahrensregeln von 1967 bereits ausdrücklich vorgesehen[403] und wird auch bei heutigen Verfahren der *Employment Tribunals* gewährleistet.[404] *Employment Tribunals* erheben keine Verfahrensgebühren und es fallen auch für eine anwaltliche Vertretung keine Kosten an, da sich die Parteien vor den *Emplyoment Tribu-*

---

400 *Genn,* (1993) 56 MLR 393 (395); *Greenhalgh,* Industrial Tribunals, p. 30; Tottel's ET Handbook, 1.17, p. 10. Vgl. auch ETR 2004, schedule 1, r 14 (2) oben Teil 4 § 7 C., S. 68.

401 *Aberdeen Steak Houses v Ibrahim* [1988] ICR 550 (556, 557), [1988] IRLR 420 (426, 427).

402 Lord Denning MR in *Walls Meat Co Ltd. v Khan* [1979] ICR 52 (57) [1978] IRLR 499 (504).

403 *Employment Tribunal (Constitution and Rules of Procedure) 1967,* r 14: A Tribunal shall not normally make an award in respect of costs or expenses.

404 *Elliott/Quinn,* English Legal System, p. 501; *MacMillan,* (1999) 28 ILJ 33 (48); *Smith & Wood's,* p. 25 .

nals selbst vertreten können. Für die *inexpensiveness* spricht es weiter, dass im Falle des Obsiegens entstandene Anwaltskosten grundsätzlich nicht vom Gegner erstattet werden.[405]

Ausnahme zur Regel ist der Erlass einer gesetzlich angeordneten Kostenanordnung („*costs order*"), durch die das *Employment Tribunal* Kosten einer rechtlichen Vertretung ersetzen lassen kann.[406] Eine *costs order* wird bezogen auf das Verhalten der Parteien und unabhängig vom Gewinnen oder Unterliegen einer Partei erlassen, im Gegensatz zur Kostenregelung in den Zivilgerichten.[407] Die Gerichte ordnen *costs orders* selten an, da diese Möglichkeit erst durch die ETR 2004 ausgeweitet wurde und für die Richter immer noch ungewohnt ist. *Costs orders* sollen auch jetzt noch eine Ausnahme von der grundsätzlichen Nichterstattungsfähigkeit der Kosten darstellen.[408]

In Deutschland sind die arbeitsgerichtlichen Verfahren ebenfalls kostengünstiger als die Zivilverfahren. Gerichtsgebühren werden zwar erhoben, sind aber gegenüber Zivilverfahren ermäßigt.[409] Wie in England besteht in erster Instanz kein Anspruch auf Erstattung von Rechtsanwaltskosten, § 12a ArbGG.

E. Grundsatz des fairen Verfahrens („overriding objective")

Ein wichtiger Grundsatz der arbeitsgerichtlichen Verfahren in England ist das „*overriding objective*", das den Grundsatz des fairen Verfahrens aus Art. 6 EMRK näher konkretisiert. Das zunächst nur für Zivilgerichte geltende *overriding objective* ist inzwischen in ETR 2004, reg 3 niedergelegt.[410] Es stellt sicher, dass sich die Parteien auf gleicher Augenhöhe begeg-

---

405 *Elliott/Quinn,* English Legal System, p. 501; *McMullen,* Employment Tribunal Procedure, 18.2, p. 275; *Taylor/Emir,* Employment Law, p. 583.

406 Unter welchen Umständen eine *costs order* erlassen werden kann, siehe unter Teil 4, § 10 E. I., S. 110-114.

407 *Barnett,* Costs in ET, p. 1. CPR 1998, r 44.3 (2) If the court decides to make an order about costs — (a) the general rule is that the unsuccessful party will be ordered to pay the costs of the successful party; but (b) the court may make a different order.

408 *Olivas Salinas v Bear Stearns International Holdings Inc* [2005] ICR 1117, para 17; *Lodwick v London Borough of Southwark* [2004] EWCA Civ 306, [2004] ICR 884, [2004] IRLR 554, para 23; *Barnett,* Costs in ET, p. 1; *Fox,* ELJ 2006 (73) Sept, 2 (3); *Levinson,* ELJ 2004 (54) Oct, 6 (8); *Manley/Heslop,* Employment Tribunals, 13.1, p. 198, 13.3, p. 203, Tolley's Employment Handbook, 19.72, p. 564. Vgl. auch: Sedley LJ in *Gee v Shell Ltd* [2002] EWCA Civ 1479, [2003] IRLR 82, para 35: „*It is nevertheless a very important feature of the employment jurisdiction..., and that – in sharp distinction from ordinary litigation in the United Kingdom – losing does not ordinarily mean paying the other side's costs ... the governing structure remains that of a cost free user-friendly jurisdiction in which the power to award costs is not so much an exception as a means to protecting its essential character.*".

409 Germelmann/*Germelmann,* § 12 ArbGG, Rn. 2; *Junker,* Grundkurs Arbeitsrecht, Rn. 881, S. 469; ErfKo/*Koch,* § 12 ArbGG, Rn. 3; GK-ArbGG/*Schleusener,* § 12 ArbGG, Rn. 11.

410 *Henderson,* NLJ 2008, 158 (7344), 1546 (1546); *Manley/Heslop,* Employment Tribunals, 1.3, p. 7; Tolley's Employment Handbook, 18.14, p. 462, 19.1, p. 493. Zur Geltung des *overriding objective* im englischen Zivilverfahren siehe: *Bunge,* Zivilprozess in England, S. 108, 109.

nen, der Fall entsprechend seiner Komplexität und Wichtigkeit beurteilt, das Verfahren schnell und fair bearbeitet und Kosten gespart werden.[411]

Ein derart ausgestaltetes Prinzip des fairen Verfahrens kennt die deutsche Arbeitsgerichtsbarkeit nicht. Dennoch gilt Art. 6 EMRK in Deutschland nach Art. 6 II EUV als unmittelbar anwendbares Recht, ohne dass es einer näheren gesetzlichen Konkretisierung bedarf.

F. Eingeschränkter Amtsermittlungsgrundsatz

Im englischen Arbeitsgerichtsverfahren gilt ein eingeschränkter Amtsermittlungsgrundsatz, eine Art Beibringungsgrundsatz mit *„inquisitorial elements"*. Grundsätzlich müssen die Parteien zwar Tatsachen und Beweise selbst vortragen. *Employment Tribunals* sind im Unterschied zum englischen Zivilprozess aber nicht streng an das Vorbringen der Parteien gebunden.[412] Im Arbeitsgerichtsprozess braucht die sich selbst vertretende Partei ohne Rechtskenntnisse im Vergleich zur rechtlich vertretenen Partei im Zivilprozess mehr Unterstützung seitens der Richterbank, was die Annäherung zur Amtsermittlung erklären mag.[413] Bei einem Parteiprozess muss sich das *Employment Tribunal* der Fairness halber „in die Kampfarena herabbegeben"[414], um notwenige Informationen zu erhalten und Rechtsfragen zu klären.

Der Beibringungsgrundsatz ist im englischen arbeitsgerichtlichen Verfahren insoweit eingeschränkt, als dass das *Employment Tribunal* selbst Parteien zu weiteren Auskünften auffordern und Beweise erheben kann, wenn es dies für notwendig erachtet.[415] Gerichtliche Anordnungen zur Verfahrensleitung im Vorfeld mündlicher Verhandlungen, sogenannte *case management orders*[416] nach ETR 2004, schedule 1, r 10[417], zeigen die mögliche Ermittlung von

411 ETR 2004, reg 3 (1) The overriding objective of these regulations and the rules in Schedules 1, 2, 3, 4 and 5 is to enable tribunals and Employment Judges to deal with cases justly. (2) Dealing with a case justly includes, so far as practicable: (a) ensuring that the parties are on an equal footing; (b) dealing with the case in ways which are proportionate to the complexity or importance of the issues; (c) ensuring that it is dealt with expeditiously and fairly; and (d) saving expense….

412 *Carnwath,* PL 2009, Jan, 48 (54, 55); *Cunningham/Reed,* 3.21-3.24, p. 73; *Gillespie,* 15.4.1, p. 506; *Greenhalgh,* Industrial Tribunals, pp. 27, 36; *MacMillan,* (1999) 28 ILJ 33 (40); *Smith and Wood's,* p. 39; *Stein/Rabe von Pappenheim,* Arbeitsrecht in Großbritannien, S. 107, Rn. 305. Zum *adversary system* im englischen Zivilverfahren allgemein, vgl. *Bunge,* Zivilprozess in England, S. 109; *Dreymüller,* ZVglRWiss 101 (2002), 471 (472); *Gillespie,* 1.3.2, pp. 13, 14; *Kötz,* JA 1991, 257-261.

413 *Genn,* MDR 1993, 56, 393 (408); *Greenhalgh,* Industrial Tribunals, p. 27.

414 *Greenhalgh,* Industrial Tribunals, p. 27 *„To do this a descent into the arena is necessary."*.

415 *Cunningham/Reed,* 3.21-3.24, p. 73; *MacMillan,* (1999) 28 ILJ 33 (40); *Stein/Rabe von Pappenheim,* Arbeitsrecht in Großbritannien, S. 107, Rn. 305.

416 Zu *case management orders* siehe unten Teil 4 § 8 A., S. 75-77.

417 ETR 2004, schedule 1, r 10 (1) Subject to the following rules, the Employment Judge may at any time either on the application of a party or on his own initiative make an order in relation to any matter which appears to him to be appropriate. Such orders may be any of those listed in paragraph (2) or such other orders as he thinks fit. Subject to the following rules, orders may be issued as a result of an Employment Judge considering the papers before him in the absence of the parties, or at a hearing. (2) Examples of or-

Amts wegen. Wichtig in der Praxis sind vorwiegend die Aufforderung zu weiteren Informationen nach r 10 (2) (b), die Zeugenbenennung in r 10 (2) (c), die Aufforderung zur Offenlegung von Dokumenten („*disclosure*")[418] nach r 10 (2) (d) und die schriftliche Beantwortung von Fragen nach r 10 (2) (f).[419] Vor allem in der Hauptverhandlung wird das *inquisitorial element*, das den englischen, arbeitsgerichtlichen Verfahren eigen ist, deutlich.[420] Nach ETR 2004, schedule 1, r 14 (3)[421] kann das *tribunal* selbst Parteien und Zeugen befragen, Zeugen benennen, so wie es dies für richtig erachtet und es soll die Verhandlung so führen, wie es für die Aufklärung der Fragen und für eine gerechte Behandlung des Falles am besten ist.

Vor den deutschen Arbeitsgerichten gilt im Unterschied hierzu im Urteilsverfahren ein strenger Beibringungsgrundsatz.[422] Die Parteien bestimmen, welcher Streitstoff Gegenstand des Verfahrens wird, und das Gericht muss sich bei der Entscheidungsfindung auf die vorgebrachten Tatsachen und Beweismittel beschränken.[423] Bei Nichtbestreiten einer Tatsache gilt diese als zugestanden, § 46 II ArbGG, § 138 III ZPO. Im Beschlussverfahren gilt hingegen ein eingeschränkter Untersuchungsgrundsatz, § 83 ArbGG, ebenso wie in England.[424] Nach § 83 I S. 1 ArbGG erforscht das Gericht bei Beschlussverfahren den Sachverhalt im Rahmen der gestellten Anträge von Amts wegen. Zugeständnisse werden nicht nach § 138 III ZPO

---

ders which may be made under paragraph (1) are orders — (a) as to the manner in which the proceedings are to be conducted, including any time limit to be observed; (b) that a party provide additional information; (c) requiring the attendance of any person in Great Britain either to give evidence or to produce documents or information; (d) requiring any person in Great Britain to disclose documents or ... (e) extending any time limit, whether or not expired ... (f) requiring the provision of written answers to questions put by the tribunal or Employment Judge ...(h) staying the whole or part of any proceedings; (i) that part of the proceedings be dealt with separately; (j) that different claims be considered together; (k) that any person who the Employment Judge or tribunal considers may be liable for the remedy claimed should be made a respondent in the proceedings; (l) dismissing the claim against a respondent who is no longer directly interested in the claim; (m) postponing or adjourning any hearing; (n) varying or revoking other orders; (o) giving notice to the parties of a pre-hearing review or the Hearing ... (q) giving leave to amend a claim or response; (r) that any person who the Employment Judge or tribunal considers has an interest in the outcome of the proceedings may be joined as a party to the proceedings; (s) that a witness statement be prepared or exchanged; or (t) as to the use of experts or interpreters in the proceedings.

418 Zur „*disclosure*" siehe unten Teil 4 § 9 A. II., S. 82-85.

419 *Cunningham/Reed,* 3.21, 3.24, p. 73; *Manley/Heslop,* Employment Tribunals, 7.4, p. 118.

420 Siehe *MacMillan,* (1999) 28 ILJ 35 (40); *Stein/Rabe von Pappenheim,* Arbeitsrecht in Großbritannien, S. 107, S. 107, Rn. 305 noch zum Vorgänger der ETR 2004, den *Industrial Tribunals (Constitution and Rules of Procedure) Regulations 1993.*

421 ETR 2004, schedule 1, r 14 (3) The Emplyoment Judge or tribunal (as the case may be) shall make such enquiries of persons appearing before him or it and of witnesses as he or it considers appropriate and shall otherwise conduct the hearing in such manner as he or it considers most appropriate for the clarification of the issues and generally for the just handling of the proceedings.

422 GK-ArbGG/*Dörner,* § 83 Rn. 120; Germelmann/*Germelmann,* § 46 ArbGG Rn. 2; ErfKo/*Koch,* § 46 ArbGG, Rn. 7; GK-ArbGG/*Schütz,* § 46 Rn. 54.

423 BAG, Urteil vom 16.03.1972 – 5 AZR 435/71 = AP ZPO § 542 Nr. 1.

424 GK-ArbGG/*Dörner,* § 83 Rn. 121; *Junker,* Grundkurs Arbeitsrecht, Rn. 888, S. 472; ErfKo/*Koch,* § 83 ArbGG, Rn. 1; Germelmann/*Mathes,* § 83 ArbGG Rn. 82, 92-94.

durch Nichtbestreiten fingiert und das Gericht ist befugt, selbst Beweise zu erheben.[425] Das Beschlussverfahren wird allerdings nur in betriebsverfassungsrechtlichen Streitigkeiten angewendet.[426] Bei typischen, kontradiktorischen Streitigkeiten zwischen Arbeitnehmer und Arbeitgeber, bei denen der Arbeitnehmer als schwächere Partei geschützt werden muss, entscheiden in Deutschland aber die Parteien, welche Tatsachen zum Prozessstoff werden und können sich nicht wie in England auf Mithilfe des Gerichts verlassen.

G. Mündlichkeitsprinzip

Bei arbeitsgerichtlichen Prozessen in England herrscht zudem ein ausgeprägtes Mündlichkeitsprinzip. Der Mündlichkeitsgrundsatz geht grundsätzlich aus dem Zivilverfahren als Teil des *„adversary system"* hervor, bei dem sich Anwälte gegenüber treten und durch ihre verbale Auseinandersetzung die Verhandlung leiten.[427] Die verbale Auseinandersetzung der Parteien an sich führt zwangsläufig zu einem großen Maß an Mündlichkeit. Die Richter lesen nur ungern Akten und verlassen sich darauf, dass alle wichtigen Details vorgetragen werden.[428] Im Gegensatz zum zivilrechtlichen Verfahren ist der Mündlichkeitsgrundsatz zwar eingeschränkt, da die Richterbank rechtlich nicht vertretenen Parteien unter die Arme greifen muss und nicht davon ausgehen kann, dass die Partei alles zuverlässig selbst vorträgt. Dennoch wird auch im Parteiprozess in der Regel jeder von den Parteien vorgeschlagene Zeuge gehört,[429] da die Richterbank nicht eigens nach Wichtigkeit separiert.

Wie ernst das Mündlichkeitsprinzip auch bei arbeitsgerichtlichen Prozessen genommen wird, zeigen auch die über mehrere Tage dauernden mündlichen Verhandlungen. Nach einer Zeugenvernehmung wird die Sitzung nicht wie in Deutschland unterbrochen und erst mehrere Wochen später mit der nächsten Zeugeneinvernahme fortgeführt. Vielmehr finden alle Zeugenvernehmungen am Stück statt und werden gleich am nächsten Tag fortgesetzt, sollten nicht alle Zeugen an einem Tag gehört werden können. Dass eine mündliche Verhandlung nur eine Stunde dauert und an einem anderen Tag mehrere Wochen zeitversetzt fortgeführt wird, kennt man in England nicht.

---

425 *Junker,* Grundkurs Arbeitsrecht, Rn. 888, S. 472; ErfKo/*Koch,* § 83 ArbGG, Rn. 1.
426 *Junker,* Grundkurs Arbeitsrecht, Rn. 884, S. 470.
427 *Devlin,* The Judge, p. 54; *Dreymüller,* ZVglRWiss 101 (2002) 471 (473).
428 *Kötz,* JA 1991, 257 (259).
429 Zur Zeugeneinvernahme siehe unten Teil 4 § 9 B. II. 4., S. 91-94.

§ 8 Prozessuale Leitung durch das Arbeitsgericht

Die Verfahrensleitung durch gerichtliche Anordnungen und Vorverfahren, das sogenannte *case management*[430], wurde durch die ETR 2004 als Parallele zu den zivilprozessualen Verfahrensregeln eingeführt.[431] Hiervon sind Vorverfahren wie *„case management discussions"*, *„pre-hearing reviews"* oder *„interim relief hearings"* umfasst.

A. Gerichtliche Anordnung („case management order")

Die Kommunikation mit *Employment Tribunals* erfolgt in der Regel schriftlich.[432] *Employment Tribunals* können im Vorfeld mündlicher Verhandlungen eine Vielzahl von Anordnungen zur Verfahrensleitung (*„case management orders"*) treffen und auch zur Mitteilung weiterer Informationen auffordern.[433] Ein *Employment Judge* trifft *case management orders* auf Antrag einer Partei oder nach eigenem Ermessen.[434] Zweck der *case management orders* ist es, das Verfahren gleichmäßig und zügig zu gestalten und den Parteien möglichst viele Informationen zukommen zu lassen. Ein Vorteil ist weiter, dass die Parteien bei Kenntnis aller Umstände leichter bereit sind, sich zu vergleichen.[435]

Case management orders können Anordnungen formeller Art darstellen, wie die Mitteilung des Vorverfahrens- oder Hauptverhandlungstermins, die Verlegung eines sonstigen Termins oder die Anordnung einer Schriftsatzfrist.[436] Der *Employment Judge* kann aber auch Anordnungen mit inhaltlichem Bezug treffen, wie die Aufforderung zur Darlegung weiterer Informationen, zur Veröffentlichung von Dokumenten (*„disclosure"*)[437] oder zur Verfassung

---

430 Zum Begriff des *case management* siehe oben Teil 3§ 6 A., S. 60, Fn. 355.

431 *Manley/Heslop,* Employment Tribunals, 7.1, p. 110; *Taylor/Emir,* Employment Law, p. 577. In den späten 1990ger Jahren reformierten die *„Woolf Reforms"* die Zivilgerichtsverfahren dahingehend, dass sie ein *case management* instituierten, mit dem die Richter selbst leichter Anordnungen treffen und Fälle im Vorfeld der mündlichen Verhandlung effizienter und schneller bearbeiten können. Die *„Woolf Reforms"* sind nach dem damaligen MR Lord Woolf benannt, der eine *review* namens *„Access to Justice"* über das Zivilprozessrecht verfasst hat, vgl. *Bley,* Die zweite Instanz nach deutschem und englischem Zivilprozessrecht, S. 33; *Dreymüller,* ZVglRWiss 101 (2002), 471 (471, 472); *Elliott/Quinn,* English Legal System, p. 458, *Gillespie,* 14.1.1, pp. 454-456. Die Verfahrensbehandlung nach Lord Woolf in Zivilverfahren hat sich später auch auf die *Employment Tribunals* ausgewirkt.

432 *Manley/Heslop,* Employment Tribunals, 7.1, p. 110; *Taylor/Emir,* Employment Law, p. 577.

433 ETR 2004, schedule 1, r 10, vgl. oben Teil 4 § 7 F., S. 72, 73, Fn. 417.

434 ETR 2004, schedule 1, r 10 (1) Subject to the following rules, the Employment Judge may at any time either on the application of a party or on his own initiative make an order in relation to any matter which appears to him to be appropriate. ETR 2004, schedule 1, r 11 (1) At any stage of the proceedings a party may apply for an order to be issued, varied or revoked or for a case management discussion or pre-hearing review to be held.

435 *Manley/Heslop,* Employment Tribunals, 7.1, p. 110, 7.4, p. 118; *Selwyn,* 20.64, p. 570; *Taylor/Emir,* Employment Law, p. 577.

436 ETR 2004, schedule 1, r 10 (2) (a), (m), (o), vgl. oben Teil 4 § 7 F., S. 72, 73, Fn. 417.

437 Zur *disclosure* siehe unten Teil 4 § 9 A II., S. 82-85.

schriftlicher Zeugenaussagen („*witness statement*")[438].[439] Im Gegensatz zum deutschen arbeitsgerichtlichen Verfahren, in dem ein strenger Beibringungsgrundsatz gilt, kann das *Employment Tribunal* auch *case management orders* inhaltlicher Natur mit Einfluss auf die Beweisaufnahme nach eigenem Ermessen treffen und bedarf hierzu keines Antrags einer Partei.

Sollte eine Partei den gerichtlichen Anordnungen nicht nachkommen, kann das *Employment Tribunal* dieses Verhalten sanktionieren und im Einzelfall die Klage abweisen, wenn es diese Rechtsfolge zuvor angedroht hat, vgl. ETR 2004, r 13 (2)[440]. Eine Anordnung, die eine Klageabweisung bei Nichterfüllung androht, wird *„unless-order"* genannt.[441] Das *Employment Tribunal* soll bei einer Abweisungsentscheidung die in CPR 1998, r 3.9[442] genannten Kriterien, wie Verschulden, eine etwaige Rechtfertigung hierfür und die Verzögerung des Prozesses durch die Nichterfüllung der Anordnung, beachten. Eine Abweisung kann aber auch nur wegen der Nichtbeachtung der *unless-order* erfolgen.[443] Je näher die mündliche Verhandlung rückt, desto seltener sollte eine Klageabweisung wegen Nichtbeachtung von *case management orders* erfolgen, da hier auf die persönliche Befragung der Parteien gewartet werden kann.[444] Die Klageabweisung sollte in jedem Fall vom Gericht unter Beachtung des *overriding objective*[445] gut überlegt werden und kommt vor allem bei Klägern, die nach Klageerhebung jegliche Kommunikation mit dem Gericht verweigern, in Betracht.[446] Grundsätzlich soll eine Klageabweisung als *„Draconic power"*[447] nur dann erfolgen, wenn das unvernünftige

---

438 Zu *witness statements* siehe unten Teil 4 § 9 A I., S. 82.
439 ETR 2004, schedule 1, r 10 (2) (b), (d), (s). vgl. oben Teil 4 § 7 F., S. 72, 73, Fn. 417.
440 ETR 2004, schedule 1, r 13 (2) An order may also provide that unless the order is complied with, the claim or, as the case may be, the response shall be struck out on the date of non-compliance without further consideration of the proceedings or the need to give notice ... or hold a pre-hearing review or Hearing.
441 Blackstone's Employment Law Practice, 6.14, p. 94; *Manley/Heslop,* Employment Tribunals, 7.1, p. 110, 7.4, p. 122; Tolley's Employment Handbook, 19.4, pp. 496, 497.
442 CPR 1999, r 3.9 (1) On an application for relief from any sanction imposed for a failure to comply with any rule, practice direction or court order the court will consider all the circumstances including (a) the interests of the administration of justice; (b) whether the application for relief has been made promptly; (c) whether the failure to comply was intentional; (d) whether there is a good explanation for the failure; (e) the extent to which the party in default has complied with other rules, practice directions, court orders and any relevant pre-action protocol; (f) whether the failure to comply was caused by the party or his legal representative; (g) whether the trial date or the likely trial date can still be met if relief is granted; (h) the effect which the failure to comply had on each party; and (i) the effect which the granting of relief would have on each party. (2) An application for relief must be supported by evidence.
443 *Neary v St Albans School for Girls Governors* [2009] EWCA Civ 1190, [2010] ICR 473, [2010] IRLR, para 65.
444 *Blockbuster Entertainment Ltd v James* [2006] EWCA Civ 684, [2006] IRLR 630, para 19.
445 Zum *overriding objective* siehe oben Teil 4 § 7 E., S. 71, 72.
446 *Weir Valves &Controls (UK) Ltd v Armitage* [2004] ICR 371, EAT, para 17.
447 *Blockbuster Entertainment Ltd v James* [2006] EWCA Civ 684 [2006] IRLR 630, para 16.

Parteiverhalten die Form einer vorsätzlichen und anhaltenden Missachtung der Prozessschritte darstellt oder ein faires Verfahren nicht mehr gewährleistet werden kann.[448]

B. Vorbereitung des Prozesses durch „Case Management Discussions"

Komplexere Fälle, wie Klagen mit diskriminierungsrechtlichem Bezug oder Klagen auf Entgeltgleichheit, können vom *Employment Tribunal* vorab in *„Case Management Discussions"* (CMD) besprochen werden. Die schriftliche Beantwortung von Fragen wird nicht jedem Fall gerecht und es ist manchmal sinnvoller, mit den Parteien über das weitere Verfahren persönlich zu reden.[449] CMD können entsprechend dem Erlass von *case management orders* nach Ermessen des *Employment Judge* oder auf Antrag der Parteien abgehalten werden. Sie finden vor allem dann statt, wenn die Parteien nicht rechtlich vertreten werden oder Englisch nur als Zweitsprache sprechen.[450]

Grundsätzlich bespricht der *Employment Judge* in CMD den Verfahrensablauf und die Verhandlungsführung nicht öffentlich,[451] aus Zeit- und Kostengründen oft auch nur telefonisch.[452] CMD dienen grundsätzlich der Kennzeichnung der Fragen und bestimmen, welche Anordnungen gemacht werden oder wann und wie lange die mündliche Verhandlung dauert.[453] Der *Employment Judge* kann hierbei dieselben Inhalte behandeln, die er auch durch *case management orders* anordnen kann, wie die Dauer und den Ablauf des Prozesses, eine *disclosure*[454] oder die Verfassung von *witness statements*[455].[456] Über die materiellen Rechte der Par-

---

448 *Blockbuster Entertainment Ltd v James* [2006] EWCA Civ 684 [2006] IRLR 630, para 16. Nach einem neuen Regierungsvorschlag zur Verfahrensbeschleunigung sollen die Möglichkeiten zur Klageabweisung ausgeweitet werden. Eine Klage soll durch Einzelrichterentscheidung ohne mündliche Anhörung und bereits schon vor einer Klageerwiderung abgewiesen werden können, vgl. *Davey/Djangoly,* Resolving workplace disputes, pp. 29, 30.

449 Blackstone's Employment Law Practice, 6.01, p. 90; *Cunningham/Reed,* 6.6, p. 181; *Taylor/Emir,* Employment Law, p. 577.

450 *Manley/Heslop,* Employment Tribunals, 8.4, p. 131.

451 ETR 2004, schedule 1, r 17 (1) Case management discussions are interim hearings and may deal with matters of procedure and management of the proceedings and they may be held in private. Case management discussions shall be conducted by an Employment Judge.

452 *Manley/Heslop,* Employment Tribunals, 8.4, p. 131; *Taylor/Emir,* Employment Law, p. 577; Tolley's Employment Handbook, 19.6, p. 498.

453 *Cunningham/Reed*, 6.10, p. 182; *Manley/Heslop,* Employment Tribunals, 8.4, p. 131; *Taylor/Emir,* Employment Law, p. 577.

454 Zur *disclosure* siehe unten Teil 4 § 9 A II., S. 82-85.

455 Zu *witness statements* siehe unten Teil 4 § 9 A I., S. 82.

456 ETR 2004, schedule 1, r 17 (2) ...The matters listed in rule 10 (2) are examples of matters which may be dealt with at case management discussions. ETR 2004, schedule 1, r 10 (2) siehe oben Teil 4 § 7 F., S. 72, 73, Fn. 417.

teien wird in CMD hingegen noch nicht gesprochen.[457] Ebenso ist keine Klageabweisung in CMD möglich.[458]

C. Zwischenverhandlung („pre-hearing review")

Zur Lösung und Besprechung von materiellrechtlichen Vorfragen kann ein *Employment Judge* nach eigenem Ermessen oder auf Antrag einer Partei eine *„pre-hearing review"* (PHR) ansetzen. Im Gegensatz zum den CMD sollen hier gerade rechtliche Probleme vor der mündlichen Verhandlung gelöst werden, wobei zusätzlich auch den CMD entsprechende Anordnungen getroffen werden können.[459] Beispiele für rechtliche Fragen, die vorab in einer PHR geklärt werden, sind Folgende:

> Wurde die Klage innerhalb der relevanten Klagefrist erhoben? Ist der Kläger Arbeitnehmer? Hat die Klage nur zweifelhafte Aussicht auf Erfolg, sodass eine Sicherheitsleistung erbracht werden muss?[460] Wurde eine Anordnung zu einer *disclosure* von einer Partei beachtet oder nicht beachtet?[461]

Eine Klage kann wegen völliger Aussichtslosigkeit oder unnötiger Klageerhebung bereits in diesem Verfahrensstadium abgewiesen werden.[462] Weiter wird in einer PHR auch über eine Klageerweiterung entschieden.[463] Bei allen Entscheidungen darf aber nicht außer Acht gelassen werden, dass eine PHR eine vorläufige Verhandlung darstellt, vgl. ETR 2004, schedule 1,

---

457 ETR 2004, schedule 1, r 17 (2) Any determination of a person's civil rights or obligations shall not be dealt with in a case management discussion.

458 *Kerr v Ernst & Young Services Ltd* [2011] ICR 13 (13).

459 ETR 2004, schedule 1, r 18 (2) At a pre-hearing review the Employment Judge may carry out a preliminary consideration of the proceedings and he may — (a) determine any interim or preliminary matter relating to the proceedings; (b) issue any order in accordance with rule 10 or do anything else which may be done at a case management discussion....

460 ETR 2004, schedule 1, r 18 (2) ... (c) order that a deposit be paid in accordance with rule 20 without hearing evidence. ETR 2004, schedule 1, r 20 (1) At a pre-hearing review if an Employment Judge considers that the contentions put forward by any party in relation to a matter required to be determined by a tribunal have little reasonable prospect of success, the Employment Judge may make an order against that party requiring the party to pay a deposit of an amount not exceeding £1.000 as a condition of being permitted to continue to take part in the proceedings relating to that matter.

461 *Cunningham/Reed*, 6.21, p. 188; *Manley/Heslop,* Employment Tribunals 8.2, p. 127; *Taylor/Emir,* Employment Law, p. 577; Tolley's Employment Handbook, 19.6, p. 498; Tottel's ET Handbook, 13.3-13.9, pp. 193-195.

462 ETR 2004, schedule 1, r 18 (5) Notwithstanding the preliminary or interim nature of a pre-hearing review, at a pre-hearing review the Employment Judge may give judgment on any preliminary issue of substance relating to the proceedings. Judgments or orders made at a pre-hearing review may result in the proceedings being struck out or dismissed or otherwise determined with the result that a Hearing is no longer necessary in those proceedings.

463 *Taylor/Emir,* Employment Law, p. 577.

r 18 (2) (a), (5)[464]. Eine PHR kann nur dann abgehalten werden, wenn die zu lösende rechtliche Frage vollkommen selbstständig von der Klage beurteilt werden kann.[465] In *SCA Packaging Ltd v Boyle* [2009] wurde beispielsweise die Frage der Behinderteneigenschaft in einer PHR behandelt, obwohl sie im engen Zusammenhang mit der Diskriminierung als Klagegrund stand und nicht völlig getrennt davon hätte beurteilt werden dürfen. Nur wegen der Diskussion zu einem falschen Zeitpunkt wurde die Entscheidung aufgehoben.

Employment Tribunals halten PHR in der Praxis oft ab, da es einfacher ist, einzelne Rechtsfragen gesondert zu klären. Zum einen wird die mündliche Verhandlung kürzer, zum anderen kann ein Rechtsstreit schneller beendet werden, wenn eine Klage schon aus formalen Gründen, wie der Versäumnis der Klagefrist, abgewiesen werden kann.[466] Daneben kann eine PHR einen Vergleichsschluss fördern. Wenn eine aussichtsreiche Klage in einer PHR nicht abgewiesen wurde, ist der Beklagte eher geneigt, ein höheres Vergleichsangebot abzugeben.[467]

D. Absicherung des Klägers durch das „interim relief hearing"

2008 wurden *„interim relief hearings"* in die ETR 2004 eingeführt, mit denen der Kläger einer Kündigungsschutzklage einstweiligen Rechtsschutz erlangen kann.[468] Einstweiliger Rechtsschutz (*„interim relief"*) meint in diesem Fall die vorübergehende Wiederherstellung des Arbeitsverhältnisses oder bei Nichtwiederherstellung, die vorübergehende Zahlung des üblichen Arbeitslohns bis zur mündlichen Verhandlung.[469] Ein *interim relief hearing* kann in einer PHR beantragt werden.

E. Zusammenfassender Vergleich mit der Güteverhandlung

Der *Emplyoment Judge* kann das Verfahren mithilfe von *case mangement orders* oder selbstständigen Vorverfahren, wie den CMD, der PHR oder dem *interim relief hearing* bis zur Hauptverhandlung führen. Das CMD betrifft nur Formalitäten, wohingegen in einer PHR und einem *interim relief hearing* auch rechtliche Probleme geklärt werden können.

Eine mündliche Verhandlung wie die CMD, die nur Formalitäten und das weitere Vorgehen erörtert, gibt es in Deutschland nicht. Vielmehr trifft der Vorsitzende entsprechende, mit *case*

---

464 ETR 2004, schedule 1, r 18 (2) (a) siehe oben Teil 4 § 8 C., S. 78, 79, Fn. 459. ETR 2004, schedule 1, r 18 (5) siehe oben Teil 4 § 8 C., S. 79, Fn. 462.

465 *SCA Packaging Ltd v Boyle* [2009] UKHL 37, [2009] 4 All ER, [2009] ICR 1056, [2009] IRLR 746, paras 9, 10, 45, 82.

466 *Cunningham/Reed,* 6.23, pp. 188, 189.

467 *Cunningham/Reed,* 6.25-6.28, pp. 189, 190.

468 ETR 2004, schedule 1, r 18A (1) Hearings dealing with interim relief are interim hearings.

469 Tolley's Employment Handbook, 19.6, p. 499.

management orders vergleichbare Anordnungen schriftlich selbst und lässt sie den Parteien zustellen, § 56 I ArbGG.[470] Rechtliche Probleme können in Deutschland in einer Güteverhandlung nach § 54 ArbGG besprochen werden. Die Güteverhandlung ist aber kein selbstständiges Vorverfahren, wie eine PHR oder die CMD in England, sondern Teil der mündlichen Verhandlung. Sie ist dieser als besonderer Verfahrensabschnitt vorangestellt.[471]

Die Güteverhandlung ist im Gegensatz zu englischen Vorverfahren obligatorisch[472] und dient neben der Vorbereitung der Hauptverhandlung im besonderen Maß der gütlichen Einigung.[473] Diese Funktion erfüllen die englischen Vorverfahren hingegen nur als Nebeneffekt. Eine gütliche Einigung in englischen Arbeitsgerichtsverfahren wird eher durch einen Schlichtungsversuch des ACAS erreicht.[474]

§ 9 Das Verfahren vor dem Employment Tribunal

Auf die Vorverfahren folgt eine mündliche Verhandlung („*main hearing*") vor den *Employment Tribunals*.

A. Vorbereitung der mündlichen Verhandlung („main hearing")

Bevor ein Fall in einer mündlichen Verhandlung gehört werden kann, müssen sich die Parteien gezielt darauf vorbereiten. Die Parteien bedürfen meist mehrerer Informationen oder Dokumente, die sie im Vorfeld der mündlichen Verhandlung erlangen und als Beweismittel sichern sollten. Auch ist es wichtig, Zeugen richtig in den Prozess einzuführen und dem Gericht in einem „*bundle*"[475] einen Überblick über den Fall zu geben.

---

470 In einem Auflagenbeschluss nach § 56 I 2 ArbGG kann der Arbeitsrichter anordnen, dass die Parteien ihre Schriftsätze näher ausführen, darin aufgeführte Dokumente vorlegen (Nr. 1), dass die Parteien persönlich erscheinen und vorsorglich Zeugen und Sachverständige laden (Nr. 4).

471 Germelmann/*Germelmann,* § 54 ArbGG, Rn. 1, 11; ErfKo/*Koch,* § 54 ArbGG, Rn. 1; *Schmädicke,* NZA 2007, 1029 (1030); GK-ArbGG/*Schütz,* § 54, Rn. 3.

472 *Junker,* Grundkurs Arbeitsrecht, Rn. 880, S. 468; Germelmann/*Germelmann,* § 54 ArbGG, Rn. 7; ErfKo/*Koch,* §54 ArbGG, Rn. 2; GK-ArbGG/*Schütz,* § 54, Rn. 7.

473 Germelmann/*Germelmann,* § 54 ArbGG, Rn. 1; ErfKo/*Koch,* § 54 ArbGG, Rn. 1; *Schmä-dicke,* NZA 2007, 1029 (1030); GK-ArbGG/*Schütz,* § 54, Rn. 4.

474 Vgl. hierzu: ETR 2004, schedule 1, r 21 In proceedings brought under the provisions of any enactment providing for conciliation, the Secretary shall send copies of all documents, orders, judgments, written reasons and notices to an ACAS conciliation officer except where the Secretary and ACAS have agreed otherwise.

475 Hierzu siehe unten Teil 4 § 9, A. 5., S. 85-86.

I. Zeugenaussagen („witness statements“)

In England ist es üblich, dass die Zeugen vor der Hauptverhandlung in einer Art Protokoll, einem sogenannten *„witness statement“*, schriftlich zusammenfassen, was sie vor Gericht aussagen. Es ist wichtig, dass der Zeuge in seinem *witness statement* alle relevanten Wahrnehmungen vermerkt und hierbei auch die Wahrheitspflicht beachtet.[476] Rechtliche Vertreter sollten die Zeugen auch vor der Hauptverhandlung mit ihren jeweiligen *statements* vertraut machen und klären, ob dies der Wahrnehmung der Zeugen entspricht. Ein gezieltes *„coaching“* der Zeugen ist hingegen unzulässig, ebenso wie das Einüben des Kreuzverhörs.[477] *Witness statements* müssen dem Gericht vor Beginn des Verfahrens in sechsfacher Kopie zur Kenntniserlangung und Weiterleitung an die gegnerische Partei übermittelt werden.[478] Bei einer rechtlich nicht vertretenen Partei werden ausnahmsweise auch Kopien am Tag der Verhandlung von einem Geschäftsbeamten des Gerichts gefertigt.

II. Veröffentlichung von Dokumenten („disclosure“)

Die meisten für den Prozess notwendigen Dokumente, wie etwa Personalakten, Vermerke über Treffen oder Emails, hat in der Regel der Arbeitgeber unter Verschluss. Diese für den Arbeitnehmer wichtigen Dokumente können im Rahmen einer *„disclosure“* offengelegt werden. Die *disclosure* kann man als „automatischen, obligatorischen Urkundenaustausch“[479] bezeichnen, da jede Partei auf Aufforderung der anderen Partei alle für den Rechtsstreit relevanten Dokumente offenlegen muss. Im Rahmen einer *disclosure* kann nur die Vorlage bereits bestehender Dokumente, nicht aber die erstmalige Erstellung eines Dokuments, wie z.B. einer Statistik, verlangt werden.[480]

Wenn eine *disclosure* nicht freiwillig erfolgt, kann sie als *disclosure order* beim *Employment Tribunal* beantragt werden, vgl. ETR 2004, schedule 1, r 10 (1), (2) (d)[481]. Ein Antrag auf eine *disclosure order* ist in der Regel erfolgreich, wenn die benötigten Dokumente für Rechtsfragen erheblich und notwendig sind.[482] Daher ist es wichtig, zu erläutern, welche Rechtsfragen

---

476 *Cunningham/Reed,* 4.19, p. 107, 4.22, p. 108. Zur Einführung der *witness statements* in den Prozess siehe unten Teil 4 § 9 B . II. 4., S. 91, 92.

477 Blackstone's Employment Law Practice, 9.19, 9.20, p. 130; *Cunningham/Reed,* 4.46, p. 126; *Manley/Heslop,* Employment Tribunal, 9.3, p. 140. Zum Kreuzverhör siehe unten Teil 4 § 9 B. II. 4., S. 93.

478 Blackstone's Employment Law Practice, 9.17, p. 130, Tolley's Employment Law Prac-tice, 19.46, p. 541; *Davey/Djangoly,* Resolving workplace disputes, p. 39.

479 *Junker,* Discovery im deutsch-amerikanischen Rechtsverkehr, S. 61.

480 *Carrington v Helix Lighting Ltd* [1990] ICR 125; *Taylor/Emir,* Employment Law, p. 578; Tolley's Employment Law Practice 19.12, p. 506.

481 ETR 2004, schedule 1, r 10 (1) (2): siehe oben Teil 4 § 7 F., S. 72, 73, Fn. 417. Zur *disclosure* vor den ordentlichen Gerichten siehe *Exton,* LSG 2008, 105 (22), 28.

482 *Dolling Baker v Merrett* [1990] 1 WLR 1205 (1213); Blackstone's Employment Law Practice, 6.57, 6.60, p. 102; Tolley's Employment Law Practice, 19.12, p. 506.

prozessentscheidend sind.[483] Wenn ein Arbeitnehmer beispielsweise nicht befördert wurde und eine Diskriminierung im Raum steht, sind die Gründe für die Nichtbeförderung des Arbeitnehmers streitentscheidend. Um Aufschluss über die Kompetenzen des Arbeitnehmers zu erhalten, kann ein Antrag auf Offenlegung der Personalakte, in der die Arbeitnehmerleistung beurteilt wird, gestellt werden. Sie kann Aufschluss darüber geben, ob der Arbeitnehmer wegen unzureichender Fähigkeiten oder aus sonstigen Gründen, wie seiner Herkunft oder seines Geschlechts, nicht befördert wurde.

Generell sind Dokumente dann entscheidungserheblich, wenn vernünftigerweise zu erwarten ist, dass die Dokumente Informationen enthalten, die dem Vorteil der beantragenden Partei dienen oder dem Vortrag der gegnerischen Partei schaden.[484] Beide Parteien sollen über alle relevanten Tatsachen in fairer Weise vom *Employment Tribunal* informiert werden:

> *„Cases are intended to be heard with all the cards facing upwards to the table. It was said that the tribunals' power of ordering further and better particulars, discovery or issuing witness orders will be of little value in the pursuit of justice if the parties do not know they exist. Tribunals should therefore be vigilant to ensure that their existence is known in appropriate cases."*[485]

Aus gewissen Gründen kann eine *disclosure* aber auch ausgeschlossen sein. Entscheidend für einen Ausschluss ist, ob die Dokumente für einen fairen Prozess notwendig sind.[486] Hierbei sind Gewicht und Wert des Offenlegungsinteresses und entstehende Schäden bei Offenlegung miteinander abzuwägen.[487] Grundsätzlich kann eine *disclosure* wegen entgegenstehenden öffentlichen Interesses,[488] diplomatischer Immunität,[489] der Gefahr der Selbstbelastung oder

---

483 Blackstone's Employment Law Practice, 6.57, p. 102.

484 *Compagnie Financière v Peruvian Guano Co* [1882] 11 QBD 55 (63); *Ballantine (George & Sons) v FER Dixon* [1974] 1 WLR 1125 (1132), [1974] 2 All ER 503 (510).

485 Sir John Donaldson in *Copson v Eversure Accessories Ltd* [1974] ICR 636 (642), [1974] IRLR 247 (252).

486 Lord Wilberforce in *Science Research Council v Nassé* [1980] AC 1028 (1066), [1979] 3 WLR 762 (800), [1979] 3 All ER 673 (681), [1979] ICR 921 (929), [1979] IRLR 465 (468): *„necessary for fairly disposing of the proceedings"*.

487 *Science Research Council v Nassé* [1980] AC 1028 (1066), [1979] 3 WLR 762 (800), [1979] 3 All ER 673 (681), [1979] ICR 921 (929), [1979] IRLR 465 (468).

488 Vgl. CPR 1999, r 31.19 (8) This Part does not affect any rule of law which permits or requires a document to be withheld from disclosure or inspection on the ground that its disclosure or inspection would damage the public interest. Das öffentliche Interesse an der Geheimhaltung muss hier mit dem Interesse an gerechter Justizverwaltung abgewogen werden, vgl. *Evans v Chief Constable of Surrey* [1988] QB 588 (592), [1988] 3 WLR 127 (131), [1989] 2 All ER 594 (598); *D v NSPCC* [1978] AC 171 (192), [1977] 2 WLR 201 (223), [1977] 1 All ER 589 (610).

489 Blackstone's Employment Law Practice, 6.95, p. 108.

wegen rechtlicher Beratung[490] verweigert werden. Bei einem Ausschluss der *disclosure* wegen rechtlicher Beratung wird zwischen dem *„legal advice privilege"* und dem *„litigation privilege"* unterschieden: Wird der Arbeitnehmer ohne konkreten Bezug zum Prozess rechtlich beraten, sind nur Dokumente aus der Korrespondenz mit einem Anwalt von der *disclosure* ausgeschlossen (*„legal advice privilege"*).[491] Bei einer Prozessführung (*„litigation privilege"*) kann der Schriftverkehr auch mit jedem anderem rechtlichen Berater, wie einem Mitarbeiter einer Gewerkschaft oder eines Arbeitsgeberverbands, geheim gehalten werden.[492]

Auch dürfen Schriftverkehr oder Gespräche zwischen den Parteien über einen möglichen Vergleichsschluss, den sogenannten *without prejudice*-Schreiben oder Unterhaltungen, vor Gericht grundsätzlich nicht offengelegt werden.[493] In *Independent Research Services v Catterall Ltd* [1993] schrieb ein Arbeitnehmer an den beklagten Arbeitgeber mit dem Angebot, zu veränderten Bedingungen wiedereingestellt zu werden. Er verfasste das Schreiben als Vergleichsangebot mit dem Vermerk *without prejudice.* Zuvor hatte der Arbeitnehmer Klage auf Schadensersatz wegen Vertrauensbruch innerhalb des Arbeitsverhältnisses erhoben. Der Arbeitgeber wollte das Vergleichsangebot als Beweis für ein vorhandenes Vertrauen verwenden, da der Arbeitnehmer bei wirklichem Vertrauensbruch nicht mehr bei ihm arbeiten wollen würde. Das EAT verweigerte den Antrag auf Offenlegung des Vergleichsangebots unter Berufung auf die *without prejudice*-Regel.

III. Fragebögen in Diskriminierungsfällen

In Diskriminierungsfällen hat der Arbeitgeber Fragebögen auszufüllen, die es dem Arbeitnehmer ermöglichen, eine Diskriminierung leichter nachzuweisen.[494] Die Fragebögen stellen eine Ausnahme von dem in England sowie in Deutschland unzulässigen Ausforschungsbeweis dar. So kann der Arbeitnehmer beispielsweise Kenntnis davon erlangen, ob es eine Gleichberechtigungspolitik oder eine Frauenquote gibt und in welchen Hierarchieebenen

---

490 *Balabel v Air India* [1988] 2 WLR 1036 (1049), [1988] 2 All ER 246 (259); Blackstone's Employment Law Practice, 6.96, p. 108; *Cunningham/Reed,* 3.42, p. 83.

491 *Howes v Hinckley and Bosworth Borough Council* UKEAT/0213/08/MAA, 4 July 2008, unreported, paras 5, 28; *New Victoria Hospital v Ryan* [1993] ICR 201 (203), [1993] IRLR 202 (204).

492 *Scotthorne v Four Seasons Conservatories (UK) Ltd,* UKEAT/0178/10, 14 May 2010, unreported, paras 19, 22; *Cunningham/Reed,* 3.46, p. 84; Tolley's Employment Handbook, 19.44, p. 540.

493 *Independent Research Services v Catterall Ltd* [1993] ICR 1 (3, 5, 6), EAT; *Rush and Tompkins v GLC* [1989] AC 1280 (1299, 1305), [1989] 3 WLR 939 (958, 964); Blackstone's Employment Law Practice, 6.103, p. 110; *Cunningham/Reed,* 3.41, p. 83; 5.11, p. 148; Tolley's Employment Law Practice, 19.13, p. 507.

494 *Cunningham/Reed,* 3.52, p.87; *Manley/Heslop,* Employment Tribunals, 4.10, p. 74; *Taylor/Emir,* Employment Law, p. 579. Beispiele für Diskriminierungsfragebögen können auf http://www.homeoffice.gov.uk/publications/equalities/equality-act-publications/complaints-Equality-Act/ heruntergeladen werden, zuletzt aufgerufen am 01.06.2012.

Frauen und ethnische Minderheiten beschäftigt werden. Auch kann der Arbeitnehmer die Anfertigung einer Statistik, z.B. bezüglich der Herkunft und des Geschlechts der im Betrieb beschäftigten Personen, anfordern.[495] Sollte der Arbeitgeber den Fragebogen nicht oder nur unvollständig ausfüllen, kann das Gericht hieraus nachteilige Schlüsse ziehen und die Diskriminierung als bestätigt ansehen.[496] Daher ist es für den Arbeitgeber oft besser, die Fragebögen möglichst vollständig auszufüllen, um nachteilige Schlussfolgerungen zu vermeiden.

IV. Erstellen von „bundles"

Eine Besonderheit des englischen Rechtssystems ist die Erstellung von *„bundles"* für die Hauptverhandlung. *Bundles* sind durchnummerierte Skripten mit einem vorangestellten Index, die alle für die Hauptverhandlung wichtigen Dokumente enthalten, wie die Klage, die Klageerwiderung, Fragebögen, gerichtliche Anordnungen und die *witness statements*.[497] *Bundles* dienen der Verfahrensbeschleunigung, da das Gericht und die Parteien die jeweiligen Dokumente in der mündlichen Verhandlung leichter und schneller finden sowie lesen können. Unwichtige Dokumente sollten daher der Übersichtlichkeit halber nicht einbezogen werden.[498] Ein *bundle* wird in der Regel von beiden Parteien zusammen erstellt, nachdem das *Employment Tribunal* hierzu eine Anordnung erlassen hat. Hierbei kann es leicht zum Streit darüber kommen, welche Dokumente das *bundle* beinhalten soll, da jede Partei für sich möglichst vorteilhafte Dokumente präsentieren möchte.[499]

V. Zeittafel und „skeleton arguments"

Ein sich über einen langen Zeitraum erstreckender Streitgegenstand erfordert im Einzelfall die Erstellung einer Zeittafel.[500] Das Gericht kann die Geschehnisse so schon zu Beginn des Verfahrens leichter nachvollziehen. Daneben erstellen die Parteien für ein besseres Fallverständnis auf Seiten des Gerichts vor der mündlichen Verhandlung oft auch *„skeleton arguments"*. *Skeleton arguments* stellen eine kurze Zusammenfassung des Sachverhalts und eine Auflistung der rechtlichen Probleme dar und werden mit einem Vorschlag zur Falllösung verbun-

---

495 *Cunningham/Reed,* 3.68, p. 91; *Taylor/Emir,* Employment Law, p. 579.

496 *Dattani v Chief Constable of West Mercia Police* [2005] IRLR 327, para 53.

497 Blackstone´s Employment Law Practice, 9.13, p. 129; *Goodier/Parkin,* 10.4.6.2, p. 230.

498 Blackstone´s Employment Law Practice, 9.14, p. 129; *Cunningham/Reed,* 7.7, p. 199; *Goodier/Parkin,* 10.4.6.2, pp. 230, 231.

499 *Cunningham/Reed,* 7.5, p. 198, *Manley/Heslop,* Employment Tribunals, 9.2, p. 136; Tol-ley´s Employment Handbook, 19.42, p. 539.

500 Blackstone´s Employment Law Practice, 9.23, p. 131; *Cunningham/Reed,* 7.28, 7.29, pp. 205, 206; *Goodier/Parkin,* 10.4.1, pp. 226, 227; *Manley/Heslop,* Employment Tribunals, 9.4, p.142; Tottel´s ET Handbook, 17.6, p. 244.

den.[501] Ebenso wie eine Zeittafel sind *skeleton arguments* nicht obligatorisch zu erstellen, es sei denn, das *Employment Tribunal* hat dies ausdrücklich angeordnet.[502] Sie dienen aber der Übersichtlichkeit und helfen unter Umständen sogar den Fall zu gewinnen. Letztlich entsprechen *skeleton arguments* einer sorgfältig abgefassten Klageschrift oder Klageerwiderung im deutschen Recht, da hier Sachverhalt, rechtliche Probleme und eine Falllösung zugunsten der jeweiligen Partei aufgezeigt werden.

B. Die mündliche Verhandlung („main hearing")

Nach ETR 2004, schedule 1, r 26 (1) dient die mündliche Verhandlung (*„main hearing"*) der Klärung von offenstehenden prozessualen oder materiell-rechtlichen Fragen und der Prozessbeendigung.[503]

I. Abgrenzung zu anderen Arten von mündlichen Verhandlungen

Im englischen Recht gibt es viele verschiedene Arten von mündlichen Verhandlungen, doch nur das *main hearing* entspricht der mündlichen Verhandlung vor deutschen Arbeitsgerichten. Nach ETR 2004, schedule 1, r 14 (1)[504] sind als mündliche Verhandlungen die CMD[505], die PHR[506], das *interim relief hearing*[507], das *main hearing* und das *review hearing* definiert. Während die CMD, die PHR und das *interim relief hearing* nur formelle Fragen oder Vorfragen behandeln, wird die abschließende Entscheidung in einem *main hearing* getroffen. Ein *review hearing* erfolgt anschließend, wenn eine arbeitsgerichtliche Entscheidung mit einer *review*[508] überprüft wird. Das *main hearing* ist die wichtigste mündliche Verhandlung: hier entscheidet sich, ob eine Klage erfolgreich sein wird.

---

501 Blackstone's Employment Law Practice, 9.24, p. 131; *Goodier/Parkin,* 10.5.1, p. 232; *Manley/Heslop,* Employment Tribunals, 9.4, p.142; *McMullen,* Employment Tribunal Procedure, 15.8, p. 219; Tottel's ET Handbook, 17.16, p. 250.

502 *Goodier/Parkin,* 10.5.1, p. 232; *Manley/Heslop,* Employment Tribunals, 9.4, p. 142; *McMullen,* Employment Tribunal Procedure, 15.8, p. 219.

503 ETR 2004, schedule 1, r 26 (1) A Hearing is held for the purpose of determining outstanding procedural or substantive issues or disposing of the proceedings.

504 ETR 2004, schedule 1, r 14 (1) An Employment Judge or a tribunal (depending on the relevant rule) may hold the following types of hearing — (a) a case management discussion under rule 17; (b) a pre-hearing review under rule 18; (c) a hearing under rule 26; or (d) a review hearing under rule 33 or 36.

505 Zu den CMD siehe oben: Teil 4 § 8, B., S. 77, 78.

506 Zu der PHR siehe oben: Teil 4 § 8, C., S. 78-80.

507 Zu dem *interim relief hearing* siehe oben: Teil 4 § 8, D., S. 80.

508 Zur *review* siehe unten: Teil 5 § 12 A, S. 123-127.

II. Ablauf des „main hearing“

Main hearings können je nach Inhalt in mehrere einzelne *hearings* aufgeteilt werden, in eines über den Streitgegenstand an sich, in eines über die Art der Abhilfemaßnahme[509] und in eines über Kosten[510].[511] Aufgrund des stark ausgeprägten Mündlichkeitsprinzips[512] sind *main hearings* meist mit drei oder mehr Sitzungstagen am Stück angesetzt.

Main hearings werden öffentlich abgehalten. Ein Ausschluss der Öffentlichkeit kann nur in gesetzlich vorgesehenen Fällen vorgenommen werden, etwa bei Vertrauensangelegenheiten oder wenn eine öffentliche Verhandlung dem Unternehmen einer Partei oder eines Dritten schweren Schaden zufügen würde.[513] Bei bestimmten Fällen einer sexuellen Belästigung oder einer Diskriminierung wegen Behinderung kann das *Employment Tribunal* eine Anordnung erlassen, die den Medien eine Identifikation der Parteien verbietet.[514]

1. Prozessbeginn

Die Parteien und alle für den Prozess wichtige Personen sollten bereits eine Stunde vor Beginn der mündlichen Verhandlung bei Gericht erscheinen. Zum einen kann hier noch einmal das Vorgehen in der mündlichen Verhandlung besprochen und die Zeugen eingewiesen werden. Zum anderen führen die Parteien aus taktischen Gründen oft erst hier Vergleichsgespräche, was auch kurz vor Verhandlungsbeginn noch zu einem Vergleichsschluss führen kann.[515] Im Gerichtsgebäude gibt es eigens für diese Wartezeit geschaffene Räume, in denen sich Kläger und Beklagter getrennt voneinander aufhalten und vorbereiten können.

---

509 Zu Abhilfemaßnahmen („*remedies*“) siehe unten Teil 4 § 10, D. I.-III., S. 105-110.

510 Zur Kostentragung siehe unten Teil 4 § 10 E. I.-III., S.110-115.

511 ETR 2004, schedule 1, r 26 (1) … In any proceedings there may be more than one Hearing and there may be different categories of Hearing, such as a Hearing on liability, remedies, costs....

512 Zum Mündlichkeitsprinzip siehe oben Teil 4 § 7 G., S. 74, 75.

513 ETR 2004, schedule 1, r 16 (1) A hearing or part of one may be conducted in private for the purpose of hearing from any person evidence or representations which in the opinion of the tribunal or Employment Judge is likely to consist of information … (b) which has been communicated to him in confidence, or which he has otherwise obtained in consequence of the confidence placed in him by another person; or (c) the disclosure of which would, for reasons other than its effect on negotiations … cause substantial injury to any undertaking of his or any undertaking in which he works.

514 Eine sogenannte „*restricted reporting order*“, vgl. ETR 2004, schedule 1, r 50 (1) A restricted reporting order may be made in the following types of proceedings: — (a) any case which involves allegations of sexual misconduct; (b) proceedings under the Equality Act in which evidence of a personal nature is likely to be heard by the tribunal or an Employment Judge — (i) on a complaint … relating to disability … (8) Where a tribunal or Employment Judge makes a restricted reporting order— (a) it shall specify in the order the persons who may not be identified….

515 *Goodier/Parkin,* 11.2.5, p. 240; *Manley/Heslop,* Employment Tribunals, p. 153; *Taylor/Emir,* Employment Law, p. 580; Tottel´s ET Handbook, 18.2, pp. 253, 254.

Die Parteien werden mit allen Zeugen gemeinsam von einem Geschäftsbeamten in den Sitzungssaal gebeten, in dem der Beklagte in der Regel auf der linken Seite und der Kläger auf der rechten Seite der Richterbank Platz nehmen.[516] Aus der Sicht eines deutschen Juristen fällt auf, dass sich nicht erst die Parteien setzen und dann die Richter eintreten. Vielmehr dürfen die Parteien sowie jegliche Zuschauer den Gerichtssaal erst betreten, wenn die Richter ihren Platz eingenommen haben. Diese Prozedur wird bei jeder Unterbrechung der Sitzung vollzogen. Alle anwesenden Personen müssen bei einer Sitzungsunterbrechung vor dem Richterkolleg den Saal verlassen und dürfen bei Fortsetzung auch erst dann eintreten, wenn sich alle Richter auf der Empore eingefunden haben. Das Richterkolleg sitzt zwar erhöht, aber in nicht allzu großer Distanz von den Parteien.

Zeugen müssen im Gegensatz zu deutschen arbeitsgerichtlichen Prozessen[517] während des ganzen Verfahrens anwesend sein.[518] Sie sitzen im Zuschauerraum mittig hinter den Parteien. Ist eine Partei der englischen Sprache nicht mächtig, wird ihr ein Übersetzer bestellt, der vor Beginn der Verhandlung einen Eid oder eine eidesgleiche Bekräftigung ablegt.

2. Einführung in den Sach- und Streitstand

Der Vorsitzende Richter erörtert anschließend den Sach- und Streitstand. Er legt zu lösende Rechtsfragen fest und erklärt rechtlich nicht vertretenen Parteien den Verhandlungsablauf.[519] Zu diesem Zeitpunkt streben die Richter vor allem bei geringen Streitwerten vehement einen Vergleich an, fügen sich aber bei Scheitern eines Vergleichsversuchs ihrer Pflicht zur Entscheidung des Rechtstreits: *„...then we will fulfill our duty and decide the case.“*[520].

3. Einführungsworte der Parteien („opening statements“)

Die Parteien können jeweils zur Verfahrenseinführung einleitende Worte sprechen (*„opening statements“*). Ein *opening statement* kann in manchen Fällen wegen seltener Rechtsfragen oder für eine Einführung in ein umfangreiches *bundle* sinnvoll sein. Grundsätzlich ist die Einführung durch ein *opening statement* aber eher unüblich, da die Vorgehensweise im Prozess oder auch Rechtsfragen in Vorverfahren festgelegt werden können und eine rechtliche Argumentation vielmehr durch *skeleton arguments* aufgezeigt werden sollte.[521] Wenn sich eine

---

516 Tottel's ET Handbook, 18.3, p. 254.
517 Während der Vernehmung anderer Zeugen dürfen sich Zeugen in deutschen arbeitsgerichtlichen Verfahren nicht im Sitzungssaal befinden, § 394 I ZPO, um eine Angleichung der Zeugenaussagen zu vermeiden.
518 *Manley/Heslop,* Employment Tribunals, pp. 153, 157, Tottel's ET Handbook, 18.3, p. 254.
519 *Manley/Heslop,* Employment Tribunals, p. 154; *Taylor/Emir,* Employment Law, p. 580; Tolley's Employment Handbook, 19.56, p. 549.
520 *Employment Judge* Paul Stewart in einer Verhandlung am 20.01.2012.
521 *Cunningham/Reed,* 8.17, p. 225; *Manley/Heslop,* Employment Tribunals, p. 157.

Partei dennoch zu einem *opening statement* entschließt, sollte dies möglichst kurz gefasst werden.[522]

Das Gericht kann sich anschließend in das *bundle* einlesen, was einen Vormittag oder auch längere Zeit in Anspruch nehmen kann.[523] Am besten ist daher vorab zu klären, ob und wie lange das *Employment Tribunal* eine Einlesezeit braucht, da die Parteien und Zeugen ansonsten unnötig lange warten oder umsonst erscheinen, da die Beweisaufnahme auch erst am nächsten Tag stattfinden kann.

4. Beweisaufnahme

Anschließend kommt es zur Beweisaufnahme, dem Hauptteil jeder mündlichen Verhandlung. Nach ETR 2004, schedule 1, r 27 (1)[524] dürfen die Parteien Beweise erheben, Zeugen berufen, diese befragen und das *tribunal* diesbezüglich ansprechen. Auch wenn das *Employment Tribunal* daneben ebenfalls zur Zeugenbenennung und Verfahrensleitung berechtigt ist,[525] ist es grundsätzlich Aufgabe der Parteien, Tatsachen zu beweisen und Rechtsfragen anzusprechen.[526] Die Aufgabe des *Employment Tribunal* beschränkt sich darauf, die Parteien zu unterstützen und den Grundsatz des fairen Verfahrens zu gewährleisten.[527] Es kann eine Zeugeneinvernahme allerdings auch ausschließen, wenn der Zeuge lediglich bereits erwiesene Tatsachen wiederholt oder dessen Aussage einen nur unerheblichen Beweiswert besitzt.[528]

Als allgemeine Regel gilt, dass die Person, die die Beweislast trägt, die Beweisaufnahme eröffnet.[529] Bei Kündigungsschutzklagen beginnt daher der Beklagte, da er die Wirksamkeit der

---

522 Blackstones's Employment Law Practice, 9.87, p.140.

523 *Cunningham/Reed,* 8.20, p. 226; *Manley/Heslop,* Employment Tribunals, p. 157.

524 ETR 2004, schedule 1, r 27 (1) Subject to rule 14 (3), at the Hearing a party shall be en-titled to give evidence, to call witnesses, to question witnesses and to address the tribunal.

525 ETR 2004, schedule 1, r 14 (3) The Employment Judge or tribunal (as the case may be) shall make such enquiries of persons appearing before him or it and of witnesses as he or it considers appropriate and shall otherwise conduct the hearing in such manner as he or it considers most appropriate for the clarification of the issues and generally for the just handling of the proceedings.

526 *Mensah v East Hertfordshire NHS Trust* [1998] IRLR 531 (537), CA; *Aberdeen Steak House Group Plc v Ibrahim* [1988] ICR 550 (557), [1988] IRLR 420 (427); *Kumchyk v Derby County Council* [1978] ICR 1116 (1123), EAT; *Barners v BPC (Business Forms) Ltd* [1975] ICR 390 (393), [1975] IRLR 397 (399).

527 Mummery LJ in *Bache v Essex County Council* [2000] 2 All ER 847 (857), [2000] ICR 313 (323), [2000] IRLR 251 (261): „*At the Hearing the tribunal must follow a procedure which is fair to both sides. It must normally allow each party to call evidence, to ask relevant questions of the other side's witnesses and make relevant submissions on the evidence and the law.*".

528 *HSBC Asia Holdings BV and another v Gillespie* [2011] ICR 192, [2011] IRLR 209, para 13 (4); *Digby v East Cambridgeshire District Council* [2007] IRLR 585, paras 16-20.

529 *Gill v Harold Andrews Sheepbridge Ltd* [1974] ICR 294 (295), [1974] IRLR 109 (110), NIRC; Blackstone's Employment Law Practice, 9.83, p. 140; *Cunningham/Reed,* 8.14, p. 224; *Manley/Heslop,* Employment Tribunals, 10.4, p. 157; *Taylor/Emir,* Employment Law, p. 580; Tolley's Employment Handbook, 19.56, p. 550.

Kündigung beweisen muss. Bei Diskriminierungsklagen, bei Vertragsverletzungsklagen oder bei Klagen wegen nichtgezahltem Lohn ist der Kläger hingegen beweisbelastet, sodass er als erste Partei Tatsachen unter Beweis stellt.[530]

In der Regel besteht die Beweisaufnahme des *main hearing* aus einer oder mehreren Zeugeneinvernahmen. Schon der Zeugenbegriff ist in England weiter gefasst als in Deutschland. Im großen Unterschied zum deutschen Recht kann jede Partei selbst als Zeuge aussagen, ebenso wie der Sachverständige.[531]

Auch läuft die Zeugeneinvernahme anders als im deutschen Recht ab. Die Zeugenaussage wird grundsätzlich unter Eid oder eidesgleicher Bekräftigung erbracht.[532] Nicht der Richter, sondern die beweisbelastete Partei, die den Zeugen benannt hat, beginnt mit der Befragung, die sich auf das *witness statement* bezieht und deshalb *evidence in chief*[533] genannt wird. Bis zum 05.04.2012 musste jeder Zeuge vor der Befragung sein *witness statement* vorlesen. Je nach rechtlicher Vertretung, Wichtigkeit der Aussagen und Komplexität ließ das Gericht auch nur Teile des *witness statement* in der Verhandlung vortragen, während es die restliche Aussage für sich las.[534] *Witness statements* werden nach der neuesten Reform der ETR 2004[535] nicht mehr vorgelesen, sondern gelten auch ohne Verlesung als in den Prozess eingeführt, vgl. ETR 2004, schedule 1, r 27 (2)[536]. Die früher übliche Vorgehensweise ist für mündliche Verhandlungen ab dem 06. 04 2012 nur noch auf ausdrückliche Anordnung des *tribunal* mög-

---

530 *Hawker Siddeley Power Engeneering Ltd v Rump* [1979] IRLR 425; Blackstone's Em-ployment Law Practice, 9.83, p. 140; *Cunningham/Reed,* 8.14, p. 224; *Manley/Heslop,* Employment Tribunals, 20.4, p. 157; *Taylor/Emir,* Employment Law, p. 580. Da Kündigungsschutzklagen am häufigsten erhoben werden, eröffnet der Beklagte in den meisten Fällen die Beweisaufnahme.

531 *Dreymüller,* ZVglRWiss 101 [2002], 471 (472). Als Sachverständiger gilt in England jeder, der eine ausreichende Ausbildung und genügend Qualifizierung in einem bestimmten Fachgebiet hat, um das *Employment Tribunal* bei seiner Rechtsfindung zu unterstützen, vgl. *McGrath,* Experts in the ET, pp. 3, 4. Leitender Fall zu Zeugeneinvernahme eines Sachverständigen ist: *De Keyser Ltd v Wilson* [2001] IRLR 324.

532 ETR 2004, schedule 1, r 27 (3) The tribunal shall require parties and witnesses who attend the Hearing to give their evidence on oath or affirmation.

533 Als *evidence in chief* bezeichnet man in England neben der Befragung durch die den Zeugen stellende Partei auch den Zeugenbeweis der beweisbelasteten Partei als Beweisart an sich. Im Folgenden wird der Begriff *evidence in chief* nur für die Befragung der beweisbelasteten Partei verwendet.

534 *Mehta v Child Support Agency* [2011] IRLR 305 (305), [2011] ICR 7 (8); Tolley's Employment Law Practice, 19.46, p. 541; *Davey/Djangoly,* Resolving workplace disputes, pp. 39, 40.

535 Diese Reform erfolgte aufgrund eines Regierungsvorschlags und gleicht die arbeitsgerichtlichen Verfahrensregeln insoweit den zivilgerichtlichen Verfahrensregeln an, nach denen *witness statements* generell als verlesen und in den Prozess eingeführt gelten, vgl. *Davey/Djangoly,* Resolving workplace disputes, pp. 6, 40, 41; CPR 1999, r 32.5 (2) Where a witness is called to give oral evidence under paragraph (1), his witness statement shall stand as his evidence in chief unless the court orders otherwise.

536 ETR 2004, schedule 1, r 27 (2) Where a witness is called to give oral evidence, any witness statement of that person shall stand as that witness's evidence in chief unless the tribunal or Employment Judge orders otherwise.

lich.[537] Die Partei befragt den Zeugen wegen der direkten Einführung des *witness statement* in der Regel nur noch auf dessen Richtigkeit und bittet um mündliche Bestätigung. Problematisch an dieser Vorgehensweise ist aber, dass Unklarheiten bei *witness statements* oft nur durch Zeugenbefragung beseitigt werden können, gerade wenn die Parteien nicht rechtlich vertreten sind. Diese Befragung kann gleich bei Verlesen der *statements* geschehen, sodass durch eine direkte Einführung der *witness statements* nicht viel Zeit gespart werden wird.

Eine Vernehmung des eigenen Zeugen im Kreuzverhör, der sogenannten *„cross-examination"*, ist nicht möglich.[538] Das Gericht kann jedoch im Rahmen seines *case management* ausnahmsweise ein Kreuzverhör anordnen, wenn der Zeuge der ihn berufenden Partei feindlich gesinnt ist und ersichtlich nicht wahrheitsgemäß aussagt.[539] Bei lediglich nachteiliger Aussage des eigenen Zeugen bleibt der Partei nur die Möglichkeit, weitere Beweise zu erheben.

Nach der *evidence in chief* wird der Zeuge von der gegnerischen Partei in einem Kreuzverhör vernommen. [540] Das Kreuzverhör soll in einer kämpferisch anmutenden Befragung Klarheit über streitige Tatsachen schaffen und den Zeugen dazu bringen, Fakten zuzugeben, die für die gegnerische Partei vorteilhaft sind.[541] Auch kann es Sinn eines Kreuzverhörs sein, den Zeugenbeweis als falsch oder ungenau hinzustellen.[542] Dies wird oft dadurch erreicht, dass nach einer Antwort möglichst schnell eine neue Frage gestellt wird, damit der Zeuge nicht lange über eine Antwort nachdenken kann.[543] Ohne langes Überlegen gibt der Zeuge oftmals eine unverfälschte und für die fragende Partei günstige Antwort. Auch wird der Zeuge nach Begrifflichkeiten und Details gefragt, um ihn in Widersprüche zu verwickeln, sofern er lügen sollte. Endlos langen Kreuzverhören muss das *Employment Tribunal* aber nicht folgen, sondern ist vielmehr verpflichtet, die Vernehmung in einem angemessenen Rahmen zu halten.[544]

---

537 ETR 2004, schedule 1, r 27 (2) siehe oben Teil 4 § 9 B. II. 4., S. 92, Fn. 536.

538 Blackstone's Employment Law Practice, 9.119, p. 146; *Cunningham/Reed,* 4.67, p. 132; Tolley's Employment Handbook, 19.57, p. 551.

539 Vgl. ETR 2004, schedule 1, r 10, siehe oben Teil 4, § 7, F, S. 72, 73, Fn. 417. Siehe auch *Kuttapan v London Borough of Croydon and others* [1999] IRLR 349, para 33; Blackstone's Employment Law Practice, 9.120, p. 146, *Goodier/Parkin,* 11.10.5, p. 258. Ein der Partei feindlich gesinnter Zeuge wird *„hostile witness"* genannt.

540 *Cunningham/Reed,* 8.13, pp. 223, 224; *Taylor/Emir,* Employment Law, p. 580.

541 Blackstone's Employment Law Practice, 9.121, p. 146; *Cunningham/Reed,* 7.54, p. 211; *Manley/Heslop,* Employment Tribunals, 10.4, p. 160; Tolley's Employment Handbook, 19.57, pp. 550, 551, Tottel's ET Handbook, 20.14, pp. 274, 275.

542 Blackstone's Employment Law Practice, 9.121, p. 146; *Cunningham/Reed,* 7.56, p. 211; Tolley's Employment Handbook, 19.57, p. 550.

543 *Manley/Heslop,* Employment Tribunals, 10.4, p. 161.

544 *Gulson v Zurich Insurance Co* [1998] IRLR 118, EAT; *Bache v Essex County Council* [2000] 2 All ER 847 (849), [2000] ICR 313 (315), [2000] IRLR 251 (259); Tolley's Employment Handbook, 19.56, p. 549.

Hierbei fällt auf, dass die Richter geduldiger sind, wenn eine Partei das Kreuzverhör selbst führt und nicht anwaltlich vertreten ist.

Anschließend befragt das *tribunal* den Zeugen.[545] Hier ist zu beobachten, dass sich nicht nur der Vorsitzende Richter, sondern auch die nachfolgend fragenden *Lay members* sehr bei der Zeugenbefragung engagieren. Sie befragen die Zeugen zum Teil ebenso lange und genau wie der Vorsitzende Richter. Man sieht an ihrem Engagement deutlich, dass sie dem rechtlich ausgebildeten Richter bei der Entscheidung gleich stehen. Alle drei Richter wollen jegliche Unklarheit eines Falles durch ihre Fragen beseitigen und verlassen sich nicht auf die Befragung der Parteien.

Die Partei, die den Zeugen gestellt hat, kann vor oder nach der Befragung des *tribunals* in einer zweiten Befragung (*„re-examination"*) weitere Fragen stellen und durch das Kreuzverhör aufgeworfene Unklarheiten beseitigen. Grundsätzlich sollte eine *re-examination* aber unterbleiben, da ein durch das Kreuzverhör in seiner Glaubwürdigkeit oder Genauigkeit beeinträchtigter Zeuge keine positiven, neuen Tatsachen beizutragen hat und er im Zweifel alles Wichtige schon bei seiner ersten Befragung gesagt hat.[546] Eine *re-examination* ist nur dann sinnvoll, wenn der Zeuge eine Frage nicht richtig verstanden hat und seine Aussage durch eine Klarstellung wieder an Beweiswert gewinnt.[547]

Sobald die beginnende Partei alle Zeugen befragt hat, werden die Zeugen der anderen Partei wiederum durch eine *evidence in chief*, ein Kreuzverhör, eine Befragung durch das *tribunal* und eine *re-examination* vernommen.[548]

Neben der Zeugeneinvernahme werden in der Beweisaufnahme Dokumente verlesen oder Objekte in Augenschein genommen, wobei ein Vorgehen bei diesen Beweisarten im Gegensatz zum deutschen Recht nicht explizit durch Gesetz geregelt ist. Sollten in der Beweisaufnahme Dokumente eingeführt werden, ist es sinnvoll, sie soweit möglich in den *witness statements* in chronologischer Reihenfolge zu erwähnen.[549] Es sollten Verweise auf entsprechende Dokumente in den *statements* angebracht werden, um das Gericht während der Befassung mit den *witness statements* zum Lesen der Dokumente zu verleiten.[550] Nur selten liest

545 Blackstone's Employment Law Practice, 9.125, p. 147; *Cunningham/Reed,* 8.13, pp. 223, 224; *Taylor/Emir,* Employment Law, p. 580.
546 *Cunningham/Reed,* 8.39, p. 230; Tottel's ET Handbook, 20.17, p. 279.
547 Blackstone's Employment Law Practice, 9.126, p.147; *Cunningham/Reed,* 8.40, p. 230.
548 *Cunningham/Reed,* 8.13, p. 224, 10.5, p. 162; *Goodier/Parkin,* 11.10.1, p. 254; *Taylor/Emir,* Employment Law, p. 580; Tolley's Employment Handbook, 19.56, p. 550.
549 Blackstone's Employment Law Practice, 9.133, p. 148; Tolley's Employment Handbook, 19.56, p. 550.
550 Tolley's Employment Handbook, 19.56, p. 550.

ein Gericht die Dokumente im *bundle* vorab.[551] Es verlässt sich vielmehr darauf, dass die Parteien alles Notwendige daraus vortragen.

5. Schlussvorträge („submissions")

Nach der Beweisaufnahme bekommt jede Partei die Gelegenheit, rechtliche Argumente in einem Schlussvortrag (*„submission"*)[552] vorzutragen. Die Reihenfolge der *submissions* bestimmt sich danach, wer mit der Beweisaufnahme begonnen hat. Die beginnende Partei soll die Verhandlung als Letzte mit einer *submission* schließen.[553] Dies hat den Vorteil, dass die zuletzt vortragende Partei den Schlussvortrag der anderen entkräften kann. Sie kann sich aber auch auf die eigene Sichtweise der rechtlichen Lage beschränken. Vor allem würdigen die Parteien in den *submissions* Beweise und schließen hieraus für sie günstige rechtliche Schlüsse.

Submissions werden in der Regel mündlich vorgetragen, können aber auch schriftlich verfasst werden, wenn der Fall länger oder komplizierter ist.[554] Auch hier sollten die Parteien die Geduld der Richter nicht strapazieren und den Schlussvortrag knapp halten.

6. Beratung des Gerichts und Urteilsverkündung

Nach den Schlussvorträgen zieht sich das Gericht zur Beratung zurück und fällt im Gegensatz zu deutschen Arbeitsgerichtsverfahren, bei denen eine Entscheidung erst einige Wochen später ergeht, am selben Tag eine Entscheidung. Sollte es mehrere aufgespaltene *main hearings* geben, wird erst eine Entscheidung über die Sache an sich verkündet, bevor ein *main hearing* über etwaige Abhilfemaßnahmen[555] oder über Kosten[556] stattfindet.[557]

III. Rechtsvergleichende Zusammenfassung

In der mündlichen Verhandlung vor dem deutschen Arbeitsgericht ist die Hauptmaxime, statt einer kämpferischen Auseinandersetzung im Kreuzverhör auf eine gütliche Einigung hinzu-

551 Blackstone's Employment Law Practice, 9.133, p. 148.

552 *Submissions* werden auch als *closing speeches* bezeichnet.

553 *Manley/Heslop,* Employment Tribunals, 10.6, p. 164; Tolley's Employment Handbook, 19.56, p. 550; Tottel's ET Handbook, 20.18, p. 280.

554 Vgl. ETR 2004, schedule 1, r 14 (5) If a party wishes to submit written representations for consideration at a hearing … he shall present them to the Employment Tribunal Office not less than 7 days before the hearing and shall at the same time send a copy to all other parties. (6) The tribunal or Employment Judge may, if it or he considers it appropriate, consider representations in writing which have been submitted otherwise than in accordance with paragraph (5). Siehe auch Tolley's Employment Handbook, 19.58, p. 551.

555 Zu Abhilfemaßnahmen (*„remedies"*) siehe unten Teil 4 § 10, D. I.-III., S. 105-110.

556 Zur Kostentragung siehe unten Teil 4 § 10 E., S. 110-115.

557 *Manley/Heslop,* Employment Tribunals, 10.7, pp. 165, 166; Tolley's Employment Handbook, 19.60, p. 553.

wirken, vgl. § 57 II ArbGG. Der Arbeitsrichter stellt im Gegensatz zu englischen Prozessen die Leitfigur dar.

Der größere Teil der Vorbereitung der mündlichen Verhandlung liegt in Deutschland beim Richter und nicht bei den Parteien. Die Parteien müssen keine schriftlichen Zeugenaussagen vorbereiten oder Anträge auf *disclosure* stellen wie in England. Sie bringen Beweismittel auch nicht aus eigenen Stücken zur mündlichen Verhandlung. Entsprechende Anordnungen trifft der Arbeitsrichter nach § 56 I 2 ArbGG im Vorfeld der mündlichen Verhandlung und entscheidet durch Beweisbeschluss nach Anhörung der Parteien in der mündlichen Verhandlung über die Ladung eines Zeugen und dessen Zeugeneinvernahme.

Während in mündlichen Verhandlungen vor deutschen Arbeitsgerichten der Richter die Leitfigur ist, ist er in England nur Randfigur neben der Prozessführung durch die Parteien.[558] Der deutsche Arbeitsrichter leitet die Beweisaufnahme und gestattet den Parteien und deren rechtlichen Vertretern Fragen, vgl. § 46 II ArbGG, § 397 II ZPO. Zu einer eigenständigen Befragung sind die Parteien hingegen nicht befugt. Folglich beginnt das Arbeitsgericht auch mit der Befragung, die die beweisbelastete Partei erst danach fortführt, § 46 II ArbGG, § 397 ZPO. Die Parteien stellen in der Regel auch nicht mehr viele Fragen, da dies als Kritik an der Befragung des Richters gesehen werden könnte.[559]

Auch ein Kreuzverhör durch die gegnerische Partei ist dem deutschen Recht fremd. Einen Zeugen durch eine intensive Befragung einzuschüchtern und von der Unwahrheit seiner Aussage auszugehen, ist sehr auf Konfrontation ausgerichtet.[560] Dieses kämpferische Aufeinandertreffen widerspricht der Maxime aus § 57 II ArbGG, zu jedem Zeitpunkt des Verfahrens eine gütliche Einigung zu erreichen. Während das deutsche Rechtssystem davon ausgeht, dass richterliche Leitung und Einmischung in das Verfahren der Wahrheitsfindung dient, soll dies in England durch eine engagierte Auseinandersetzung der Parteien mit dem jeweils eigenen Standpunkt erreicht werden.[561]

Im englischen Recht sind daher die Parteien oder deren Prozessbevollmächtigte Hauptakteure der mündlichen Verhandlung. Sie bestimmen, welche Zeugen vernommen werden und beeinflussen die Zeugenaussage durch eine anfängliche Befragung. Die Parteien, nicht der

---

558 *Dreymüller,* ZVglRWiss 101 [2002], 471 (475); *Kötz,* JA 1991, 257 (258).
559 *Kötz,* JA 1991, 257 (258). Daneben ist der deutsche Arbeitsrichter sogar nach § 139 ZPO zu rechtlichen Hinweisen verpflichtet, etwa weil der Vortrag lückenhaft oder der angebotene Beweis unvollständig ist.
560 *Devlin,* The Judge, p. 54; *Dreymüller,* ZVglRWiss 101 [2002], 471 (472).
561 *Kötz,* JA 1991, 257 (259).

Employment Judge, sind für einen ersten Eindruck verantwortlich. Eine Befragung durch den englischen Arbeitsrichter erfolgt erst nach dem Kreuzverhör durch die gegnerische Partei, nachdem der „Kampf" zwischen den Parteien um eine möglichst günstige Zeugenaussage vorbei ist. Ein *Employment Judge* wirkt im Vergleich zum deutschen Arbeitsrichter daher wie ein Schiedsrichter bei einem Boxkampf, der auf die Einhaltung der Spielregeln achtet („*to keep the ring*").[562]

§ 10 Die Beendigung des arbeitsgerichtlichen Prozesses

Ein arbeitsgerichtlicher Prozess kann auf viele verschiedene Arten beendet werden. Nur etwa 20% aller Prozesse enden nach einem *main hearing* durch eine gerichtliche Entscheidung. 15% aller Klagen werden zurückgenommen, 8% aus formellen Gründen abgewiesen und mehr als die Hälfte aller Prozesse durch einen Vergleichsschluss beendet.

A. Vergleichsschluss

Gründe für die häufigen Vergleichsschlüsse sind vor allem die Vermeidung von weiteren Kosten sowie die Ersparnis von Zeit und Unannehmlichkeiten.[563] Es kommt häufig nur nicht zu einem Vergleichsschluss, weil ein Angebot finanziell unattraktiv ist oder eine der Parteien der Gerechtigkeit wegen ein Urteil erhalten will.[564]

I. Advisory, Conciliation and Arbitration Service (ACAS)

Häufig werden Vergleiche durch die Vermittlung des ACAS geschlossen.[565] Der ACAS wurde 1975 zur grundsätzlichen Verbesserung der Arbeitgeber-Arbeitnehmerbeziehungen gegründet.[566] Seine gesetzliche Aufgabe ist es, Vergleichsschlüsse vor den *Employment Tribunals* zu fördern und seit 2009 nach eigenem Ermessen auch Streitigkeiten im vorgerichtlichen Stadium zu schlichten.[567] Die Arbeit des ACAS wird durch ein Kollegium geleitet, das aus

---

562 *Dreymüller*, ZVglRWiss 101 [2002], 471 (472); *Kötz*, JA 1991, 257 (258).

563 Blackstone's Employment Law Practice, 5.01, p. 52; *Dickens*, in: Employment Relations in Britain: 25 years of the Advisory, Conciliation and Arbitration Service, p. 76; *Peters*, Findings from the Survey of Employment Tribunal Applications 2008, p. 83.

564 *Peters*, Findings from the Survey of Employment Tribunal Applications 2008, p. 84.

565 ACAS conciliation in ET cases, p. 35; *Latreille*, Settlement of ET cases, pp. 40, 41; *Munday*, (1981)10 ILJ 146 (152). 40% der Vergleiche werden durch den ACAS und nur 18% durch private Schlichtungsversuche geschlossen, vgl. ACAS Annual Report 2010/2011, p. 39; *Dickens*, in: Employment Relations in Britain: 25 years of the Advisory, Conciliation and Arbitration Service, p. 75; *Peters*, Findings from the Survey of Employment Tribunal Applications 2008, p. 78, figure 9.1, p. 79.

566 *Manley/Heslop*, Employment Tribunals, 3.3, p. 36; *Pollmeyer*, RdA 2006, 124 (124); *Selwyn*, 1.1, p. 1; *Smith & Wood's*, p. 12.

567 Vgl. ETA 1996, s 18 (2) Where an application has been presented to an employment tribunal, and a copy of it has been sent to a conciliation officer, it is the duty of the conciliation officer — (a) if he is requested to

einem Vorsitzenden und neun durch den Arbeitsminister ernannten Mitgliedern besteht. Jeweils drei dieser Mitglieder kommen von Arbeitgeber- und Arbeitnehmerseite, die restlichen drei Mitglieder nehmen eine neutrale Position mit meist wissenschaftlichem Hintergrund ein.[568] Der ACAS stellt seine Mitarbeiter selbst ein und ist, auch wenn er im „Auftrag der Krone" arbeitet und öffentliche Aufgaben erfüllt, unabhängig von jeglichen Weisungen der Regierung.[569] Er hat, neben der Schlichtung bei arbeitsgerichtlichen Streitigkeiten, die Beratung von Arbeitgebern, Arbeitnehmern, Gewerkschaften und Unternehmen, die Entwicklung von Beschäftigungsleitfäden und die Durchführung von außergerichtlichen Schiedsverfahren zur Aufgabe.[570] Im kollektivrechtlichen Bereich vermittelt der ACAS zwischen Gewerkschaften und Arbeitgebern in einem Tarifkonflikt.[571] Seit Juni 2007 schlichtet der ACAS auch bei ausgewählten Fällen des EAT, wenn z.B. das Arbeitsverhältnis zwischen den Parteien nach erstinstanzlicher Entscheidung fortdauert, wenn das Verfahren bei erfolgreicher Berufung an ein *Employment Tribunal* zurückverwiesen werden würde oder wenn sich die Berufung auf Schadensersatz bezieht.[572]

Nach Eingang der Klage werden alle für eine Schlichtung notwendigen Dokumente an einen Schlichtungsangestellten der ACAS übersendet.[573] Eine Vermittlung durch den ACAS ist nicht verpflichtend, sondern kann von den Par-teien freiwillig und kostenfrei in Anspruch genommen werden.[574] Wird der ACAS aber durch die Parteien angerufen, ist er zur Schlichtung verpflichtet, vgl. ETA 1996, s 18 (2A)[575]. Eine Frist für die Anrufung des ACAS und

---

do so by the person by whom and the person against whom the proceedings are brought, or (b) if, in the absence of any such request, the conciliation officer considers that he could act under this subsection with a reasonable prospect of success. Siehe auch ACAS Annual Report 2010/2011, pp. 14, 15.

568 TULCRA 1992, s 248 (1) ACAS shall be directed by a Council which ... shall consist of a chairman and nine ordinary members appointed by the Secretary of State. (2) Before appointing those ordinary members of the Council, the Secretary of State shall — (a) as to three of them, consult such organisations representing employers as he considers appropriate, and (b) as to three of them, consult such organisations representing workers as he considers appropriate.... Vgl. auch *McMullen,* Employment Tribunals Procedure, 13.18, p. 188; *Selwyn,* 1.1, p. 1.

569 *Kahn-Freund,* Labour and the Law, p. 78; *Selwyn,* 1.2, p. 1.

570 *Manley/Heslop,* Employment Tribunals, 3.3, p. 36; *McMullen,* Employment Tribunals Procedure, 13.19, p. 188; *Pollmeyer,* RdA 2006, 124 (124); *Selwyn,* 1.4, 1.6, 1.13, pp. 1, 2, 4; *Taylor/Emir,* Employment Law, p. 575.

571 *Pollmeyer,* RdA 2006, 124 (125); *Smith & Wood's,* p. 13.

572 Blackstone's Employment Law Practice, 18.44, p. 260; *Burton,* (2005) 34 ILJ 273 (279). Vgl. auch EATR 1993, r 36 Where at any stage of any proceedings it appears to the Appeal Tribunal that there is a reasonable prospect of agreement being reached between the parties or of disposal of the appeal or a part of it by consensual means, the Tribunal may take such steps as it thinks fit to enable the parties to avail themselves of any opportunities for conciliation, whether by adjourning any proceedings or otherwise.

573 ETR 2004, schedule 1, r 21, siehe oben Teil 4, § 8, E., S. 84, Fn. 469.

574 ACAS conciliation in ET cases, p. 9; *Pollmeyer,* RdA 2006, 124 (124); *Sen,* IDS Pay Report 2010, 1045, 17 (17); *Taylor/Emir,* Employment Law, p. 575.

575 ETA 1996, s 18 (2A) Where employment tribunal procedure regulations include provision postponing the fixing of a time and place for a hearing for the purpose of giving an opportunity for the proceedings to be

eine mögliche Vermittlung wurde im Jahr 2008 abgeschafft, vielmehr kann der ACAS nun zu jedem möglichen Zeitpunkt vermitteln.[576] Nach einem Regierungsvorschlag von Januar 2011 soll eine Klage vor Einreichung bei Gericht sogar in jedem Fall dem ACAS vorgelegt werden.[577]

Das vorrangige Ziel der Vermittlung durch einen ACAS-Schlichter ist es, einen Vergleich zu schließen, den dieser in der konkreten Angelegenheit als passend erachtet. Es geht nicht darum, eine für die Parteien rechtlich richtige Lösung zu finden,[578] da der ACAS-Schlichter aufgrund Wahrung größtmöglicher Unparteilichkeit keinen Rechtsrat erteilen darf.[579] Die Verhandlungen vor dem ACAS bleiben grundsätzlich auch vertraulich und können nicht ohne Zustimmung der Parteien für das *Employment Tribunal*-Verfahren verwertet werden, vgl. ETA 1996, s 18 (7)[580]. Zusammenfassend kann man eine Vermittlung durch den ACAS daher als *„voluntary, free, impartial, independent and confidental"*[581] bezeichnen.

Wird eine Einigung durch den ACAS erreicht, bindet sie beide Parteien und schließt den Rechtsstreit ab.[582] Die Vereinbarung soll die rechtlichen Beziehungen zwischen den Parteien umfassend regeln, sodass daraus keine Klagen mehr entstehen können.[583] Bei der Vermittlung durch einen ACAS-Schlichter gilt kein Formzwang, sodass ein Vergleich sogar mündlich

---

settled by way of conciliation and withdrawl, (2) shall have effect from the end of the postponement to confer a power on the conciliation officer, instead of imposing a duty.

576 *Boon/Urwin/Karuk,* (2001) 40 ILJ 45 (51), fn 22; Tolley's Employment Handbook, 19.30, p. 527. Siehe zur alten Rechtslage mit strikten Fristen: *McMullen,* Employment Tribunal Procedure, 13.24-13.35, pp. 190-194.

577 *Davey/Djangoly,* Resolving workplace disputes, pp. 21-23. Dieser Vorschlag ist bis jetzt noch nicht gesetzlich umgesetzt worden. Die Mehrheit der Parteien wünscht aber laut einer Studie des ACAS aus 2007 eine Befassung des ACAS mit dem Rechtsstreits bereits vor Klageerhebung, siehe: ACAS conciliation in ET cases, p. 38.

578 *Clarke v Redcar & Cleveland Borough Council* [2006] ICR 897, [2006] IRLR 324, paras 22, 23; *Moore v Duport Furniture Products Ltd* [1982] ICR 84 (98), [1982] IRLR 31 (45), HL; Blackstone's Employment Law Practice, 5.12, p. 54; *Selwyn,* 1.10, p. 3.

579 *Clarke v Redcar & Cleveland Borough Council* [2006] ICR 897, [2006] IRLR 324, paras 83, 84, 86, 87; ACAS conciliation in ET cases, p. 8; Blackstone's Employment Law Practice, 5.12, p. 54; *Dickens,* in: Employment Relations in Britain: 25 years of the Advisory, Conciliation and Arbitration Service, p. 76; *Selwyn,* 1.10, p. 3; Tolley's Employment Handbook, 19.30, p. 527.

580 ETA 1996, s 18 (7) Anything communicated to a conciliation officer in connection with the performance of his functions under this section shall not be admissible in evidence in any proceedings before an employment tribunal, except with the consent of the person who communicated it to that officer.

581 ACAS conciliation in ET cases, pp. 8, 9.

582 *Freeman v Sovereign Chicken Ltd* [1991] ICR 853 (862); ACAS conciliation in ET cases, p. 9; Blackstone's Employment Law Practice, 5.01, p. 52; *Manley/Heslop,* Employment Tribunals, 3.3, p. 42; *McMullen,* Employment Tribunals Procedure, 13.39, p. 195; *Taylor/Emir,* Employment Law, p. 575; Tolley's Employment Handbook, 19.32, p. 529.

583 Blackstone's Employment Law Practice, 5.81, p. 67.

geschlossen werden kann.[584] Um spätere Streitigkeiten über Details des Vergleichs oder dessen Zustandekommen zu vermeiden, sollte eine durch den ACAS getroffene Vereinbarung schriftlich bestätigt werden.

II. Andere Arten von Vergleichsschlüssen

Die Parteien können auch einen privaten Vergleich abschließen, der erst durch eine Anordnung des *Employment Tribunal* bindend wird.[585] Daneben kann eine Vereinbarung auch mithilfe von Mediation getroffen werden, die von einem unabhängigen Mediator ohne Beteiligung des Gerichts durchgeführt wird.[586] Eine kostenfreie Neuerung ist die gerichtsinterne Mediation, bei der ein *Employment Judge* mit einer Zusatzqualifikation für Mediation eine Einigung versucht. Bei beiden Mediationsformen bleiben die Verhandlungen vertraulich und dürfen im weiteren Verfahren nicht verwertet werden.[587]

III. Klageverzichtsvereinbarung („compromise agreement")

Eine andere Art und Weise einen streitigen Prozess zu vermeiden oder ihn zu schlichten, ist der Abschluss einer Klageverzichtsvereinbarung (*„compromise agreement"*). Bei bestimmten Streitgegenständen ist es den Parteien gesetzlich[588] gestattet, die Erhebung oder Weiterverfolgung einer Klage im Wege eines *compromise agreement* auszuschließen. Mindestvoraussetzungen für ein wirksames *compromise agreement* sind die schriftliche Abfassung, der Bezug zu einer bestimmten Streitigkeit und eine Konsultation durch einen unabhängigen, rechtlichen Berater, der in der Vereinbarung bezeichnet werden und eine Haftpflichtversicherung für den Fall einer Falschberatung besitzen muss.[589]

---

584 *Allma Construction Ltd v Bonner* [2011] IRLR 204, para 22; *Durr v Granada Retail Catering* UKEAT/281/00, 9 July 2001, unreported, para 5; *Gilbert v Kembridge Fibres Ltd* [1984] ICR 188 (191, 192), [1984] IRLR 52 (55).

585 ETR 2004, schedule 1, r 28 (2) If the parties agree in writing upon the terms of any order or judgment an Employment Judge or tribunal may, if he or it thinks fit, make such order or judgment.

586 Tolley's Employment Handbook, 19.30, pp. 527, 528.

587 *Boon/Urwin/Karuk,* (2011) 40 ILJ 45 (47). Sollte eine Einigung bei gerichtsinterner Mediation scheitern, wird der *Employment Judge* vom weiteren Prozess ausgeschlossen. Aufgrund weniger zur Mediation ausgebildeter *Employment Judges* kann eine gerichtsinterne Mediation nur vereinzelt, vorwiegend in Fällen mit diskriminierungsrechtlichem Bezug, angeboten werden, vgl. *Boon/Urwin/Karuk,* (2011) 40 ILJ 45 (45); Tolley's Employment Handbook, 19.31, p. 528

588 Bestimmungen dieser Art sind: ERA 1996, s 203, EA 2010, s 147, TULCRA 1992, s 288 und *Working Time Regulations 1998*, reg 35.

589 Blackstone's Employment Law Practice, 5.58, p. 62; Tolley's Employment Handbook, 19.34, p. 530. Vgl. auch ERA 1996, s 203 (3) … the conditions regulating compromise agreements under this Act are that — (a) the agreement must be in writing, (b) the agreement must relate to the particular proceedings, (c) the employee or worker must have received advice from a relevant independent adviser as to the terms and effect of the proposed agreement and, in particular, its effect on his ability to pursue his rights before an employment tribunal, (d) there must be in force, when the adviser gives the advice, a contract of insurance, or

B. Klagerücknahme

Eine Klagerücknahme kommt als weitere Prozessbeendigungsmöglichkeit dann in Betracht, wenn der Kläger glaubt, den Fall zu verlieren. Ein derartiger Verfahrensabschluss geschieht häufig nach rechtlicher Beratung und einer überlegten Abwägung von Kosten und Nutzen.[590] Nach ETR 2004, schedule 1, r 25 (1)[591] kann der Kläger die Klage jederzeit mündlich in der Verhandlung oder schriftlich zurücknehmen. Es bedarf hierzu im Unterschied zu deutschen Arbeitsgerichtsprozessen auch keiner Zustimmung des Beklagten.[592]

Im Gegensatz zu einer Klagerücknahme vor deutschen Arbeitsgerichten kann eine Klagerücknahme vor *Employment Tribunals* aber zur Einrede entgegenstehender Rechtskraft („*estoppel per rem iudicatam*")[593] führen. Ein *Employment Tribunal* kann wegen des *estoppel per rem iudicatam* über eine zurückgenommene Klage nicht erneut in einem Prozess entscheiden, wenn es aufgrund der Klagerücknahme eine Abweisungsanordnung getroffen hat.[594] Vor deutschen Arbeitsgerichten kann eine Klage nach Klagerücknahme in einem vorherigen Prozess hingegen erneut erhoben werden, vgl. § 46 II ArbGG, §§ 495, 269 VI ZPO. Der Kläger hat lediglich die Gerichtskosten für den ersten Prozess zu tragen, vgl. § 46 II ArbGG, § 269 II S. 2 ZPO.[595] In England hat der Kläger bei Klagerücknahme die Kosten hingegen nicht

---

an indemnity provided for members of a profession or professional body, covering the risk of a claim by the employee or worker in respect of loss arising in consequence of the advice, (e) the agreement must identify the adviser….

590 *Peters,* Findings from the Survey of Employment Tribunal Applications 2008, p. 84.

591 ETR 2004, schedule 1, r 25 (1) A claimant may withdraw all or part of his claim at any time – this may be done either orally at a hearing or in writing….

592 Nach § 46 II ArbGG, § 269 II ZPO kann die Klage in deutschen, arbeitsgerichtlichen Prozessen nur bis zum Beginn der mündlichen Verhandlung ohne Zustimmung des Beklagten zurückgenommen werden, danach ist dessen Zustimmung erforderlich, § 46 II ArbGG, § 269 I S. 1 ZPO.

593 Zum *estoppel per rem iudicatam* siehe oben Teil 2 § 4 B., S. 37, 38, Fn. 226.

594 *Khan v Heywood and Middleton Primary Care Trust* [2006] EWCA Civ 1087, [2007] ICR 24, [2006] IRLR 793, paras 45, 73, 74, 83. Siehe auch ETR 2004, schedule 1, r 25 (3) … Withdrawal takes effect on the date on which the Employment Tribunal Office (in the case of written notifications) or the tribunal (in the case of oral notification) receives notice of it and where the whole claim is withdrawn, subject to (4), **proceedings are brought to an end** against the relevant respondent on that date [Hervorhebung nicht im Original]. Etwas anderes gilt aber, wenn ein Kläger die Klage wegen fehlender Zuständigkeit des *Employment Tribunals* zurücknimmt, da z.B. die Grenze von £25.000 bei Vertragsverletzungsklagen überschritten ist, und das Gericht keine Abweisungsanordnung getroffen hat, hierzu siehe oben Teil 2 § 4 B., S. 38, 39 und *Sajid v Sussex Muslim Society* [2001] EWCA Civ 1684, [2002] IRLR 113, paras 18-20.

595 Solange dem Beklagten seine Kosten aus dem ersten Prozess nicht erstattet wurden, kann er gegen eine erneute Klageerhebung nur eine prozesshindernde Einrede nach § 269 VI ZPO geltend machen. Da dem Beklagten aber in arbeitsgerichtlichen Verfahren erster Instanz keinerlei Rechtsanwaltskosten erstattet werden, vgl. § 12a I S. 1 ArbGG, findet die Einrede in arbeitsgerichtlichen Prozessen zweiter Instanz keine Anwendung.

grundsätzlich zu tragen, sie können ihm aber vom Gericht durch eine Kostenanordnung[596] auferlegt werden.

C. Entscheidung („judgment")

Am Ende der mündlichen Verhandlung ergeht eine Entscheidung (*„judgment"*), sofern zuvor kein Vergleich geschlossen oder die Klage zurückgenommen wurde. Eine Entscheidung ist als endgültige Beendigung von Streitigkeiten definiert und regelt Abfindungszahlungen, Feststellungen, Empfehlungen oder Kostenanordnungen. Eine Anordnung (*„order"*) erlässt das *Employment Tribunal* im Unterschied zu einer Entscheidung bei vorläufigen Angelegenheiten und erlegt den Parteien oder deren rechtlichen Vertretern damit Handlungen oder Unterlassungen auf.[597]

Entscheidungen werden mehrheitlich getroffen.[598] Alle Mitglieder der Kammer haben die gleiche Stimme ungeachtet ihrer rechtlichen Vorbildung. Obwohl beide *lay members* den *Employment Judge* überstimmen können, befindet sich der rechtlich vorgebildete Richter in der Praxis mit seiner Auffassung selten in der Minderheit.[599] Generell werden 96% der Entscheidungen einstimmig beschlossen.[600]

Alle Kammermitglieder müssen bei jedem Aspekt der Klage beteiligt werden, über den sie entscheiden. In *Morris v Gestetner Ltd* [1973][601] hatte ein *lay member* entgegen der Ansicht der anderen Richter eine Kündigung für rechtswidrig erachtet. Er nahm nicht weiter an der Verhandlung teil und entschied nicht darüber, ob eine Empfehlung für die Wiedereinstellung des Arbeitnehmers ausgesprochen werden soll. Das Urteil wurde aufgehoben, da jeder Richter über jeglicher Einzelentscheidung innerhalb einer Klage urteilen muss und sich hierüber nicht enthalten darf, sofern er seit Beginn der Sitzung anwesend war.

---

596 Zur Kostenanordnung siehe unten Teil 4 § 10 E., S. 110–115.

597 ETR 2004, schedule 1, r 28 (1) Employment Judges or tribunals may issue the following — (a) a "judgment", which is a final determination of the proceedings or of a particular issue in those proceedings; it may include an award of compensation, a declaration or recommendation and it may also include orders for costs, preparation time or wasted costs; (b) an "order", which may be issued in relation to interim matters and it will require a person to do or not to do something.

598 ETR 2004, schedule 1, r 28 (4) Where a tribunal is composed of three persons any order or judgment may be made or issued by a majority….

599 *Employment Judge* Paul Stewart im Interview vom 17.01.2012. In seiner zehnjährigen Laufbahn als *Employment Judge* ist es noch nie vorgekommen, dass beide Laienrichter seine Auffassung nicht teilten.

600 Blackstone's Employment Law Practice, 1.16, p. 6; *Manley/Heslop,* Employment Tribunals, 1.5, p. 10; *Selwyn,* 1.25, p. 9; *Taylor/Emir,* Employment Law, p. 45.

601 *Morris v Gestetner Ltd* [1973] 1 WLR 1378 (1383), [1973] 3 All ER 1168 (1173), [1973] ICR 587 (592), [1973] IRLR 313 (318), NIRC.

Sollte ein *lay member* von Anfang der Sitzung an nicht anwesend sein, kann der *Employment Judge* mit dem anderem *lay member* die Verhandlung allein führen, sofern die Parteien einverstanden sind.[602] Bei der Entscheidungsfindung hat der *Employment Judge* dann die maßgebliche Stimme.[603]. Die Parteien müssen aber dahingehend aufgeklärt werden, ob der fehlende *lay member* der Arbeitgeber- oder der Arbeitnehmerseite angehört.[604] Ansonsten ergeht eine Entscheidung unter Mitwirkung nur eines *lay member* in rechtswidriger Weise und kann in der Berufungsinstanz aufgehoben werden.

Eine mündlich am Ende der Verhandlung bekannt gegebene Entscheidung wird den Parteien anschließend schriftlich und unterschrieben zugestellt.[605] In der Praxis ist eine mündliche Verkündung des Urteils und der Gründe üblich, wobei der Richter diese auf einem Diktiergerät aufzeichnet.[606] Genauso kann sich das *Employment Tribunal* die Entscheidung aber auch vorbehalten und den Parteien erst schriftlich mit Gründen bekannt geben.[607] Ein Urteil verkündet ein *Employment Tribunal* meist dann schriftlich, wenn die Beweislage schwierig ist oder die mündliche Verhandlung schon mehrere Tage gedauert hat.[608] Wird die Entscheidung mündlich verkündet, werden Urteilsgründe nur auf Antrag der Parteien schriftlich mitgeteilt.[609] Die Abfassung schriftlicher Urteilsgründe wird dann meist bei einer möglichen Berufung verlangt.[610]

Die Urteilsgründe sollen alle wichtigen Rechtsfragen, den Grund für eine Nichterörterung von Rechtsfragen, alle relevanten Tatsachen, das anzuwendende Recht, die Art und Weise der Rechtsanwendung und die Berechnung einer Abfindungszahlung, sofern über diese entschie-

602 ETA 1996, s 4 (1) … proceedings before an employment tribunal shall be heard by — (a) … the Employment Judge and (b) … (with the consent of the parties) one other member….

603 ETR 2004, schedule1, r 28 (4) … and if a tribunal is composed of two persons only, the chairman has a second or casting vote.

604 *Rabahallah v BT Group Plc* [2005] ICR 440, [2005] IRLR 1884, paras 28, 29, der Entscheidung des Court of Appeal folgend, die über die Besetzung des EAT erging: *De Haney v Brent MIND* [2003] EWCA Civ 1637, [2004] ICR 348, para 28.

605 ETR 2004, schedule 1, r 30 (1) A tribunal or Employment Judge must give reasons (either oral or written) for any— (a) judgment….

606 *Manley/Heslop,* Employment Tribunals, 11.3, p. 171.

607 Blackstone´s Employment Law Practice, 11.18, p. 185. Vgl. auch ETR 2004, schedule 1, r 30 (2) Reasons may be given orally at the time of issuing the judgment or order or they may be reserved to be given in writing at a later date. If reasons are reserved, they shall be signed by the Employment Judge and sent to the parties by the Secretary.

608 Blackstone´s Employment Law Practice, 11.18, p. 185; *Manley/Heslop,* Employment Tribunals, 11.3, p. 172; *Taylor/Emir,* Employment Law, p. 581.

609 ETR 2004, schedule 1, r 30 (3) Written reasons shall only be provided: — (a) in relation to judgments if requested by one of the parties….

610 Tolley´s Employment Handbook, 19.62, p. 554.

den wurde, enthalten, vgl. ETR 2004, schedule 1, r 30 (6)[611]. Diese Anforderungen sind aber nicht als strikte Voraussetzungen, sondern als Richtlinien zu sehen:

„But the rule is surely intended to be a guide, not a straightjacket."[612]

Sollte die Urteilsbegründung den Anforderungen nicht genügen, kann hierin ein Rechtsfehler liegen, der in einer Berufung zur Aufhebung des Urteils führt.[613]

D. Abhilfemaßnahmen („remedies")

Anders als die deutschen Arbeitsgerichte sprechen *Employment Tribunals* keine bestimmte, von vorneherein beantragte, Rechtsfolge aus, sondern stellen lediglich etwa eine unwirksame Kündigung oder eine Diskriminierung fest. Nach dieser Feststellung ordnen sie erst in einer separaten Verhandlung verschiedene Abhilfemaßnahmen (*„remedies"*) nach ihrem Ermessen an, sofern der Kläger in der Hauptverhandlung erfolgreich war.[614] Bei einer rechtswidrigen Kündigung kommen als mögliche Abhilfemaßnahmen die Weiterbeschäftigung am vorherigen Arbeitsplatz (*„re-instatement"*), die Wiedereinstellung auf einer anderen Position (*„re-engagement"*) und eine Ausgleichszahlung (*„compensation"*) in Betracht. Eine *compensation* ordnet ein *Employment Tribunal* auch bei einer Diskriminierung des Arbeitsnehmers als häufigste *remedy* an. Daneben kommen im Fall einer Diskriminierung die Feststellung des Rechts des Arbeitnehmers auf Gleichbehandlung und der Ausspruch einer Empfehlung zur Vermeidung diskriminierender Handlungen am Arbeitsplatz als weitere *remedies* in Betracht.[615]

Ist dagegen eine Kündigung nach deutschem Recht unwirksam, besteht das Arbeitsverhältnis nach Feststellung der Unwirksamkeit durch das Arbeitsgericht fort, vgl. §§ 1, 4 KSchG, so-

---

611 ETR 2004, schedule 1, r 30 (6) Written reasons for a judgment shall include the following information — (a) the issues which the tribunal or Employment Judge has identified as being relevant to the claim; (b) if some identified issues were not determined, what those issues were and why they were not determined; (c) findings of fact relevant to the issues which have been determined; (d) a concise statement of the applicable law; (e) how the relevant findings of fact and applicable law have been applied in order to determine the issues; and (f) where the judgment includes an award of compensation or a determination that one party make a payment to the other, a table showing how the amount or sum has been calculated or a description of the manner in which it has been calculated.

612 Buxton LJ in *Balfour Beatty Power Networks Ltd v Wilcox* [2006] EWCA Civ 1240, [2007] IRLR 63, para 25.

613 *NWF Retail Ltd* [2011] ICR 896, para 57; *Balfour Beatty Power Networks Ltd v Wilcox* [2006] EWCA Civ 1240, [2007] IRLR 63, para 25; Tolley's Employment Handbook, 19,63, p. 555. Siehe zu einer Berufung gestützt auf eine unzureichende Urteilsbegründung unten Teil 5, § 12 F. II., S. 136, 137.

614 *Manley/Heslop,* Employment Tribunals, 12.1, p. 180.

615 EA 2010, s 12 (2) The tribunal may — (a) make a declaration as to the rights of the complainant and the respondent in relation to the matters to which the proceedings relate; (b) order the respondent to pay compensation to the complainant; (c) make an appropriate recommendation.

fern kein Antrag auf Auflösung des Arbeitsverhältnisses nach § 9 KSchG gestellt wurde. Im Falle einer Diskriminierung nach dem deutschen AGG kann der Kläger eine Entschädigung oder Schadensersatz nach § 15 AGG verlangen, was das Arbeitsgericht dem Klägerantrag entsprechend im Urteil verkündet. Eines besonderen gerichtlichen Ausspruchs bezüglich einer Rechtsfolge bedarf es nicht, vielmehr tritt die beantragte Rechtsfolge nach Entscheidungsfindung von Gesetzes wegen ein. Von der beantragten Rechtsfolge darf ein deutsches Arbeitsgericht auch nicht abweichen, vgl. § 46 II ArbGG, § 308 I S. 1 ZPO.

I. Weiterbeschäftigung („re-instatement")

Eine Anordnung des Gerichts zum *re-instatement* erlaubt dem Arbeitnehmer, in seinen vorherigen Job zurückzukehren. Er ist als nicht gekündigt und das Arbeitsverhältnis als nie beendet anzusehen, vgl. ERA 1996, s 114 (1)[616]. Auch die Bezahlung, Arbeitsbedingungen und Arbeitszeit bleiben gleich.[617]

II. Wiedereinstellung („re-engagement")

Durch eine Anordnung zum *re-engagement* muss der Arbeitgeber nicht das vorher bestehende Arbeitsverhältnis fortführen, sondern kann eine Wiedereinstellung flexibler handhaben.[618] Der Arbeitgeber, dessen Nachfolger oder ein anderer Arbeitgeber innerhalb desselben Konzerns wird durch eine Anordnung zum *re-engagement* verpflichtet, den Arbeitnehmer in einem mit seinem vorherigen Arbeitsverhältnis vergleichbaren oder einem anderen, angemessenen Beschäftigungsverhältnis anzustellen.[619]

Das Gericht muss sowohl bei der Anordnung eines *re-instatement* als auch eines *re-engagement* berücksichtigen, ob dies dem Wunsch des Arbeitnehmers entspricht. Das persönliche Verhältnis zwischen Arbeitgeber und Arbeitnehmer darf auch nicht derart gestört sein, dass ein Arbeitsverhältnis vernünftigerweise nicht mehr fortgeführt werden kann. Daneben muss *Employment Tribunal* auch beachten, ob der Arbeitnehmer die Kündigung verursacht hat und ob eine Fortsetzung des Arbeitsverhältnisses überhaupt gerecht wäre.[620] In *Wood*

---

616 ERA 1996, s 114 (1) An order for reinstatement is an order that the employer shall treat the complainant in all respects as if he had not been dismissed.

617 *Boon/Urwin/Karuk,* 40 ILJ 2011, 45 (59); *Korn/Sethi,* ET Remedies, 3.06, p. 63; *Taylor/Emir,* Employment Law, p. 581; Tolley´s Employment Handbook, 53.2, p. 1174.

618 *Cunningham/Reed,* 9.18, p. 249; *Korn/Sethi,* ET Remedies, 3.07, p. 63; *Manley/Heslop,* Employment Tribunals, 12.2, p. 181.

619 ERA 1996, s 115 (1) An order for re-engagement is an order, on such terms as the tribunal may decide, that the complainant be engaged by the employer, or by a successor of the employer or by an associated employer, in employment comparable to that from which he was dismissed or other suitable employment.

620 ERA 1996, s 116 (1) In exercising its discretion ... the tribunal shall first consider whether to make an order for reinstatement and in so doing shall take into account — (a) whether the complainant wishes to be

Group Heavy Industrial Turbines Ltd v Crossan [1998][621] wurde eine Anordnung zum *re-engagement* aufgehoben, da das Vertrauensverhältnis zwischen Arbeitnehmer und Arbeitgeber nachhaltig gestört war. Der Arbeitnehmer war zuvor wegen nachweislichen Drogenhandels am Arbeitsplatz gekündigt worden.

Re-instatement und *re-engagement* sollen nach dem Gesetzgeberwillen vorrangig angeordnet werden. Dies geschieht in der Praxis aber selten, da oft weder der Arbeitnehmer noch der Arbeitgeber eine Weiterbeschäftigung im Betrieb wünschen.[622] In der Regel wird daher nur eine *compensation* als Abhilfemaßnahme zugesprochen.[623] Sollte das *Employment Tribunal* aber eine *compensation* anordnen, obwohl der Kläger ausdrücklich ein *re-instatement* oder ein *re-engagement* gewünscht hatte, kann dies einen Rechtsfehler darstellen, der zur Urteilsaufhebung in der Berufungsinstanz führt.[624] Das *Employment Tribunal* muss daher die Möglichkeit einer Weiterbeschäftigung zum Zeitpunkt der mündlichen Verhandlung sorgfältig prüfen, bevor es eine *compensation* anordnet.[625]

III. Ausgleichszahlung („compensation")

Eine *compensation* im Fall einer unwirksamen Kündigung besteht aus zwei Komponenten, aus einer grundsätzlichen Zahlung (*„basic award"*) und aus einer entschädigenden Zahlung (*„compensatory award"*).[626] Der *basic award* errechnet sich nach der Dauer des Arbeitsverhältnisses und dem Alter des Arbeitnehmers.[627] Der *compensatory award* soll in einer Höhe

---

reinstated, (b) whether it is practicable for the employer to comply with an order for reinstatement, and (c) where the complainant caused or contributed to some extent to the dismissal, whether it would be just to order his reinstatement. (2) If the tribunal decides not to make an order for reinstatement it shall then consider whether to make an order for re-engagement and, if so, on what terms. (3) In so doing the tribunal shall take into account — (a) any wish expressed by the complainant as to the nature of the order to be made, (b) whether it is practicable for the employer (or a successor or an associated employer) to comply with an order for re-engagement, and (c) where the complainant caused or contributed to some extent to the dismissal, whether it would be just to order his re-engagement and (if so) on what terms.

621 *Wood Group Heavy Industrial Turbines Ltd v Crossan* [1998] IRLR 680.

622 Blackstone's Employment Law Practice, 23.11, p. 345; *Cunningham/Reed* , 9.20, p. 249; *Korn/Sethi,* ET Remedies, 3.03, p. 62. Im Report der Donovan Kommission wurde bereits empfohlen, eine *compensation* als vorrangige Abhilfemaßnahme bei *unfair dismissal* anzuordnen, vgl. Bericht der Royal Commission on Trade Unions and Employers' Association 1965-68, Cmnd 3623, paras 551, 552.

623 *Korn/Sethi,* ET Remedies, 3.03, p. 63; *Taylor/Emir,* Employment Law, p. 581.

624 *King v Royal Bank of Canada (Europe) Ltd* [2012] IRLR 280, paras 53, 57.

625 *King v Royal Bank of Canada (Europe) Ltd* [2012] IRLR 280, paras 80, 87.

626 ERA 1996, s 118 (1) Where a tribunal makes an award of compensation for unfair dismissal under section 112 (4) or 117 (3) (a) the award shall consist of — (a) a basic award … and (b) a compensatory award….

627 ERA 1996, s 119 (1) … The amount of the basic award shall be calculated by — (a) determining the period, ending with the effective date of termination, during which the employee has been continuously employed, (b) reckoning backwards from the end of that period the number of years of employment falling within that period, and (c) allowing the appropriate amount for each of those years of employment. (2) In (1) (c) "the appropriate amount" means — (a) one and a half weeks' pay for a year of employment in which the employee was not below the age of forty-one, (b) one week's pay for a year of employment in which he

gezahlt werden, die das Arbeitsgericht als billig und gerecht erachtet und bei der die zu erwartenden Schäden kompensiert werden, die dem Arbeitsnehmer durch die Kündigung entstanden sind.[628] Dabei sind durch die Kündigung bedingte Ausgaben, Verluste von Gratifikationen und ein Anspruch auf Arbeitslosengeld zu berücksichtigen. Sofern der Arbeitnehmer die Kündigung verursacht hat, soll der *compensatory award* billig und gerecht gekürzt werden.[629]

Schwieriger zu berechnen ist eine *compensation* bei Diskriminierungen, da es keine bestimmte Vorgehensweise und keinen Höchstbetrag zu beachten gibt. Bei der Berechnung sind der eingetretene oder zu erwartende finanzielle Schaden und eine etwaige psychische Beeinträchtigung zu beachten.[630] Im Gegensatz zur *compensation* bei unwirksamer Kündigung ist auch eine Entschädigung für Gefühlsverletzungen, wie Aufregung, Frustration und Erniedrigung, zu zahlen.[631]

IV. Zwangsvollstreckung

Problematisch bei der Anordnung von *remedies* ist, dass das *Employment Tribunal* diese nicht selbst vollstrecken kann. Zahlt der Arbeitgeber beispielsweise eine *compensation* nicht freiwillig, muss der Arbeitnehmer bei einem *county court* eine Vollstreckungsanordnung beantragen.[632] Selbst kann das *Employment Tribunal* bei Nichtbeachtung einer Anordnung einer *remedy* nur eine zusätzliche Zahlung oder eine Erhöhung der schon angeordneten Entschädi-

---

was not below the age of twenty-two, and (c) half a week's pay for a year of employment not within paragraph (a) or (b).

628 ERA 1996, s 123 (1) … the amount of the compensatory award shall be such amount as the tribunal considers just and equitable in all the circumstances having regard to the loss sustained by the complainant in consequence of the dismissal in so far as that loss is attributable to action taken by the employer. (2) The loss referred to in subsection (1) shall be taken to include — (a) any expenses reasonably incurred by the complainant in consequence of the dismissal, and (b) … loss of any benefit which he might reasonably be expected to have had but for the dismissal. (3) The loss referred to in subsection (1) shall be taken to include in respect of any loss of — (a) any entitlement or potential entitlement to a payment on account of dismissal by reason of redundancy….

629 ERA 1996, s 123 (6) Where the tribunal finds that the dismissal was to any extent caused or contributed to by any action of the complainant, it shall reduce the amount of the compensatory award by such proportion as it considers just and equitable having regard to that finding.

630 Blackstone's Employment Law Practice, 25.14-25.16, p. 390; *Manley/Heslop,* Employ-ment Tribunals, 12.3, pp. 194, 195; *Taylor/Emir,* Employment Law, p. 582.

631 Blackstone's Employment Law Practice, 25.14, p. 390; *Korn/Sethi,* ET Remedies, 19.01, p. 290. Beispielsfälle hierzu sind: *Da'Bell v NSPCC* [2010] IRLR 19, *Vento v Chief Constable of West Yorkshire Police* [2003] ICR 318, [2003] IRLR 102; *Prison Service v Johnson* [1997] ICR 275.

632 Vgl. ETA 1996, s 15 (1) Any sum payable in pursuance of a decision of an employment tribunal in England and Wales which has been registered in accordance with employment tribunal procedure regulations shall, if a county court so orders, be recoverable by execution issued from the county court or otherwise as if it were payable under an order of that court. Zur Zwangsvollstreckung durch die *county courts* siehe *Bunge,* Zivilprozess in England, S. 201, 212-213.

gungszahlung verhängen.[633] Diese zusätzliche Zahlungsanordnung kann es nicht vollstrecken und es bedarf wiederum einer Vollstreckungsanordnung eines *county court*, sofern die beklagte Partei auch der zweiten Anordnung nicht nachkommt.

E. Kostentragung

Ebenso wie bei Prozessen vor deutschen Arbeitsgerichten, vgl. § 12a I S. 1 ArbGG, tragen die Parteien in England die Kosten für eine etwaige rechtliche Vertretung grundsätzlich selbst.[634]

I. Kostenanordnung gegen die Partei („costs order")

Wenn eine Partei rechtlich vertreten wird, kann das *Employment Tribunal* aber unter bestimmten Umständen eine Kostenanordnung (*„costs order")* treffen. Bei fehlender rechtlicher Vertretung kann es Kosten für eine Vorbereitungszeit der Partei mit einer sogenannten *„preparation time order"* ersetzen lassen.[635] Der Erlass einer *costs order* oder einer *preparation time order* ist für die *Employment Tribunals* ungewöhnlich und geschieht selten,[636] da diese erst seit Einführung der ETR 2004 vermehrt und nicht mehr nur in absoluten Ausnahmefällen erlassen werden können.[637]

Employment Tribunals haben bei Erlass einer Kostenanordnung einen Ermessensspielraum, der vom EAT nur auf Rechtsfehler überprüft werden darf.[638] Sinn und Zweck einer *costs order* ist nicht die Bestrafung der unterliegenden oder sich fehlerhaft verhaltenden Partei, son-

---

633 ERA 1996, s 117 (3) … If an order under section 113 is made but the complainant is not reinstated or re-engaged in accordance with the order, the tribunal shall make — (a) an award of compensation for unfair dismissal … and (b) except where this paragraph does not apply, an additional award of compensation … to be paid by the employer to the employee. EA 2010, s 124 (7) If a respondent fails, without reasonable excuse, to comply with an appropriate recommendation in so far as it relates to the complainant, the tribunal may — (a) … increase the amount of compensation to be paid….

634 Blackstone's Employment Law Practice, 12.01, p. 203; *Manley/Heslop,* Employment Tribunals, 13.1, p. 198; *Twiss,* NLJ 2004, 154 (7155), 1816 (1816).

635 ETR 2004, schedule 1, r 38 (1) … a tribunal or an Employment Judge may make an order ("a costs order") that — (a) a party ("the paying party") make a payment in respect of the cost incurred by another party ("the receiving party") … (2) A costs order may be made … only where the receiving party has been legally presented at the hearing or, in proceedings which are determined without a hearing, if the receiving party is legally represented when the proceedings are determined. If the receiving party has not been legally presented a tribunal may make a preparation time order….

636 *Barnett,* Costs in ET, p. 1; *Fox,* ELJ 2006 (73) Sept, 2 (3); *Manley/Heslop,* Employment Tribunals, 13.1, p. 198, 13.3, p. 203, Tolley's Employment Handbook, 19.72, p. 564. In den Jahren 2006/2007 wurde nur in circa 500 Fällen eine Kostenanordnung gewährt, in den Jahren 2008/2009 sogar nur in gut 350 Fällen, vgl. *Barnett,* Costs in ET, pp. 10, 11; *Manley/Heslop,* Employment Tribunals, 13.1, p. 198. Siehe hierzu auch oben, Teil 4 § 7 D., S. 70-71.

637 *Fox,* ELJ 2006 (73) Sept, 2 (3); *Levinson,* ELJ 2004 (54) Oct, 6 (6); *Twiss,* NLJ 2004, 154 (7155), 1816 (1816).

638 *Olivas Salinas v Bear Stearns International Holdings Inc* [2005] ICR 1117, para 22.1; *Benyon & others v Scadden* [1999] IRLR 700; *Barnett,* Costs in ET, pp. 2-4.

dern ein Nachteilsausgleich zugunsten der gegnerischen Partei,[639] wobei der Erlass einer *costs order* immer noch die Ausnahme bleiben soll.[640] Daher sollen *Employment Tribunals* ihr Ermessen bezüglich des Erlasses einer *costs order* in zwei Stufen ausüben. Zunächst sollen sie prüfen, ob ein fehlerhaftes Verhalten und damit ein Grund für eine *costs order* vorliegt. In einer zweiten Stufe werden dann alle Umstände zugunsten der erstattungsberechtigten Partei abgewogen.[641]

Eine Verzögerung des Prozesses infolge schuldhaften Verhaltens einer Partei, eine missbräuchliche oder anders unangemessene Klageerhebung und Prozessführung oder die Nichtbeachtung einer gerichtlichen Anordnung stellen auf der ersten Stufe Gründe für den Erlass einer *costs order* oder einer *preparation time order* dar, vgl. ETR 2004, schedule 1, r 40 (1)-(4), r 44 (1)-(4)[642].

Eine *costs order* wegen missbräuchlicher Prozessführung kann erlassen werden, wenn eine Partei in erwiesener Weise vor Gericht gelogen hat.[643] In *Daleside Nursing Home Ltd v Mathew* [2009] hat das EAT beispielsweise eine *costs order* befürwortet, da die Klägerin fälschlicherweise behauptet hatte, vom Arbeitgeber aufgrund ihrer Hautfarbe diskriminiert worden zu sein. Weiter kann auch eine Klagerücknahme kurz vor der mündlichen Verhandlung[644]

---

639 Pill LJ in *Lodwick v London Borough of Southwark* [2004] EWCA Civ 306, [2004] ICR 884, [2004] IRLR 554, para 23: *„Costs are rarely awarded in proceedings before an employment tribunal. Costs remain exceptional ... and the aim is compensation of the party which has incurred expense in winning the case, not punishment of the losing party."*; *Alasdair McPherson v BNP Paribas* [2004] EWCA Civ 569, [2004] 3 All ER 266, [2004] ICR 1398, [2004] IRLR 558, para 2; *Barnett,* Costs in ET, p. 2.

640 *Olivas Salinas v Bear Stearns International Holdings Inc* [2005] ICR 1117, para 17; *Lodwick v London Borough of Southwark* [2004] EWCA Civ 306, [2004] ICR 884, [2004] IRLR 554, para 23; *Gee v Shell Ltd* [2002] EWCA Civ 1479, [2003] IRLR 82, para 35; *Barnett,* Costs in ET, p. 1; *Fox,* ELJ 2006 (73) Sept, 2 (3); *Levinson,* ELJ 2004 (54) Oct, 6 (8); *Manley/Heslop,* Employment Tribunals, 13.1, p. 198, 13.3, p. 203, Tolley´s Employment Handbook, 19.72, p. 564.

641 *Monaghan v Close Thornton* UKEAT/0003/01, 22 February 2002, unreported, para 22.

642 ETR 2004, schedule 1, r 40 (1) A tribunal or Employment Judge may make a costs order when on the application of a party it has postponed the day or time fixed for or adjourned a Hearing or pre-hearing review. The costs order may be against or, as the case may require, in favour of that party as respects any costs incurred or any allowances paid as result of the postponement or adjournment. (2) A tribunal or Employment Judge consider making a costs order against a paying party where, in the opinion of the tribunal or Employment Judge (as the case may be), any of the circumstances in paragraph (3) apply. Having so considered, the tribunal or Employment Judge may make a costs order against the paying party if it or he considers it appropriate to do so. (3) The circumstances referred to in paragraph (2) are where the paying party has in bringing the proceedings, or he or his representative has in conducting the proceedings, acted vexatiously, abusively, disruptively or otherwise unreasonably, or bringing or conducting of the proceedings by the paying party has been misconceived. (4) A tribunal or Employment Judge may make a costs order against a party who has not complied with an order or practice direction. ETR 2004, schedule 1, r 44 hat selbigen Wortlaut und bestimmt, dass eine *preparation time order* unter den gleichen Voraussetzungen erlassen werden kann.

643 *Dunedin Canmore Housing Association Ltd v Donaldson*, UKEAT/0014/09, 08 June 2009, unreported, para 22; *Daleside Nursing Home Ltd v Mathew* UKEAT/0519/08, 18 February 2009, unreported, para 20.

644 *Kaur v John L Brierley Ltd* UKEAT 783/00, 27 April 2002, unreported, para 22.

oder nach monatelangem Anzeigen einer Prozessführungsabsicht eine *costs order* wegen unangemessener Prozessführung rechtfertigen.[645]

Die sogenannte *Calderbank*-Regel der Zivilgerichte kann, auch wenn sie bei arbeitsgerichtlichen Verfahren nicht direkt anwendbar ist, den Erlass einer *costs order* auslösen.[646] Ein Antrag auf eine *costs order* hat nach der *Calderbank*-Regel Aussicht auf Erfolg, wenn zuvor ein angemessenes Vergleichsangebot nicht angenommen wurde, das mit einem *without prejudice*-Vermerk[647] versehen und mit einem Antrag auf Kostenerstattung verbunden war. Auch die *Gibbons-Review* schlug vor, Vergleichsbemühungen der Parteien bei Erlass einer *costs order* zu berücksichtigen.[648]

II. Kostenanordnung gegen den rechtlichen Vertreter

Bei unpassendem, unvernünftigem oder nachlässigem Verhalten des rechtlichen Vertreters kann das *Employment Tribunal* eine Anordnung gegen diesen auf Ersatz von den dadurch entstandenen Mehrkosten erlassen, eine sogenannte *„wasted costs order"*, vgl. ETR 2004, schedule 1, r 48 (1)-(3)[649]. Dies kann dazu führen, dass der rechtliche Vertreter die Kosten der gegnerischen Partei tragen und sogar das bereits entrichtete Honorar an seinen Mandanten zurückzahlen muss.[650] Als rechtlicher Vertreter gilt jede Person, die das Verfahren für die Partei nicht unentgeltlich führt.[651]

---

645 *Alasdair McPherson v BNP Paribas* [2004] EWCA Civ 569, [2004] 3 All ER 266, [2004] ICR 1398, [2004] IRLR 558, para 2.

646 *Kopel v Safeway Stores Plc* [2003] IRLR 753, paras 16-18. Die *Calderbank*-Regel rührt aus der Entscheidung *Calderbank v Calderbank* [1975] 3 All ER 333 her und ist für zivilgerichtliche Verfahren in CPR 1998, part 36 verankert.

647 Zum *without prejudice*-Vermerk allgemein und dem daraus resultierenden Ausschluss einer *disclosure* siehe oben Teil 4 § 9 A. II., S. 84, 85.

648 *Gibbons,* Better Dispute Resolution, p. 56, recommendation 9.

649 ETR 2004, schedule 1, r 48 (1) A tribunal or an Employment Judge may make a wasted costs order against a party's representative. (2) In a wasted costs order the tribunal or Employment Judge may: — (a) disallow, or order the representative of a party to meet the whole or part of any wasted costs of any party, including an order that the representative repay to his client any costs which have already been paid … (3) "Wasted costs" means any costs incurred by a party: — (a) as a result of any improper, unreasonable or negligent act or omission on the part of any representative….

650 ETR 2004, r 48 (2) (a) … including an order that the representative repay to his client any costs which have already been paid … (5) A wasted costs order may be made in favour of a party whether or not that party is legally represented and such an order may also be made in favour of a representative's own client. A wasted costs order may not be made against a representative where that representative is an employee of a party.

651 ETR 2004, schedule 1, r 48 (4) In this rule "representative" means a party's legal or other representative or any employee of such representative, but it does not include a representative who is not acting in pursuit of profit with regard to those proceedings. A person is considered to be acting in pursuit of profit if he is acting on a conditional fee arrangement.

Bevor das *tribunal* eine *wasted costs order* erlässt, muss es dem rechtlichen Vertreter eine vernünftige Möglichkeit zur Stellungnahme geben.[652] Weiter soll es sich vor Erlass einer *wasted costs order* drei Fragen stellen:

> War das Verhalten des rechtlichen Vertreters unpassend, nachlässig oder unvernünftig? Entstanden einer Partei daraus unnötige Kosten? Ist es nach einer Würdigung aller Umstände des Einzelfalls gerecht, dem rechtlichen Vertreter einen Teil oder die gesamten Kosten dieser Partei aufzuerlegen?[653]

Ein rechtlicher Vertreter verhält sich unpassend, wenn er eine substanzielle Pflicht verletzt, die von einem Angehörigen des Berufsstands erwartet wird.[654] Unter unpassendes Verhalten fällt weiter alles, was ein Berufsverbot, ein vorübergehendes Tätigkeitsverbot oder sonstige berufsrechtliche Strafen rechtfertigt, ist aber nicht hierauf beschränkt. Unpassend ist es z.B. auch, wenn der rechtliche Vertreter eine Klage erhebt, ohne dies endgültig mit dem Mandanten abgesprochen zu haben.[655] Dieses Verhalten ist zugleich auch nachlässig, da ein rechtlicher Vertreter einen Fehler begeht, der von Angehörigen seines Berufsstands nicht begangen werden sollte.[656] Schwierig zu beurteilen ist, ob eine Klageerhebung trotz geringer oder völlig fehlender Erfolgsaussicht ein unpassendes oder auch nachlässiges Verhalten darstellt. Es ist schwierig festzustellen, ob die Klage trotz Aufklärung auf Drängen des Mandanten hin oder mangels hinreichender Aufklärung erhoben wurde.[657] Unvernünftiges Verhalten liegt immer dann vor, wenn der rechtliche Vertreter missbräuchlich gehandelt hat und einziger Zweck der Handlung die Schädigung der gegnerischen Partei ist.[658]

---

652 ETR 2004, schedule 1, r 48 (6) Before making a wasted costs order, the tribunal or Employment Judge shall give the representative a reasonable opportunity to make oral or written representations as to reasons why such an order should not be made.

653 *Mitchells v Funkwerk* UKEAT/0541/07/MAA, 08 April 2008, unreported, para 36; *Ridehalgh v Horsfield and others* [1994] 3 WLR 462 (488); *Re a Barrister (Wasted Costs Order) (No 1 of 1991)* [1992] 3 WLR 362 (370), [1992] 3 All ER 429 (437); *Barnett,* Costs in the ET, 10.4, p. 156; *Goodier/Parkin,* 13.18.5.1, S. 358.

654 *Ridehalgh v Horsfield and others* [1994] 3 WLR 462 (489).

655 *Barnett,* Costs in ET, 10.4, p. 160.

656 *Ridehalgh v Horsfield and others* [1994] 3 WLR 462 (489).

657 *Mitchells v Funkwerk* UKEAT/0541/07/MAA, 08 April 2008, unreported, para 22; *Ridehalgh v Horsfield and others* [1994] 3 WLR 462 (491); *Rondel v Worsely* [1967] 3 All ER 993 (1029), [1969] 1 AC 191 (275).

658 *Ridehalgh v Horsfield and others* [1994] 3 WLR 462 (489).

III. Kostenhöhe

Costs orders können bis zu einem Betrag von £20.000 von *Employment Tribunals* erlassen werden.[659] Die Kostengrenze, bis zu der *Employment Tribunals* selbst entscheiden können, wurde erst zum 6. April 2012 von £10.000 auf £20.000 erhöht. Ein Regierungsvorschlag hatte die Erhöhung auf £20.000 zuvor empfohlen, um Kosten zu sparen und die Anrufung eines *county court*, der für höhere Kostenanordnungen zuständig ist, zu vermeiden.[660] Sofern sich ein *Employment Tribunal* an die Kostengrenze hält, kann es auch mehrere Kostenanordnungen in Höhe von £20.000 aus verschiedenen Gründen erlassen.[661] Die durchschnittliche Höhe von *costs orders* betrug bisher durchschnittlich £2.000.[662] Es bleibt abzuwarten, ob die Erhöhung der Kostengrenze auch zur Erhöhung der einzelnen Anordnungen führen wird.

Sollen *Costs orders* über einen Betrag von £20.000 hinausgehen, bestimmen *county courts* deren Höhe.[663] In *Kovacs v Queen Mary and Westfield College* [2002] [664] wurde etwa eine *costs order* wegen missbräuchlicher Prozessführung in Höhe von £62.000 gegen die Klägerin erlassen, da sie Mitarbeiter des Colleges nicht nachweislich der Diskriminierung bezichtigte. Die Klägerin kam daneben wiederholt Aufforderungen zur Beweiserbringung nicht nach, wodurch die Hauptverhandlung 13 Verhandlungstage andauerte. In *Alasdair McPherson v BNP Paribas* [2004][665] wurden gegen den Kläger sogar Kosten i.H.v. über £92.000 veranschlagt, obwohl keine mündliche Verhandlung stattgefunden hatte. Der Kläger hatte seine Klage zurückgenommen, obwohl er monatelang die Absicht angezeigt hatte, seine Klage weiterzuverfolgen, und hierdurch hohe Prozessführungskosten auf Seiten des Beklagten verursacht hatte. Er kam zudem wiederholt Anordnungen des Gerichts zur Beweiserbringung nicht

---

659 ETR 2004, schedule 1, r 41 (1) The amount of a costs order against the paying party shall be determined in any of the following ways — (a) the tribunal may specify the sum which the paying party must pay to the receiving party, provided that sum does not exceed £20.000….

660 *Davey/Djanogly,* Resolving workplace disputes, p. 33.

661 Im Rahmen der bisher bestehenden Kostengrenze i.H.v. £10.000 wurden in *James v Blockbuster Entertainment Ltd* [2006] EWCA Civ 684, [2006] IRLR 630 drei *costs orders* in Höhe von zweimal £10.000 und einmal £5.000 erlassen.

662 Blackstone's Employment Law Practice, 12.02., p. 203; *Manley/Heslop*, Employment Tribunals, 13.1, p. 198. Vgl. die Statistiken seit Einführung der neuen Kostenregelungen im Jahr 2004 bei *Barnett,* Costs in ET, pp. 8-11.

663 ETR 2004, schedule 1, r 41(1) (c) the tribunal may order the paying party to pay the receiving party the whole or a specified part of the costs of the receiving party with the amount to be paid being determined by way of detailed assessment in a County Court in accordance with the Civil Procedure Rules 1998….

664 *Kovacs v Queen Mary and Westfield College* [2002] EWCA Civ 352, [2002] ICR 919, [2002] IRLR 414.

665 *Alasdair McPherson v BNP Paribas* [2004] EWCA Civ 569, [2004] 3 All ER 266, [2004] ICR 1398, [2004] IRLR 558.

nach. Eine derart hohe *costs order* wurde aber als Ausnahme und als *„very large, by tribunal standards“*[666] erachtet.

F. Die Beendigung des deutschen Arbeitsgerichtsprozesses

Wie auch in England werden die meisten arbeitsgerichtlichen Verfahren in Deutschland durch einen Vergleich beendet. Die gewünschte schnelle Entscheidung über das Bestehen eines Arbeitsverhältnisses steht in beiden Ländern im Vordergrund.

Eine separate Verhandlung und Entscheidung über eine Abhilfemaßnahme kennt das deutsche Recht hingegen nicht. Vielmehr entspricht das deutsche Arbeitsgericht bei Erfolg der Klage dem vom Kläger gestellten Antrag. Im Ergebnis entscheidet aber auch ein *Employment Tribunal* über eine Abhilfemaßnahme nach Willen des Klägers. Es würde keine Weiterbeschäftigung als *remedy* anordnen, wenn dies dem ausdrücklichen Willen des Klägers widerspricht, vgl. ERA 1996, s 116 (1) (a)[667].

Die in der Praxis häufigere Anordnung einer *compensation* als eines *re-instatement* oder *re-engagement* entspricht auch der Vorgehensweise bei einer unwirksamen Kündigung vor einem deutschen Arbeitsgericht. Zwar ist die Fortführung des Arbeitsverhältnisses der gesetzliche Regelfall, wohingegen einem Antrag auf Auflösung des Arbeitsverhältnisses gegen Abfindung nach § 9 KSchG nur im Ausnahmefall stattgegeben werden soll. In der Praxis werden die meisten Arbeitsverhältnisse dennoch gegen Abfindung aufgelöst, da eine Weiterbeschäftigung nach einem Rechtsstreit selten sinnvoll ist.

Ungewohnt erscheint die Möglichkeit des *Employment Tribunal*, eine *costs order* oder eine *wasted costs order* gegen rechtliche Vertreter zu erlassen. Bei deutschen arbeitsgerichtlichen Verfahren können Kosten für eine rechtliche Vertretung generell nicht erstattet werden. Weiter ist unter keinen Umständen denkbar, dass ein Arbeitsgericht anordnet, dass ein Anwalt seinem Mandanten das Honorar zurückzahlt, ungeachtet der Möglichkeit eines weiteren Haftungsprozesses. Eine *wasted costs order* nach ETR 2004, r 48 zugunsten des eigenen Mandanten ist aber deshalb erforderlich, da *Employment Tribunals* rechtliche Vertreter nicht zurückweisen können.[668] Falls ein rechtlicher Vertreter in einem Interessenkonflikt steht und daher zuungunsten der eigenen Partei handelt, kann ein *Employment Tribunal* statt einer Zu-

---

666 Mummery LJ in *Alasdair McPherson v BNP Paribas* [2004] EWCA Civ 569, [2004] 3 All ER 266, [2004] ICR 1398, [2004] IRLR 558, para 2.

667 ERA 1996, s 116 (1) (a) siehe oben Teil 4 §10 D. II., S. 107, Fn. 620.

668 *Bache v Essex County Council* [2000] 2 All ER 847 (902, 909, 913), [2000] ICR 313 (375, 382, 286), [2000] IRLR 251 (313, 320, 324).

rückweisung Kosten verhängen. Ein deutsches Arbeitsgericht würde in diesem Fall den rechtlichen Vertreter wegen eines Tätigkeitsverbots nach § 43 a IV BRAO, § 3 I BORA zurückweisen.

Teil 5 Rechtsbehelfe in der Arbeitsgerichtsbarkeit

Was kann man tun, wenn man einen Fall vor dem *Employment Tribunal* verloren hat? Rechtsbehelfe gegen eine Entscheidung eines *Employment Tribunal* sind die Überprüfung mittels einer *„review"* und die Einlegung einer Berufung (*„appeal"*). Bevor die unterliegende Partei einen Rechtsbehelf wählt, stellt sich zunächst die Frage: Welches Gericht ist im Instanzenzug zuständig?

§ 11 Arbeitsgerichtlicher Instanzenzug

Bezüglich des arbeitsgerichtlichen Instanzenzugs ist zu beachten, dass es im Gegensatz zu Deutschland keine isolierte Arbeitsgerichtbarkeit als eigenen Gerichtszweig gibt. Berufungs- und Revisionsinstanzen für arbeitsgerichtliche Streitigkeiten sind sowohl das EAT als auch die Obergerichte der ordentlichen Gerichtsbarkeit, der *Court of Appeal* und der *Supreme Court.*

A. Erste Instanz für arbeitsrechtliche Streitigkeiten

Sofern sich eine Zuständigkeit für arbeitsrechtliche Streitigkeiten aus einem Gesetz ergibt, sind *Employment Tribunals* als erste Instanz für Arbeitssachen zuständig. Eingangsinstanz können aber auch die *county courts* oder der *High Court* sein, vor allem bei Klagen aus Vertragsverletzungen mit einem höheren Streitwert als £25.000.[669]

Ob ein *county court* oder der *High Court* erste Instanz für Zivilrechtsstreitigkeiten ist, bestimmt sich nach dem Streitwert. Der *High Court* ist erst zuständig für Schäden ab £15.000, bei Personenschäden sogar erst bei einem Streitwert ab £50.000.[670] Daneben bleibt die Zuständigkeit der *county courts* parallel bestehen, da es für deren Entscheidungsbefugnis keine Streitwertgrenze gibt. Die Richter des *High Court* können eine Klage auf Antrag einer Partei oder nach eigenem Ermessen an einen *county court* verweisen und umgekehrt können auch *county court*-Richter ein Verfahren an den *High Court* verweisen.[671] Der *High Court* selbst ist

669 Siehe zu der Zuständigkeiten der *Employment Tribunasl* oben Teil 2 § 3, S. 29-34 und zur Zuständigkeitsabgrenzung zur ordentlichen Gerichtsbarkeit, Teil 3 § 4, S. 34-39.

670 *High Court and County Court Jurisdiction Order 1991 (SI 1991/724)* Art 4A Except for proceedings to which article 5 applies, a claim for money in which county courts have jurisdiction may only be commenced in the High Court if the financial value of the claim is more than £15.000. Art. 5 (1) Proceedings in which county courts have jurisdiction and which include a claim for damages in respect of personal injuries shall be commenced in a county court, unless the value of the action is £50,000 or more.

671 *Bunge,* Zivilprozess in England, S. 116, 117; *Taylor/Emir,* Employment Law, p. 47.

in drei Abteilungen aufgeteilt, die *Chancery*, *Queen's Bench* und *Family Division*. Arbeitsvertragliche Streitigkeiten gelangen zur *Queen's Bench Division*.[672]

B. Das Employment Appeal Tribunal

Streitigkeiten, die in erster Instanz von *Employment Tribunals* entschieden wurden, werden vom EAT in der Berufungsinstanz entschieden, vgl. ETA 1996, s 21 (1)[673]. Es ist allein für arbeitsrechtliche Streitigkeiten zuständig, wobei seine Entscheidungsbefugnis ebenso wie die der *Employment Tribunals* nur aufgrund ausdrücklicher gesetzlicher Anordnung gegeben ist.[674]

C. Weitere Gerichtsinstanzen

Für ein weiteres Rechtsmittel gegen Entscheidungen des EAT sowie gegen erstinstanzlichen Entscheidungen eines *county court* oder des *High Court* ist der ordentliche Rechtsweg gegeben.

I. Court of Appeal

Der *Court of Appeal* ist ein reines Appellationsgericht für England und Wales.[675] Er ist zuständig bei Berufungen gegen eine Entscheidung des *county court* oder des *High Court*,[676] aber auch gegen Entscheidungen des EAT.[677] Der *Court of Appeal* besteht aus einer zivilrechtlichen und einer strafrechtlichen Abteilung,[678] wobei genannte Entscheidungen von der zivilrechtlichen Abteilung überprüft werden. Den Vorsitz der zivilrechtlichen Abteilung des *Court of Appeal* führt der *Master of the Rolls*, die Richter werden *Lord Justices of Appeal* genannt.[679] Normalerweise werden die Verhandlungen von drei *Lord Justices of Appeal* ge-

---

672 *Graf von Bernstorff*, Einführung in das englische Recht, S. 18; Blackstone's Employment Law Practice 19.36, p. 305; *Gillespie*, 6.2.4, pp. 188-191; *Taylor/Emir*, Employment Law, p. 47.

673 ETA 1996, s 21 (1) An appeal lies to the Appeal Tribunal on any question of law arising from any decision of, or arising in any proceedings before, an employment tribunal….

674 Mehr zur Berufung vor dem EAT unter Teil 5 § 12 B.-H., S. 127-150.

675 *Graf von Bernstorff*, Einführung in das englische Recht, S. 19; *Sims*, English Law and Terminology, p. 45. Für Schottland ist der *Court of Cession* vergleichbares Appellationsgericht.

676 Vgl. *Senior Court Act 1981* (c. 54) = SCA 1981 r 16 (1) … the Court of Appeal shall have jurisdiction to hear and determine appeals from any judgment or order of the High Court. Der *Supreme Court Act 1981* wurde durch den *Constitutional Reform Act 2005* (c. 5) in *Senior Court Act 1981* umbenannt, um Verwechslungen mit dem *Supreme Court* als Nachfolger des *House of Lords* zu vermeiden.

677 ETA 1996, s 37 (1) Subject to subsection (3), an appeal on any question of law lies from any decision or order of the Appeal Tribunal to the relevant appeal court with the leave of the Appeal Tribunal or of the relevant appeal court. (2) In (1) the "relevant appeal court" means — (a) in the case of proceedings in England and Wales, the Court of Appeal….

678 SCA 1981, s 3 (1) There shall be two divisions of the Court of Appeal, namely the criminal division and the civil division.

679 SCA 1981, s 2 (3) An ordinary judge of the Court of Appeal (including the vice-president, if any, of either division) shall be styled "Lord Justice of Appeal" or "Lady Justice of Appeal". SCA 1981, s 3 (2) The Lord

führt. Bei besonders wichtigen Entscheidungen tagt der *Court of Appeal* in voller Besetzung mit fünf *Lord Justices of Appeal.*[680]

Eine Berufung muss vom ursprünglichen Gericht oder dem *Court of Appeal* ausdrücklich zugelassen werden.[681] Das ist der Fall, wenn die Berufung Aussicht auf Erfolg hat oder ein anderer zwingender Grund für eine Berufungszulassung besteht, vgl. CPR 1998, r 52.3 (6)[682]. Im Fall der Zulassung überprüft der *Court of Appeal* Entscheidungen des *county court*, des *High Court* oder des EAT hinsichtlich rechtlicher Fehler („*errors of law*").[683] Nach Ermessen des *Court of Appeal* kann eine mündliche Verhandlung mit erneuter Beweisaufnahme ein zweites Mal durchgeführt werden, wobei dies aus Achtung vor dem erstinstanzlichen Gericht nur im Ausnahmefall geschehen soll.[684] Bei Berufungen gegen Entscheidungen des EAT ist dies besonders unüblich, da der *Court of Appeal* im Falle einer notwendig neuen Beweisaufnahme an das erstinstanzliche *Employment Tribunal* wegen dessen speziellen, arbeitsrechtlichen Kenntnissen zurückverweisen würde.[685] In jedem Fall verlassen die Parteien mit Berufung zum *Court of Appeal* die Ebene der kostenfreien Verfahren und tragen sämtliche Prozesskosten im Fall des Unterliegens.[686]

Chief Justice shall be president of the criminal division of the Court of Appeal, and the Master of the Rolls shall be president of the civil division of that court.

680 *Sims,* English Law and Terminology, p. 45.

681 *Bley,* Die zweite Instanz nach deutschem und englischem Zivilprozessrecht, S. 41; *Bunge,* Zivilprozess in England, S. 166, 168, 169; *Sims,* English Law and Terminology, p. 45; *Stein/Rabe von Papenheim,* Arbeitsrecht in Großbritannien, Rn. 313, S. 110; *Stürner,* Die Anfechtung von Zivilurteilen, S. 118. Vgl. auch CPR 1998, r 52.3 (1) An appellant or respondent requires permission to appeal (a) where the appeal is from a decision of a judge in a county court or the High Court … or (b) as provided by the relevant practice direction. (2) An application for permission to appeal may be made — (a) to the lower court at the hearing at which the decision to be appealed was made; or (b) to the appeal court in an appeal notice. (3) Where the lower court refuses an application for permission to appeal, a further application for permission to appeal may be made to the appeal court.

682 CPR 1998, r 52.3 (6) Permission to appeal will only be given where — (a) the court con-siders that the appeal would have a real prospect of success; or (b) there is some other compelling reason why the appeal should be heard.

683 *Graf von Bernstorff,* Einführung in das englische Recht, S. 19; *Bley,* Die zweite Instanz nach deutschem und englischem Zivilprozessrecht, S. 87; *Bunge,* Zivilprozess in England, S. 170; *Green/Heppinstall,* Manual of Employment Appeals, 4.3, p. 109. Vgl. auch CPR 1998, r 52.11.

684 *El Du Pont de Nemours & Co v ST Dupont* [2003] EWCA Civ 1368, para 97; *Audergon v La Baguette Ltd* [2002] EWCA Civ 10, para 83; *Bley,* Die zweite Instanz nach deutschem und englischem Zivilprozessrecht, S. 87, 88; *Bunge,* Zivilprozess in England, S. 164; *Stürner,* Anfechtung von Zivilurteilen, S. 175, 229. Vgl. den Wortlaut von CPR 1998, r 52.11 (1) Every appeal will be limited to a review of the decision of the lower court unless … (b) the court considers that in the circumstances of an individual appeal it would be in the interests of justice to hold a rehearing. (2) Unless it orders otherwise, the appeal court will not receive — (a) oral evidence; or (b) evidence which was not before the lower court.

685 *Green/Heppinstall,* Manual of Employment Appeals, 4.125, p. 133; *Selwyn,* 1.23, p. 9.

686 *Green/Heppinstall,* Manual of Employment Appeals, 4.3, p. 109.

II. Supreme Court

Letzte Rechtsmittelinstanz in England ist der *Supreme Court,* der im Jahr 2009 das *House of Lords* als oberste Gerichtsinstanz ablöste.[687] Das Gericht, dessen Vorsitz nicht mehr der *Lord Chancellor*, sondern der *Lord Chief Justice* führt, ist mit zwölf Richtern besetzt. Der *Supreme Court* entscheidet nur, wenn der *Court of Appeal* oder ein besonderer Zulassungsausschuss des *Supreme Court* das Rechtsmittel zugelassen hat.[688] Dies ist der Fall, wenn das betroffene Rechtsproblem Bedeutung für die Allgemeinheit hat und Rechtsunsicherheit besteht.[689] Eine Sprungrevision vom *High Court* zum *Supreme Court* ist möglich, wenn von einem Richter des *High Court* festgestellt wird, dass die Rechtssache von allgemeiner Bedeutung ist, eine bisherige Rechtsprechung aufgegeben wird oder der *High Court* durch eine entgegenstehende Entscheidung des *Court of Appeal* oder des *Supreme Court* gebunden ist.[690]

Der *Supreme Court* neigt dazu, arbeitsrechtliche Rechtsfragen zu vereinfachen.[691] Im Jahr werden ungefähr 100 Fälle vom *Supreme Court* gehört, von denen etwa sechs Fälle einen arbeitsrechtlichen Bezug aufweisen.[692] Der *Supreme Court* fällt hierbei keine Sachentscheidung, sondern erklärt ein Rechtsmittel für begründet oder unbegründet und verweist den Streitfall an das erstinstanzliche Gericht zurück.[693]

III. Gerichtshof der Europäischen Union

Bei europarechtlichen Fragen kann jedes Gericht den Gerichtshof der Europäischen Union im Wege des Vorabentscheidungsverfahren nach Art. 267 AEUV anrufen. Hierbei handelt es sich um eine Richtervorlage und nicht um das Rechtsmittel der Berufung, die jedermann ein-

---

687 *Graf von Bernstorff,* Einführung in das englische Recht, S. 20. Das *House of Lords* war neben höchster Gerichtsinstanz auch Kammer des Englischen Parlaments. Es setzte sich aus dem *Lord Chancellor*, der den Vorsitz führte und zwölf *Law Lords* zusammen. Diese wurden von der Königin auf Vorschlag des Premierministers ernannt. Um die enge Verknüpfung von Legislative und Judikative zu trennen, wurde der *Constitutional Reform Act 2005* erlassen, der den *Supreme Court* als neues oberstes Gericht erschuf.

688 *Supreme Court Rules 2009 (SI 2009/1603),* r 10 (2) An application for permission to appeal must be made first to the court below, and an application may be made to the Supreme Court only after the court below has refused to grant permission to appeal.

689 *Sims,* English Law and Terminology, p. 46; *Graf von Bernstorff,* Einführung in das engli-sche Recht, S. 20.

690 *Graf von Bernstorff,* Einführung in das englische Recht, S. 21; *Bunge,* Zivilprozess in England, S. 167. Vgl. auch *Administration of Justice Act 1969* (c. 58), s 12 (1) Where on the application of any of the parties to any proceedings to which this section applies the judge is satisfied — (a) that the relevant conditions are fulfilled in relation to his decision in those proceedings, and (b) that a sufficient case for an appeal to the Supreme Court under this Part of this Act has been made out to justify an application for leave to bring such an appeal, and (c) that all the parties to the proceedings consent to the grant of a certificate under this section, the judge, subject to the following provisions of this Part of this Act, may grant a certificate to that effect.

691 *Sims,* English Law and Terminology, p. 46; *Taylor/Emir,* Employment Law, p. 48.

692 *Taylor/Emir,* Employment Law, p. 48.

693 *Graf von Bernstorff,* Einführung in das englische Recht, S. 21.

legen kann.[694] Zu einer Vorlage an den EuGH ist der *Supreme Court* als letztinstanzliches Gericht bei Auslegung der Verträge verpflichtet, vgl. Art. 267 UA 3 AEUV. Die Pflicht zur Anrufung des EuGH betrifft aber auch jede andere Instanz, wenn sie von dessen ständiger Rechtsprechung abweichen will, ein noch ungeklärtes europarechtliches Problem vorliegt oder sie Europarecht für nichtig hält.[695] Ein Gericht hat insoweit keine Verwerfungskompetenz, da dies eine einheitliche Auslegung von Europarecht gefährden würde. Ein *Employment Tribunal* gilt wie das EAT als Gericht i.S.d. Art. 267 AEUV, obwohl es kein *court*[696] im engeren Sinn ist.[697]

Im Jahr betreffen etwa 25 Entscheidungen des EuGH das Arbeitsrecht, wobei 29 arbeitsrechtliche Fälle vom EuGH im Jahr 2010 entschieden wurden, im Jahr 2009 hingegen nur 19.[698] Der arbeitsrechtliche Bezug lag hier vor allem in einer Verletzung der Arbeitnehmerfreizügigkeit nach Art. 45 AEUV.[699]

D. Der Instanzenzug in der deutschen Arbeitsgerichtsbarkeit

Der Instanzenzug der deutschen Arbeitsgerichtsbarkeit unterscheidet sich vom englischen Recht, da er von den ordentlichen Gerichten als separater Gerichtszweig getrennt ist, vgl. Art. 95 GG. Gegen Urteile des Arbeitsgerichts als erste Instanz kann eine Berufung an ein Landesarbeitsgericht (LAG) gerichtet werden, vgl. § 64 I ArbGG. Gegen Urteile eines LAG ist eine Revision nach § 72 I ArbGG zum Bundesarbeitsgericht (BAG) statthaft, wenn sie vom LAG zugelassen wurde. Sollte das Arbeitsgericht im Wege eines Beschlusses entscheiden, ist eine Beschwerde zum LAG und eine Rechtsbeschwerde zum BAG statthaft, §§ 87 I, 92 I S. 1 ArbGG.

Die Arbeitsgerichtsbarkeit in England hingegen ist mit den *Employment Tribunals* und dem EAT nur in erster und zweiter Instanz von der ordentlichen Gerichtsbarkeit getrennt. Weitere Rechtsmittel müssen bei der zivilrechtlichen Abteilung des *Court of Appeal* und des *Supreme Court* eingelegt werden.

---

694 *Green/Heppinstall,* Manual of Employment Appeals, 6.4, p. 155.

695 EuGH, Urteil vom 22.10.1987 – Rs. C.314/85, Slg. 1987, 4199, Rn. 20 – *Foto/Frost/HZA Lübeck-Ost* = NJW 1998, 1451, Rn. 20.

696 Zur Abgrenzung eines *tribunal* von einem *court* siehe oben Teil 1 § 1 C. I., S. 9-10.

697 *Green/Heppinstall,* Manual of Employment Appeals, 6.5, p. 156; *Knof,* Vorabentschei-dungsverfahren, S. 78.

698 *Kilpatrick,* (2011) 40 ILJ 280 (281), table 1; (2010) 39 ILJ 287 (288), table 1. Zum Inhalt der Entscheidungen der Jahre 2008, 2009, 2010 siehe *Kilpatrick,* (2011) 40 ILJ 280, (2010) 39, 287, (2009) 38 ILJ 180.

699 *Kilpatrick,* (2009) 38 ILJ 180 (181).

§ 12 Die arbeitsgerichtlichen Rechtsbehelfe im Einzelnen

Das EAT ist die einzige rein arbeitsrechtliche Berufungsinstanz in England mit der Aufgabe, Leitlinien zu allgemeinen, arbeitsrechtlichen Belangen aufzustellen.[700] Wenn eine Partei in erster Instanz unterliegt, kann sie neben der Einlegung einer Berufung („*appeal*") zum EAT eine Entscheidung auch mit dem Rechtsbehelf „*review*" vom *Employment Tribunal* selbst überprüfen lassen. Wann kann sich die unterliegende Partei mit einer *review* zur Wehr setzen, wann ist eine Berufung statthaft und wie läuft jeweils das Verfahren ab?

A. Abgrenzung zum Rechtsbehelf der „review"

Im Gegensatz zur Berufung zum EAT, bei der jegliche rechtliche Fehler überprüft werden, erfasst eine Überprüfung mit einer *review* vornehmlich prozessuale Fehler.[701] Im Rahmen einer *review* entscheidet das *Employment Tribunal* selbst, das die anzugreifende Entscheidung getroffen hat,[702] da eine *review* im Gegensatz zur Berufung keinen Devolutiveffekt hat.

I. Statthaftigkeit einer „review"

Eine *review* ist statthaft gegen *default judgments*,[703] gegen die Abweisung einer Klage, einer Klageerwiderung oder einer Widerklage und gegen Entscheidungen einschließlich verschiedener Kostenanordnungen.[704] Eine Entscheidung in diesem Sinne liegt vor, wenn sie eine Rechtsfrage abschließend klärt oder den ganzen Prozess beendet.[705] Daher kann beispielsweise auch eine Klageabweisungsentscheidung mit einer *review* überprüft werden, da sie den Prozess beendet und einen erneuten Prozess als *estoppel per rem iudicatam*[706] verhindert.[707]

---

700 Browne-Wilkinson J in *Grundy (Teddington) Ltd v Plummer* [1983] ICR 367 (375): „*It seems to us that it is a proper and useful part of our function in a limited number of cases to give guidance.*".

701 *Goodier/Parkin,* 16.1, p. 380; *Green/Heppinstall,* Manual of ET Appeals, 1.5, p. 1; *McMullen,* Employment Tribunal Procedure, 19.1, p. 293.

702 ETR 2004, schedule 1, r 36 (1) When a party has applied for a review and the application has not been refused after the preliminary consideration above, the decision shall be reviewed by the Employment Judge or tribunal who made the original decision.

703 ETR 2004, schedulel, r 33 (1) A party may apply to have a default judgment against or in favour of him reviewed. Siehe hierzu oben: Teil 3 § 6 C. II., S. 63, 64.

704 ETR 2004, schedule 1, r 34 (1) Parties may apply to have certain judgments and decisions made by a tribunal or an Employment Judge reviewed under rules 34 to 36. Those judgments and decisions are — (a) a decision not to accept a claim, response or counterclaim; (b) a judgment (other than a default judgment but including an order for costs, expenses, preparation time or wasted costs); and (c) ... Other decisions or orders may not be reviewed under these rules.

705 ETR 2004, schedule 1, r 28 (1) (a), siehe oben Teil 4 § 10 C., S. 103, Fn. 597.

706 Zum *estoppel per rem iudicatam,* siehe oben Teil 2 § 4 B., S. 37, 38, Fn. 226.

707 *Sodexho Ltd v Gibbons* [2005] IRLR 836, para 29. Hier wurde eine Klageabweisungsentscheidung mit einer *review* überprüft, nachdem eine Sicherheitsleistung im Rahmen einer PHR nicht gezahlt worden war. Mit einer *review* kann auch eine Klageabweisung infolge der Nichtbeachtung einer *unless-order* nach ETR 2004, schedule 1, r 13 überprüft werden, so z.B. bei *Neary v Govering body of St Albans Girls' School*

Nicht überprüfbar sind dagegen in ETR 2004, schedule 1, r 34 (1) nicht genannte gerichtliche Anordnungen wie eine Anordnung zur Sicherheitsleistung oder die bloße Androhung einer Klageabweisung in einer *unless-order.*[708]

Die *review* kann nach ETR 2004, r 34 (3)[709] nur bei Vorliegen bestimmter formeller Fehler eingelegt werden. Eine *review* dient vorwiegend der Beseitigung prozessualer Fehltritte, insbesondere dann, wenn eine der Parteien keine Möglichkeit zur gerechten Prozessführung hatte.[710] Bei Vorliegen prozessualer und materiellrechtlicher Fehler sollten die Parteien zunächst von einer Berufungseinlegung zugunsten einer *review* absehen, da ein *Employment Tribunal* über eine *review* schneller, weniger beschwerlich und billiger entscheidet:

> *„A review is, for obvious reasons, speedier, less cumbersome and in all probability less expensive than an appeal. ... It is highly desirable that the aggrieved party should choose the option of review."*[711]

Die unterliegende Partei kann eine Entscheidung aber auch mit einer *review* wegen eines prozessualen Fehlers und einer Berufung wegen eines materiellrechtlichen Fehlers angreifen. Das über die Berufung entscheidende EAT setzt seine Entscheidung in der Regel aus, bis das *Employment Tribunal* über die *review* entschieden hat.[712] Falls die *review* zuungunsten des Berufungsklägers ausfällt, kann er neben der Ursprungsentscheidung auch die Entscheidung über die *review* mit der Berufung angreifen.[713]

[2009] EWCA Civ 1190, [2010] ICR 473, [2010] IRLR 124, EAT und *Tisson v Telewest Communications Group Ltd* UKEAT/0607/07/LA, 19 February 2008, unreported.

708 Blackstone´s Employment Law Practice, 13.08, p. 213; *Cunningham/Reed,* 10.29, p. 277; *McMullen,* Employment Tribunal Procedure, 19.8, p. 294, Tolley´s Employment Handbook, 19.75, p. 569.

709 ETR 2004, schedule 1, r 34 (3) Subject to paragraph (4), decisions may be reviewed on the following grounds only (a) the decision was wrongly made as a result of an administrative error; (b) a party did not receive notice of the proceedings leading to the decision; (c) the decision was made in the absence of a party; (d) new evidence has become avai-lable since the conclusion of the hearing to which the decision relates, provided that its existence could not have been reasonably known of or foreseen at that time; or (e) the interests of justice require such a review. (4) A decision not to accept a claim or response may only be reviewed on the grounds listed in paragraphs (3) (a) and (e).

710 Browne-Wilkinson J in *Trimble v Supertravel Ltd* [1982] ICR 440 (442): *„In essence, the review procedure enables errors occurring in the course of the proceedings to be corrected but would not normally be appropriate when the proceedings had given both parties a fair opportunity to present their case."*.

711 *Butlins Skyline Ltd v Beynon* [2007] ICR 121 (134), EAT.

712 *Burton,* (2005) 34 ILJ 273 (274); *Goodier/Parkin,* 16.1, p. 390.

713 *Goodier/Parkin,* 16.1, p. 390. Beide Entscheidungen wurden z.B. in *Secretary of State for Health v Rance* [2007] IRLR 665 angefochten.

Schreibfehler und andere technische Versehen kann der Vorsitzende jederzeit nach ETR 2004, schedule 1, r 37 (1)[714], der sogenannten *„slip rule"*, berichtigen,[715] sodass hierfür keine *review* erhoben werden muss.

II. Erhebung einer „review"

Eine *review* kann nicht nur auf Antrag der Parteien, sondern auch auf eigene Initiative des *Employment Judge* oder des *Employment Tribunal* in voller Besetzung, der bzw. das die Entscheidung getroffen hat, erhoben werden.[716] Die *review* muss schriftlich eingelegt werden und die Gründe benennen, die für eine Überprüfung der Entscheidung sprechen.[717] Die Frist zur Einlegung einer *review* beträgt 14 Tage ab Zusendung[718] der Entscheidung an die Parteien. Der Richter kann die Frist verlängern, wenn er es als *just and equitable*[719] erachtet.[720]

III. Begründetheit einer „review"

Sofern eine *review* nicht gegen ein Versäumnisurteil[721] gerichtet ist, ist eine *review* nur aus in ETR 2004, schedule 1, r 34 (3)[722] abschließend aufgezählten Fällen begründet. Eine *review* hat hiernach Aussicht auf Erfolg, wenn die Ausgangsentscheidung an einem verwaltungstechnischem Fehler leidet, eine Partei keine Kenntnis von der zur Entscheidung führenden mündlichen Verhandlung hatte, die Entscheidung in Abwesenheit einer Partei erging, ein Beweismittel, das Bedeutung für die Entscheidung hat, nach der letzten mündlichen Verhandlung verfügbar wurde, sofern dessen Existenz vernünftigerweise nicht bekannt war oder vorhergesehen werden konnte, oder die Gerechtigkeitserwägungen eine *review* erfordern. *Reviews* aus Gerechtigkeitserwägungen stellen entweder größere oder kleinere[723] verfahrens-

---

714 ETR 2004, schedule 1, r 37 (1) Clerical mistakes in any order, judgment, decision or reasons, or errors arising in those documents from an accidental slip or omission, may at any time be corrected by certificate by the Employment Judge....

715 Blackstone's Employment Law Practice, 13.01, p. 212; *McMullen,* Employment Tribunal Procedure, 19.5, p. 293.

716 ETR 2004, schedule 1, r 34 (5) A tribunal or Employment Judge may on its or his own initiative review a decision made by it or him on the grounds listed in paragraphs (3) or (4).

717 ETR 2004, schedule 1, r 35 (2) The application must be in writing and must identify the grounds of the application in accordance with rule 34 (3)....

718 Hierbei ist die Absendung bei Gericht und nicht die Zustellung bei den Parteien entscheidend, siehe unten Teil 5 § 12 E., S. 133.

719 Zum Begriff *just and equitable* siehe oben Teil 3 § 5 C. III., S. 50-52.

720 ETR 2004, schedule 1, r 35 (1) An application under rule 34 to have a decision reviewed must be made to the Employment Tribunal Office within 14 days of the date on which the decision was sent to the parties. The 14 day time limit may be extended by an Employment Judge if he considers that it is just and equitable to do so.

721 Zu einer *review* gegen ein Versäumnisurteil siehe oben, Teil 3 § 6 C. II., S. 63, 64.

722 ETR 2004, schedule 1, r 34 (3) siehe oben Teil 5 § 12 A. I., S. 124, Fn. 710.

723 *Trimble v Supertravel Ltd* [1982] ICR 440 (443), [1982] IRLR 451 (454).

rechtliche „Missgeschicke“[724] oder Ereignisse nach Ende der mündlichen Verhandlung dar.[725] Eine *review* ist aber grundsätzlich nicht begründet, wenn beide Parteien ein faires Verfahren führen konnten.[726]

Eine *review* ist bei Fehlern sowohl seitens der Geschäftsstelle des *tribunal* als auch seitens einer Partei begründet.[727] In *Sodexho v Gibbons* [2005] hatte der Kläger entgegen einer gerichtlichen Anordnung keine Sicherheitsleistung erbracht, da er selbige Anordnung wegen falscher Adressenangabe seitens des Beklagten nicht bekommen hatte. Daraufhin wurde die Klage seitens des Gerichts abgewiesen. Die Klageabweisungsentscheidung konnte hier durch eine *review* aufgehoben werden, obwohl der Fehler beim Beklagten und damit außerhalb des Verantwortungsbereichs des *Employment Tribunal* lag.

IV. Entscheidung

Über eine *review* entscheidet das *Employment Tribunal* aufgrund einer mündlichen Verhandlung, in der auch neue Beweise erhoben werden können.[728] Die ursprüngliche Entscheidung kann bestätigt, abgeändert oder unter Anordnung einer erneuten mündlichen Verhandlung aufgehoben werden, vgl. ETR 2004, schedule 1, r 36 (3)[729]. Eine Entscheidung wird immer in vollem Umfang überprüft und kann nicht auf Einzelaspekte reduziert werden.[730] Die Kompetenz zur Abänderung führt so weit, dass das *tribunal* ein Urteil ins Gegenteil abändern kann, wenn es dies für einleuchtend und die einzig richtige Lösung hält. So kann es beispielsweise sogar eine wirksame Kündigung als unwirksam deklarieren.[731]

---

724 Browne-Wilkinson J in *Trimble v Supertravel Ltd* [1982] ICR 440 (443), [1982] IRLR 451 (454): *„procedural mishap".*

725 *Sodexho Ltd v Gibbons* [2005] IRLR 836, para 44: *„Cases in which the only application [for review] is made ... fall into two broad categories: those in which there has been a 'procedural mishap' of one sort or another and those in which the tribunal's decision has been undermined by events occurring shortly thereafter.".*

726 *Trimble v Supertravel Ltd* [1982] ICR 440 (440), [1982] IRLR 451 (451); Tolley's Employment Handbook, 19.75, p. 570.

727 *Sodexho v Gibbons* [2005] ICR 1647, [2005] IRLR 836, para 42.

728 *Goodier/Parkin,* 16.4.6.1, p. 399; *Manley/Heslop,* Employment Tribunals, 14.3, p. 208; *McMullen,* Employment Tribunal Procedure, 19.40, p. 304; Tolley's Employment Handbook, 19.75, p. 570.

729 ETR 2004, schedule 1, r 36 (3) A tribunal or Employment Judge who reviews a decision under paragraph (1) or (2) may confirm, vary or revoke the decision.

730 *Estorffe v Smith* [1973] ICR 542 (545), NIRC: *„A litigant who asks a tribunal to review their decision cannot pick and choose between which parts of the decision he wishes to have reviewed.".*

731 *Stonehill Furniture Ltd v Phillippo* [1983] ICR 556 (559): *„The tribunal can either decide that at the original hearing the decision it came to was wrong, and the right answer is so obvious that it can go straight to that right answer.".*

B. Prüfungskompetenz des Employment Appeal Tribunal

Will eine Partei die Entscheidung eines *Employment Tribunal* hingegen wegen eines jeglichen Rechtsfehlers („*error of law*") angreifen, muss sie eine Berufung zum EAT anstrengen, vgl. ETA 1996, s 21 (1):

> „*An appeal lies to the Appeal Tribunal on any* ***question of law*** *arising from any decision of, or arising in any proceedings before an employment tribunal...*".[732]

Das EAT führt daher in der Regel keine Beweisaufnahme durch und hört nur rechtliche Argumente.[733] Das *Employment Tribunal* ist als Eingangsinstanz Ort für eine Beweisaufnahme und seiner Beweiswürdigung muss größtmögliche Richtigkeit zugestanden werden.[734] Das EAT entscheidet als Berufungsinstanz vielmehr nur aufgrund der ihm vorgelegten Dokumente, aufgrund von *Case Law* oder kodifiziertem Recht und aufgrund von mündlich vorgetragenen Argumenten.[735] Das auf jeder Richterempore stehende Exemplar des fünfbändigen, arbeitsrechtlichen Standardwerks *Harvey on Industrial Relations and Employment Law,* das neben *case law* auch alle relevanten Gesetze enthält, zeigt deutlich, dass das EAT über Rechtsprobleme und nicht über Tatsachenprobleme entscheidet.

Problematisch ist es, ob das EAT über Rechtstatsachen, d.h. über Tatbestandsmerkmale mit sowohl rechtlichem als auch tatsächlichem Bezug, entscheiden darf. Ein Beispiel hierfür ist die Tatbestandsvoraussetzung des „vertragsgemäßen Verhaltens", da dieses zum einen eine beweisbare Tatsache darstellt, zugleich aber auch für die Rechtmäßigkeit einer verhaltensbedingten Kündigung maßgeblich ist. Für Rechtstatsachen hat das EAT grundsätzlich keine Entscheidungsbefugnis, es sei denn diese lassen sich auf eine rein rechtliche Frage reduzieren.[736]

Auch wenn das EAT als *tribunal* betitelt ist, gilt es dennoch als höherrangiges Gericht („*superior court of record*")[737] mit denselben Befugnissen wie der *High Court*.[738] Diesen Unter-

---

732 [Hervorhebung nicht im Original].

733 *Manley/Heslop,* Employment Tribunals, 14.4, p. 212.

734 *O'Kelly v Trusthouse Forte Plc* [1983] ICR 728 (764), [1983] IRLR 369 (375); *Carnwath,* PL 2009, Jan, 48 (63).

735 *Manley/Heslop,* Employment Tribunals, 14.4, p. 212.

736 Donaldson MR in *O'Kelly v Trusthouse Forte Plc* [1983] ICR 728 (761), [1983] IRLR 369 (392): „*Whilst it may be convenient for some purposes to refer to questions of "pure" law as contrasted with "mixed" questions of fact and law, the fact is that the appeal tribunal has no jurisdiction to consider any question of mixed fact and law until it has purified or distilled the mixture and extracted a question of pure law.*". Für eine Ausweitung der Prüfungskompetenz des EAT als Berufungsinstanz mit Spezialwissen auf generelle Prinzipien und Tatsachenfragen siehe *Carnwath,* PL 2009, Jan, 48 (64).

737 ETA 1996, s 20 (3) The Appeal Tribunal shall be a superior court of record and shall have an official seal which shall be judicially noticed.

schied bemerkt man schon an der weitaus stattlicheren Ausgestaltung des Gerichtsgebäudes. Die Richter sitzen deutlich erhöht und in größerem Abstand zu den Parteien als im Sitzungssaal eines *Employment Tribunal*.

C. Zusammensetzung der Richterbank

Das EAT ist mit einem *Circuit Judge*[739], einem *High Court Judge* oder mit einem *Lord Justice of Appeal* und zwei *lay members* besetzt,[740] die ebenfalls lediglich mit *„Sir"* oder *„Madam"* angesprochen werden. Jeweils ein *lay member* hat wie bei den *Employment Tribunals* spezielles Wissen von Arbeitgeber- oder Arbeitnehmerseite.[741] Der Vorsitzende Richter wird vom *Lord Chief Justice*[742] nach Beratung mit dem *Lord Chancellor*[743] und die *lay members* von der Königin nach der gemeinsamen Empfehlung des *Lord Chancellor* und des Justizministers ernannt.[744]

Gewöhnlich tagt das EAT mit drei Richtern, wobei in schwierigen Verhandlungen neben dem Vorsitzenden Richter auch vier *lay members* sitzen können.[745] Eine Einzelrichtersitzung findet in den Fällen statt, in denen zuvor der *Employment Judge* allein entschieden hat.[746] An

---

738 ETA 1996, s 29 (2) The Appeal Tribunal has in relation to — (a) the attendance and examination of witnesses, (b) the production and inspection of documents, and (c) all other matters incidental to its jurisdiction, the same powers, rights, privileges and authority (in England and Wales) as the High Court.

739 Ein *Circuit Judge* ist ein höherrangiger Richter, der regelmäßig an *crown courts* oder *county courts*, aber auch in einer Spezialabteilung des *High Court* oder des *Court of Appeal* sitzt. Er steht einen Rang unter einem *High Court Judge*, vgl. *von Bernstorff*, Einführung in das englische Recht, S. 22, 23.

740 Blackstone's Employment Law Practice, 18.05, p. 251; *Goodier/Parkin*, 17.1.4.2, p. 410; *Green/Heppinstall*, Manual of Employment Appeals, 3.360, p. 93. Vgl. auch ETA 1996, s 22 (1) The Appeal Tribunal shall consist of — (a) such number of judges as may be nominated from time to time by the Lord Chief Justice, after consulting the Lord Chancellor, from the judges of the High Court and the Court of Appeal, (b) at least one judge of the Court of Session nominated from time to time by the Lord President of the Court of Session, and (c) such number of other members as may be appointed from time to time by Her Majesty on the joint recommendation of the Lord Chancellor and the Secretary of State ("appointed members").

741 ETA 1996, s 22 (2) The appointed members shall be persons who appear to the Lord Chancellor and the Secretary of State to have special knowledge or experience of industrial relations either — (a) as representatives of employers, or (b) as representatives of workers (within the meaning of the Trade Union and Labour Relations (Consolidation) Act 1992).

742 Der *Lord Chief Justice* ist Vorsitzender Richter des *Supreme Court*, siehe hierzu oben Teil 5 § 11 C. II., S. 120, 121.

743 Zum *Lord Chancellor* siehe oben Teil 1 § 2 I., S. 23, Fn. 136.

744 ETA 1996, s 22 (1) (a), (c), siehe oben Teil 5 § 12 C., S. 128, 129, Fn. 740.

745 Blackstone's Employment Law Practice, 18.04, p. 251. Vgl. ETA 28 (2) Subject to (3) to (5), proceedings before the Appeal Tribunal shall be heard by a judge and either two or four appointed members, so that in either case there is an equal number — (a) of persons whose knowledge or experience of industrial relations is as representatives of employers, and (b) of persons whose knowledge or experience of industrial relations is as representatives of workers. So z.B. bei *Government Communications Staff Federation v Certification Officer* [1993] ICR 163.

746 ETA 1996, s 28 (4) Proceedings on an appeal on a question arising from any decision of, or arising in any proceedings before, an employment tribunal consisting of the person mentioned in section 4 (1) (a) alone

einem gewöhnlichen Sitzungstag tagen vier oder fünf Abteilungen des EAT in London und eine Abteilung in Edinburgh, da die Hauptstelle des EAT in London fünf Sitzungssäle zur Verfügung stellt, die Nebenstelle in Edinburgh hingegen nur einen.

D. Entscheidungsbefugnis des Employment Appeal Tribunal

Die Entscheidungsbefugnis des EAT wird ausschließlich durch Gesetze geregelt und ist unabhängig von einer Zulassung der Berufung durch das *Employment Tribunal* gegeben.[747] Die Zuständigkeit beschränkt sich auf Rechtsfragen und ergibt sich für Berufungen gegen Entscheidungen von *Employment Tribunals*, die aufgrund von in ETA 1996, s 21 (1) abschließend aufgezählten Gesetzen ergingen.[748]

Für Entscheidungen von *Employment Tribunals*, deren arbeitsgerichtliche Zuständigkeit nicht aus ETA 1996, s 21 herrührt, hat das EAT keine Entscheidungsbefugnis.[749] Eine Zuständigkeit des EAT fehlt auch für Auflagen und Verbotsanordnungen bezüglich bestimmter Tätigkeiten der Arbeitnehmer, da eine Berufung hiergegen in die Zuständigkeit des *High Court* fällt.[750] Grund hierfür ist, dass ein Verstoß gegen genannte Anordnungen eine Straftat darstellt und das EAT keine strafrechtliche Rechtsprechungskompetenz besitzt.[751] Eine Berufung ist

---

shall be heard by a judge alone unless a judge directs that the proceedings shall be heard in accordance with subsections (2) and (3).

747 HHJ McMullen QC in *Hartaki v South East England Development Agency* [2008] IRLR 945, para 1.

748 ETA 1996, s 21 (1) An appeal lies to the Appeal Tribunal on any question of law arising from any decision of, or arising in any proceedings before, an employment tribunal under or by virtue of — (a) the Equal Pay Act 1970, (b) the Sex Discrimination Act 1975, (c) the Race Relations Act 1976, (d) the Trade Union and Labour Relations (Consolidation) Act 1992, (e) the Disability Discrimination Act 1995, (f) the Employment Rights Act 1996, ... (g) this Act, (ga) the National Minimum Wage Act 1998, (gb) the Employment Relations Act 1999, (gc) the Equality Act 2006, (h) the Working Time Regulations 1998, (i) the Transnational Information and Consultation of Employees Regulations 1999, (j) the Part-time Workers (Prevention of Less Favourable Treatment) Regulations 2000, (k) the Fixed-term Employees (Prevention of Less Favourable Treatment) Regulations 2002, (l) the Employment Equality (Sexual Orientation) Regulations 2003, (m) the Employment Equality (Religion or Belief) Regulations 2003, (n) the Merchant Shipping (Working Time: Inland Waterways) Regulations 2003, (o) the European Public Limited-Liability Company Regulations 2004, (p) the Fishing Vessels (Working Time: Sea-fishermen) Regulations 2004, (q) the Information and Consultation of Employees Regulations 2004, (r) the Schedule to the Occupational and Personal Pension Schemes (Consultation by Employers and Miscellaneous Amendment) Regulations 2006, (s) the Employment Equality (Age) Regulations 2006, (t) the European Cooperative Society (Involvement of Employees) Regulations 2006 or (u) the Companies (Cross-Border Mergers) Regulations 2007.

749 *Selwyn,* 1.21, p. 7. Vgl. hierzu: *Wolstenholme v Refreshment Systems Ltd (t/a Northern Vernding Services* UKEAT/0608/03/TM, 18 February 2004, unreported, paras 8-10, EAT.

750 *Tribunals and Inquiries Act 1992* s 11 (1) Subject to (2), if any party to proceedings before any tribunal specified in paras 8, 15 (a) or (d), 16, 24, 26, 31, 33 (b), 37, 40A, 44 or 45 of Schedule 1 is dissatisfied in point of law with a decision of the tribunal he may, according as rules of court may provide, either appeal from the tribunal to the High Court or require the tribunal to state and sign a case for the opinion of the High Court. (2) This section shall not apply in relation to proceedings before employment tribunals which arise under or by virtue of any of the enactments mentioned in s 21(1) of ETA 1996.

751 *Selwyn,* 1.21, p. 7.

daneben grundsätzlich ausgeschlossen, wenn Streitpunkte rein akademischer Natur sind und keinen Bezug zum Rechtsstreit aufweisen,[752] da eine Klärung von Rechtsfragen nur bei einer realen Streitigkeit zwischen zwei Parteien erfolgt.[753] Ebenso kann das EAT nicht entscheiden, wenn das Recht zur Berufung durch eine Klageverzichtsvereinbarung ausgeschlossen wurde.[754] Ein Angriff auf die Klageverzichtsvereinbarung hat als Vertragsstreitigkeit vor den Zivilgerichten zu erfolgen.

Weiter kann das EAT über Berufungen gegen Entscheidungen des *Certification Officer*[755] entscheiden, wie die Weigerung, eine Organisation als Gewerkschaft oder Arbeitgeberverband zu registrieren[756] oder Anordnungen bezüglich der Verwaltung[757] oder der Wahlen bei Gewerkschaften.[758] Auch ist das EAT begrenzt für Berufungen gegen Entscheidungen des *Central Arbitration Committee* (CAC)[759] über Europäische Betriebsräte nach den *Transnational Information and Consultation of Employees Regulations 1999 (SI 1999/3323)* zuständig.[760]

In jedem Fall der zweitinstanzlichen Zuständigkeit ist das EAT nur dann entscheidungsbefugt, wenn die Entscheidung rechtsfehlerhaft ist.

Nach den *Transnational Information and Consultation of Employees Regulations 1999* (*SI 1999/3323)* hat das EAT auch erstinstanzliche Entscheidungsbefugnis, nämlich bei Nichteinrichtung eines Europäischen Betriebsrates oder von Informations- oder Beratungsverfahren.[761] Daneben besteht eine erstinstanzliche Zuständigkeit für den Erlass eines Bußgeldbescheids

---

752 *Evans v University of Oxford* UKEATPA/1510/09, 23 April 2010, unreported, para 14.

753 Lord Bridge in *Ainsbury v Millington* [1987] 1 WLR 379 (381): *„It has been a fundamental feature of our judicial system that the courts decide disputes between the parties before them; they do not pronounce on abstract questions of law when there is no dispute to be resolved.“*.

754 *Eden v Humphries and Glasgow Ltd* [1981] ICR 183 (185, 186).

755 Ein *Certification Officer* wurde ursprünglich für Verwaltungsfunktionen hinsichtlich der Gewerkschaften geschaffen. Er hat heute weite Aufsichts- und Ermittlungsbefugnisse im Zusammenhang mit Gewerkschaften, wie die Mitgliederregistrierung oder Gewerkschaftswahlen vgl. *Selwyn,* 1.18, p. 6; *Smith & Wood's,* p. 22; *Taylor/Emir,* Employment Law, p. 53.

756 TULCRA 1992, ss 9, 95, 128.

757 TULCRA 1992, ss 25, 31, 45C, 45D.

758 TULCRA 1992, s 56A.

759 Das CAC ist ein „in Auftrag der Krone“ arbeitendes, an Weisungen der Regierung aber nicht gebundenes Organ, das aus einem Vorsitzenden und elf stellvertretenden Vorsitzenden sowie Arbeitgeber- und Arbeitnehmervertretern besteht. Das CAC hat seine zentrale Rolle in der Anerkennung von Gewerkschaften und muss darauf achten, dass die Berufsausübung und Absprachen am Arbeitsplatz fair und effizient gestaltet werden, vgl. *Selwyn,* 1.19, p. 7; *Smith & Wood's,* pp. 11, 21; *Taylor/Emir,* Employment Law, p. 51.

760 *Transnational Information and Consultation of Employees Regulations 1999 (SI 1999/3323),* reg 34. Sonstige Entscheidungen des CAC sind hingegen nur mit einer *review* bei einem Verwaltungsgericht anfechtbar, vgl. Blackstone's Employment Law Practice 18.15, p. 253.

761 *Transnational Information and Consultation of Employees Regulations 1999* (*SI 1999/3323)*, regs 20 (1), 21 (1).

bei Nichtbefolgung einer CAC-Erklärung bezüglich der Mitarbeiterbeteiligung oder Informations- und Beratungsvorschriften.[762]

E. Zulässigkeit einer Berufung

Sofern die Entscheidungsbefugnis des EAT gegeben ist, muss eine Berufung mittels einer Berufungsanzeige („*notice of appeal*") zulässig erhoben werden. Neben dem eigenem Namen und Adresse muss der Berufungskläger in der *notice of appeal* den Namen und die Adresse der Parteien des bisherigen Rechtsstreits und einen Rechtsfehler als Berufungsgrund angegeben[763] sowie die aufzuhebende Entscheidung ebenso wie eine Kopie der Klage und der Klageerwiderung anhängen.[764] Fehlen diese Dokumente, wird eine Berufung nicht angenommen.[765]

Die *notice of appeal* muss dem EAT innerhalb von 42 Tagen nach Absendung der schriftlichen Entscheidungsgründe oder der schriftlichen Urteilsbestätigung zugehen, je nachdem ob die schriftliche Abfassung von Entscheidungsgründen angefordert wurde, vgl. EATR 1993, r 3 (3) (a) (i), (iii)[766]. Entscheidend für den Fristbeginn ist das Absenden des Dokuments bei Gericht unabhängig von einer Zustellung bei den Parteien,[767] im Gegensatz zu dem Beginn

---

762 *European Public Limited-Liability Company Regulations 200 (SI 2004/2326)*, regs 22 (6), 33 (6).

763 Das Formblatt findet man in EATR 1993, schedule 1, abrufbar unter: http://www.justice.gov.uk/downloads/global/forms/tribunals/emp-appeals/Form1Notice OfAppeal.pdf, zuletzt abgerufen am 01.06.2012.

764 EATR 1993, s 3 (1) Every appeal to the Appeal Tribunal shall, subject to paragraphs (2) and (4), be instituted by serving on the Tribunal the following documents— (a) a notice of appeal in, or substantially in, accordance with Form 1, 1A or 2 in the Schedule to these rules; (b) in the case of an appeal from a judgment of an employment tribunal a copy of any claim and response in the proceedings before the employment tribunal or an explanation as to why either is not included; (c) in the case of an appeal from a judgment of an employment tribunal a copy of the written record of the judgment of the employment tribunal which is subject to appeal and the written reasons for the judgment, or an explanation as to why written reasons are not included.... Vgl. auch *2008 Practice Direction*, 2.1.

765 *2008 Practice Direction*, 2.1.

766 EATR 1993, s 3 (3) The period within which an appeal to the Appeal Tribunal may be instituted is — (a) In the case of an appeal from a judgment of the employment tribunal — (i) where the written reasons for the judgment subject to appeal — (aa) were requested orally at the hearing before the employment tribunal or in writing within 14 days of the date on which the written record of the judgment was sent to the parties; or (bb) were reserved and given in writing by the employment tribunal 42 days from the date on which the written reasons were sent to the parties ... (iii) where the written reasons for the judgment subject to appeal — (aa) were not requested orally at the hearing before the employment tribunal or in writing within 14 days of the date on which the written record of the judgment was sent to the parties; and (bb) were not reserved and given in writing by the employment tribunal 42 days from the date on which the written record of the judgment was sent to the parties....

767 *Gdynia American Shipping Lines (London) Ltd v Chelminski* [2004] EWCA Civ 871, [2004] 3 All ER 666, [2004] ICR 1523, [2004] IRLR 725, para 10; *Sian v Abbey National Plc* [2004] ICR 55, [2004] IRLR 185, para 16; *Hammersmith & Fulham London Borough Council v Ladejobi* [1999] ICR 673 (678).

der deutschen Berufungseinlegungsfrist.[768] Im Unterschied zum deutschen Recht reicht es zudem nicht aus, wenn die *notice of appeal* dem Gericht vor Mitternacht zugeht. Nach EATR 1993, r 37 (1A)[769] muss die *notice of appeal* bereits um 16 Uhr beim EAT eingehen. Sollte nur ein Teil per Fax um 16 Uhr bei Gericht ankommen, ein Teil per Fax aber nach 16 Uhr, gilt die Berufung insgesamt als verfristet.[770]

Eine Fristverlängerung muss als einstweiliger Antrag gestellt werden, worüber ein Urkundsbeamter oder der *Employment Judge* nach jeweiligem Ermessen entscheidet.[771] Zunächst muss der Berufungskläger einen guten und ehrlichen Entschuldigungsgrund für seine Verspätung vortragen.[772] Kein Grund für eine verspätete Einreichung der Berufung sind das Warten auf öffentliche Leistungen oder auf die Unterstützung seitens anderer Stellen wie einer Gewerkschaft oder eines Arbeitgeberverbands und die Arbeitsüberlastung eines Rechtsanwalts.[773] Ausreichende Gründe sind hingegen das Nichterhalten der erstinstanzlichen Entscheidung innerhalb der 42-Tagesfrist[774] oder die Unkenntnis einer Partei von ihrem Recht zur Berufung in Kombination mit einer fehlerhaften Aussage hierzu seitens eines Mitarbeiters des *Employment Tribunal*.[775] Sofern ein genügender Entschuldigungsgrund vorliegt, müssen alle in Betracht kommenden Umstände für und gegen eine Fristverlängerung abgewogen werden, wie die Länge der Verspätung, die Erfolgsaussichten der Berufung und Nachteile für den Berufungsbeklagten.[776] In jedem Fall ist eine Fristverlängerung nur ausnahmsweise zu gewähren.[777]

---

768 Die Berufungseinlegungs- und Berufungsbegründungsfrist in Deutschland beginnt erst zu laufen, wenn das Dokument den Parteien zugestellt wurde, vgl. § 66 I S. 2 ArbGG.

769 EATR 1993, 37 (1A) When an act is required to be done on or before a particular day it shall be done by 4 pm on that day. Ebenso *2008 Practice Direction*, para 1.8.2.

770 *Woodward v Abbey National Plc* [2005] 4 All ER 1346, [2005] ICR 1702, [2005] IRLR 782, paras 29-31, womit die vorherige EAT Entscheidung *Clark v Midland Packaging Ltd* [2005] 2 All ER 266, para 23, aufgehoben wird. Vgl. auch *2008 Practice Direction*, 1.8.1.

771 *2008 Practice Direction*, 3.6; *Jurkowska v Hlmad Ltd* [2008] ICR 841, [2008] IRLR 430, paras 4, 20; *Aziz v Bethnal Green City Challenge Co Ltd* [2000] IRLR 111, para 12; *Uni-ted Arab Emirates v Abdelghafar* [1995] ICR 65 (69, 70); *Martin v British Railway Board* [1989] ICR 24 (30, 31); *Duke v Prospect Training Services Ltd* [1988] ICR 521 (523); *Marshall v Harland & Wolff Ltd (Practice Note)* [1972] ICR 97 (99, 100).

772 *2008 Practice Direction*, 3.7. Vgl. auch *Muschett v Hounslow London Borough Council* [2009] ICR 424, para 5; *Jurkowska v Hlmad Ltd* [2008] ICR 841, [2008] IRLR 430 para 5; *United Arab Emirates v Abdelghafar* [1995] ICR 65 (71).

773 *2008 Practice Direction*, 3.8. Vgl. auch *United Arab Emirates v Abdelghafar* [1995] ICR 65 (71).

774 *Dodd v Bank of Tokyo-Mitsubishi Ltd* UKEATPA/0480/05/SM, 30 September 2005, unreported, para 23.

775 *Hancocks v Cambian Education Services Ltd* UKEATPA/0824/10/CEA, 11 March 2011, unreported, para 18.

776 *Aziz v Bethnal Green City Challenge Co Ltd* [2000] IRLR 111, para 17; *United Arab Emirates v Abdelghafar* [1995] ICR 65 (70-72).

777 *Muschett v Hounslow London Borough Council* [2009] ICR 424, para 5; *Jurkowska v Hlmad Ltd* [2008] EWCA Civ 231, [2008] ICR 841, [2008] IRLR, paras 7, 69; *Aziz v Bethnal Green City Challenge Co Ltd*

Ebenso wie vor den *Employment Tribunals* haben die Parteien vor dem EAT die Möglichkeit, einen Parteiprozess zu führen und können eine Berufung ohne anwaltliche Vertretung einlegen. Sie können sich aber auch durch einen Anwalt, Gewerkschafts- oder Arbeitnehmervertreter oder eine sonstige Person vertreten lassen, vgl. ETA 1996, s 29 (1)[778]. Dies steht im kompletten Gegensatz zu Prozessen vor dem LAG, bei denen eine Partei nur mittels eines Rechtsanwalts oder eines Volljuristen einer Gewerkschaft bzw. eines Arbeitgeberverbandes postulationsfähig ist, vgl. § 11 IV S. 1, 2 ArbGG.

Bei zulässiger Berufungseinlegung wird eine Kopie der *notice of appeal* und etwaiger rechtlicher Schlussfolgerungen an den Beklagten gesendet, wenn für die Berufung eine Hauptverhandlung oder ein Vorverfahren angesetzt ist.[779] Sofern zunächst nur ein Vorverfahren angesetzt ist, wird der Beklagte zur Einreichung schriftlicher *submissions*[780] aufgefordert, um zur Unbegründetheit der Berufung Stellung zu nehmen.[781] Bei direkter Anordnung einer Hauptverhandlung muss der Beklagte innerhalb von 14 Tagen nach der Anordnung der Hauptverhandlung sogar vollständig auf die Berufung erwidern und eine etwaige Anschlussberufung erheben.[782] Falls er nicht oder nicht rechtzeitig auf die Berufung reagiert, kann das EAT ihn von der Teilnahme am weiteren Verfahren ausschließen.[783]

F. Begründetheit einer Berufung

Eine Berufung ist nur begründet, wenn sie auf einen Rechtsfehler („*error of law*") gestützt ist.[784] Tatsachenfeststellungen können hingegen nicht angegriffen werden. So ist z.B. die Auslegung eines Gesetzes und die falsche Anwendung eines Rechtsprinzips eine Rechtsfrage,[785]

[2000] IRLR 111, paras 20, 21; *United Arab Emi-rates v Abdelghafar* [1995] ICR 65 (70). Vgl. auch Burton P in *Sian v Abbey National Plc* [2004] ICR 55, [2004] IRLR 185, para 19: *„discretion is to be used sparingly"*.

778 ETA 1996, s 29 (1) A person may appear before the Appeal Tribunal in person or be represented by — (a) counsel or a solicitor, (b) a representative of a trade union or an employers' association, or (c) any other person whom he desires to represent him.

779 Blackstone's Employment Law Practice, 18.104, p. 273; *Green/Heppinstall,* Manual of Employment Appeals, 3.202, p. 61; Tolley's Employment Handbook, 20.19, p. 583.

780 Zu den *submissions* siehe oben, Teil 4 § 9 B. II. 5., S. 94, 95.

781 Blackstone's Employment Law Practice, 18.104, p. 273; *McMullen*, Employment Tribunal Procedure, 23.56, p. 365; Tolley's Employment Handbook, 20.19, p. 583. Wann ein Vorverfahren angesetzt und wann ein Verfahren direkt zur mündlichen Verhandlung zugelassen wird, siehe unten: Teil 5 § 12 G. I., S. 140, 141.

782 *2008 Practice Direction,* 10.1.

783 EATR 1993, r 26 If a respondent to any proceedings fails to deliver an answer … within the time appointed under these Rule. … the Tribunal may order that he be debarred from taking any further part in the proceedings, or may make such other order as it thinks just.

784 Vgl. ETA 1996, s 21 (1) siehe oben Teil 5 § 12 B., S. 127.

785 Zu Beispielen für Rechtsfehler siehe *Watling v Wiliam Bird & Son Contractors* [1976] 11 ITR 70:*„…the employment tribunal has wrongly applied a principle of law; misunderstood a statute; reached a decision*

ob aber ein Gespräch zwischen zwei Personen stattgefunden hat, eine Tatsachenfrage. Als Tatsachenfragen wurden auch die Fairness bei einer *„unfair dismissal"*,[786] das Vorliegen einer betriebsbedingten Kündigung[787] und die Abgrenzung eines Arbeitnehmers von einem selbstständigen Unternehmer[788] angesehen.

I. Rechtsbeugung („perversity")

Ein Rechtsfehler, der zur Begründetheit einer Berufung führt, ist die Rechtsbeugung (*„perversity"*). Die Hürden für eine erfolgreiche Berufung aus dem Grund der *perversity* liegen jedoch sehr hoch. *Perversity* liegt nur dann vor, wenn das *Employment Tribunal* eine Entscheidung getroffen hat, die kein anderes *Employment Tribunal* rechtmäßig getroffen hätte.[789] Wenn ein Richter sagen kann: *„My goodness, that was certainly wrong."*[790], kann man von Rechtsbeugung ausgehen. Grundsätzlich ist aber der Erfahrung und der Einschätzung eines *Employment Tribunal* zu vertrauen, sodass *perversity* nur im Ausnahmefall angenommen werden kann und nicht etwa schon dann, wenn das EAT eine abweichende Sicht auf die Geschehnisse hat. Der Berufungsgrund der *perversity* muss wegen der Wertschätzung der Eingangsinstanz mit größter Sorgfalt gehandhabt werden.[791] Ein Fall in dem Rechtsbeugung angenommen wurde, ist *Anglian Home Improvements Ltd v Kelly* [2005]. Hier wurde ein Arbeitnehmer wegen Beteiligung an einem Betrug gegenüber und zulasten seines Arbeitgebers entlassen, wobei er zuvor endgültig schriftlich abgemahnt worden war. Das *Employment Tribunal* befand diese Kündigung wegen der Geringfügigkeit des Betrugs als *unfair dismissal*, obwohl es die Umstände der Entlassung zuvor als *fair* bezeichnete. Das EAT hob diese Entscheidung auf, da es einen solchen Schluss für rechtsverdreht und eine unter keinen Umständen vertretbare Lösung hielt.[792] Ein Unterfall von Rechtsbeugung ist auch die Annahme von

---

that a reasonable tribunal could have reached; or come to a conclusion that was perverse since there was no evidence whatever to support it.".

786 *Earl v Slater & Wheeler (Airlyne)* Ltd [1973] 1 WLR 51 (56), [1973] All ER 145 (150), [1972] ICR 508 (513).

787 *Woods v WM Car Services (Petersborough) Ltd* [1983] ICR 693 (699, 700, 703); *Pederson v Camden London Borough Council* [1981] ICR 674 (680, 682).

788 *O'Kelly v Trusthouse Forte Plc* [1983] ICR 728 (752, 757-760, 762), [1983] IRLR 413 (435, 440-442, 444); *Pederson v Camden London Borough Council* [1981] ICR 674 (678, 681).

789 Mummery LJ in *Yeboah v Crofton* [2002] EWCA Civ 794, [2002] IRLR 634, para 93: *„Such an appeal ought only to succeed where an overwhelming case is made out that the Employment Tribunal reached a decision which no reasonable tribunal, on a proper appreciation of the evidence and the law, would have reached."*; *Pigott Bros & Co Ltd v Jackson* [1992] ICR 85 (92): *„not a permissible option".*

790 May LJ in *Neale v County Council of Hereford and Worcester* [1986] ICR 471, [1986] IRLR 168, para 45.

791 Mummery LJ in *Yeboah v Crofton* [2002] EWCA Civ 794, [2002] IRLR 634, para 93: *„even in cases where the Appeal Tribunal has "grave doubts" it must proceed with great care."*. So auch *James v LB of Greenwich* [2008] EWCA Civ 35, [2008] ICR 545, [2008] IRLR 302, para 7; *British Telecommunications Plc v Sheridan* [1990] IRLR 27, para 34.

792 *Anglian Home Improvements Ltd v Kelly* [2004] EWCA Civ 901, [2005] ICR 242, [2004] IRLR 793, para 32.

Tatsachen, obwohl hierzu keine Beweisaufnahme stattgefunden hat.[793] In diesem Fall begründet ausnahmsweise eine Tatsache eine Berufung.

II. Unzureichende Urteilsbegründung („inadequacy of reasons")

Auch eine unzureichende Urteilsbegründung (*„inadequacy of reasons"*) kann einen Berufungsgrund darstellen. Der vorgeschriebene Umfang einer Urteilsbegründung ergibt sich aus ETR 2004, schedule 1, r 30 (6)[794], wobei das Fehlen einer Voraussetzung nicht zwingend zur Begründetheit einer Berufung führt.[795]

Nach dem Grundsatzurteil *Meek v City of Birmingham District Council* [1987] sind Urteilsgründe in jedem Fall nicht rechtsfehlerhaft, wenn sie die anspruchsbegründenden Tatsachen aufzeigen und die rechtlichen Schlüsse des Gerichts darstellen. Ein *Employment Tribunal* soll kein *„elaborate formalistic product of refined legal draftsmanship"*[796] verfassen, vielmehr müssen die Parteien wissen, warum sie gewonnen oder verloren haben.[797]

Bei unzureichender Urteilsbegründung hebt das EAT die Entscheidung nicht auf, sondern verweist das Verfahren an das Ausgangsgericht zur ordnungsgemäßen Urteilsbegründung zurück.[798]

III. Überlange Verfahrensdauer

Eine überlange Verfahrensdauer kann nur in Ausnahmefällen zu einem Rechtsfehler führen. Einen Rechtsfehler nahm die Rechtsprechung früher an, wenn die Verzögerung zu einer „unsicheren" Entscheidung geführt hat. Die Unsicherheit musste daraus resultieren, dass bei dem Gericht durch einen langen Zeitraum zwischen Verhandlung und Urteilsverkündung ein Irrtum hervorgerufen wurde.[799] Diese Rechtsprechung wurde inzwischen aufgehoben, weil ein

---

793 *British Telecommunications Plc v Sheridan* [1990] IRLR 27 (32, 33); Blackstone´s Employment Law Practice, 18.28, pp. 256, 257; *Manley/Heslop,* Employment Tribunals, 1.14, p. 209; *McMullen,* Employment Tribunal Procedure, 23.18, p. 353.

794 ETR 2004, schedule 1, r 30 (6), siehe oben Teil 4 § 10 C., S. 105, Fn. 611.

795 Buxton LJ in *Balfour Beatty Power Networks Ltd v Wilcox* [2006] EWCA Civ 1240, [2007] IRLR 63, para 25. Zu den Anforderungen an die Urteilsbegründung siehe oben Teil 4 § 10 C., S. 104, 105.

796 Bingham LJ in *Meek v City of Birmingham District Council* [1987] IRLR 250, para 8, CA, zitiert auch in *Greenwood v NWF Retail Ltd* [2011] ICR 896, para 40.

797 *Meek v City of Birmingham District Council* [1987] IRLR 250, para 8, CA. Diese Entscheidung ist für viele Folgende als maßgeblich erachtet worden: *Greenwood v NWF Retail Ltd* [2011] ICR 896, para 40; *Tran v Greenwich Vietnam Community* [2002] EWCA Civ 553, [2002] ICR 1101, [2002] IRLR 735, para 17, CA; *Miriki v General Council of the Bar* [2002] ICR 505, para 37; *Anya v University of Oxford* [2001] EWCA Civ 405, [2001] ICR 847, [2001] IRLR 377, para 27; *High Table Ltd v Horst* [1997] IRLR 513 (518), CA.

798 Blackstone´s Employment Law Practice, 18.33, pp. 257, 258.

799 *Kwamin v Abbey National Plc* [2004] ICR 841, [2004] IRLR 516, paras 13-15.

auf Verzögerung beruhender Irrtum eine Tatsache und keinen mit einer Berufung anfechtbaren Rechtsfehler darstellt.[800] Eine Verzögerung gilt inzwischen nur noch als Rechtsfehler, wenn dadurch gegen den Grundsatz eines fairen Verfahrens aus Art. 6 EMRK verstoßen wird oder ein „*perverse*" Urteil entsteht, wobei im letzteren Fall eigentlich allein die *perversity* als Berufungsgrund ausreicht.[801]

IV. Vorwurf der Befangenheit („allegation of bias")

Grundsätzlich begründet der Vorwurf der Befangenheit („*allegation of bias*") eine Berufung, wenn ein wohlgesonnener, gut informierter Beobachter in Kenntnis der Tatsachenlage das Gericht für befangen hält.[802] Religion, Herkunft, Geschlecht, Alter, Ausbildung, politische Neigung oder frühere Entscheidungen des Richters allein deuten nicht auf dessen Befangenheit hin. Im Gegensatz dazu können aber eine Freundschaft des Richters mit einer Partei, die Ablehnung eines Zeugenbeweises in einem vorherigen Verfahren wegen Zweifeln an der Aussagequalität des Zeugen oder eine im Prozess geäußerte Sichtweise, die an der Objektivität des Richters zweifeln lassen, Anzeichen für eine Befangenheit darstellen.[803] Um diese Frage zu klären, ist das Verfahren als Ganzes und nicht nur ein Aspekt zu betrachten.[804] Befangenheit wurde in *Diem v Crystal Services Plc* [2005] angenommen, da der *Employment Judge* im Falle einer Diskriminierung wegen der Rasse Äußerungen zur Hautfarbe des Klägers gemacht hatte.[805] Auch in *Gill v Humanware Europe Ltd* [2009] wurde ein *Employment Judge* als befangen erachtet, da er sich mit dem Beklagtenvertreter über einzelne Aspekte der Klage in Abwesenheit des sich selbst vertretenden Klägers unterhielt.[806]

Bei einer auf Befangenheit gestützten Berufung muss das EAT hingegen seiner sonst üblichen Beschränkung auf rechtliche Aspekte teilweise auch über Tatsachen entscheiden. In *Facey v Midas Retail Security* [2000][807] forderte das EAT das Ausgangsgericht beispielsweise zur Versicherung an Eides statt auf, um die Geschehnisse zu klären. Auch muss das EAT beim Vorwurf des Einschlafens eines *lay members* die Tatsachenlage aufklären, um hierin einen

---

800 *Bangs v Connex South Eastern Ltd* [2005] EWCA Civ 14, [2005] 2 All ER 316, [2005] ICR 763, [2005] IRLR 389, para 45, 51, 52.

801 *Bangs v Connex South Eastern Ltd* [2005] EWCA Civ 14, [2005] 2 All ER 316, [2005] ICR 763, [2005] IRLR 389, para 51.

802 Pill LJ in *Lodwick v Southwark London Borough Council* [2004] EWCA Civ 306, [2004] IRLR 544, para 18; Lord Hope in *Porter v Magill* [2002] 2 AC 357, [2002] 1 All ER 465, para 103: „*The question is whether the fair-minded and informed observer, having considered the facts, would conclude that there was a real possibility that the tribunal was biased.*".

803 *Locabail (UK) Ltd v Bayfield Properties Ltd* [2000] IRLR 96, para 25.

804 *Ansar v Lloyds TSB Bank Plc* [2006] EWCA Civ 1462, [2007] IRLR 211, paras 20, 21.

805 *Diem v Crystal Services Plc* UKEAT/0398/05/DM, 16 December 2005, unreported, paras 9, 23.

806 *Gill v Humanware Europe Ltd* UKEAT/0312/08/CEA, 27 February 2009, unreported, paras 25-27.

807 *Facey v Midas Retail Security* [2001] ICR 287, [2000] IRLR 812, para 16.

Rechtsfehler zu finden. Eine Feststellung der Unbeachtlichkeit des Einschlafens für das Urteil wegen einstimmiger Entscheidung des Gerichts reicht nicht aus.[808]

Wenn eine Partei ein Urteil wegen des Vorwurfs der Befangenheit angreift, muss sie das auf die Befangenheit hindeutende Verhalten der Richter genau aufzeigen und auf jede einzelne beschwerdefähige Verhaltensweise eingehen.[809] Das EAT kann hierauf vom Berufungskläger eine eidesstattliche Versicherung über seine Wahrnehmungen verlangen, da eine einfache Zeugenaussage im Rahmen eines *witness statement*[810] aufgrund der Schwere des Vorwurfs gegen das Ausgangsgericht nicht ausreichend ist.[811] Weiter kann das EAT von allen anderen Parteien und Anwesenden über das Verhalten des Ausgangsgerichts eine Zeugenaussage oder eine eidesstattliche Versicherung verlangen und den möglicherweise befangenen Richter des *Employment Tribunal* zur Stellungnahme auffordern.[812] Diese Prozedur ist für eine erfolgreiche Berufung aufgrund von Befangenheit notwendig und wird in der Praxis auch so vollzogen.[813] Sofern eine Berufung mangels Befangenheit erfolgslos bleibt, kann das EAT dem Berufungskläger die Kosten des Prozesses auferlegen.[814]

Employment Tribunals nehmen die Problematik der Befangenheit grundsätzlich sehr ernst, um eine Aufhebung ihrer Entscheidung zu vermeiden. In einer Verhandlung im Januar 2012 wies der Vorsitzende vorab sogar darauf hin, dass er mit einem Kollegen aus der Kanzlei des Klägervertreters befreundet sei und mit ihm regelmäßig Tennis spiele, um späteren Befangenheitseinwendungen vorzugreifen. Wenn eine persönliche Beziehung vor Verhandlungsbeginn offen gelegt wird, hat eine Berufung aus Gründen der Befangenheit in der Regel keine Aussicht auf Erfolg.[815]

G. Verfahren vor dem Employment Appeal Tribunal

Das Verfahren vor dem EAT wird durch die *Employment Appeal Tribunal Rules 1993 (SI 1993/2854)*[816] bestimmt. Auch kann das EAT nach ETA 1996, s 30 (3)[817] selbst Regelungen zum Verfahren erlassen, wie z.B. die *2008 Practice Direction,* wobei diese vom EAT aber

---

808 *Stansbury v Datapulse* [2003] EWCA Civ 1951, [2004] IRLR 466, para 26.
809 *2008 Practice Direction,* 11.1.
810 Zu *witness statements* siehe oben Teil 4 § 9 A. I., S. 82.
811 *2008 Practice Direction,* 11.2, 11.3.1.
812 *2008 Practice Direction,* 11.3.2, 11.3.3.
813 *2008 Practice Direction,* 11.6.1; Blackstone´s Employment Law Practice, 18.43, p. 259.
814 *2008 Practice Direction,* 11.6.3.
815 *Adamson v Swansea University* UKEAT/0486/09/ZT, 23 February 2010, unreported, para 68; *Jones v DAS Legal Expenses Insurance Co Ltd* [2003] EWCA Civ 1071, [2004] IRLR 218, paras 35-38.
816 *Employment Appeal Tribunal Rules 1993 (SI 1993/2854)* = EATR 1993.
817 ETA 1996, s 30 (3) Subject to Appeal Tribunal procedure rules, the Appeal Tribunal has power to regulate its own procedure.

nicht verpflichtend anzuwenden sind. Wenn ein Widerspruch zwischen der *Practice Direction* und den EATR 1993 besteht, sind Letztere maßgeblich.[818]

Auch wenn die Verfahren am EAT um einiges formeller sind als an den *Employment Tribunals*, tragen sie dennoch informelle Züge. Keiner der Richter oder Anwälte trägt Roben oder Perücken, obwohl die zur Entscheidung berufenen Personen *Circuit Judges*, *High Court Judges* oder *Lord Justices of Appeal* sind. Auch sind Parteiprozesse möglich.[819]

Sitzungen sind grundsätzlich öffentlich. Die Öffentlichkeit kann ausgeschlossen werden, wenn ein Zeuge nicht ohne Gesetzesverstoß aussagen könnte oder eine Aussage im Vertrauen macht, vgl. EATR 1993, r 29[820].

I. Die Aussiebung („the sift")

Nach zulässiger Einreichung einer Klage wird ein Verfahren vor dem EAT im Rahmen einer Aussiebung (*„the sift"*) einem von vier *„tracks"* zugewiesen, die das nachfolgende Verfahren bestimmen.[821] Sinn der Aussiebung ist es, möglichst wenige Verhandlungen abzuhalten und die Effektivität der richterlichen Arbeit zu steigern.[822] Seit deren Einführung 2002 hat sich die Wartezeit auf die mündliche Hauptverhandlung von eineinhalb Jahren auf drei Monate verkürzt, sofern zuvor kein Vorverfahren (*„preliminary hearing"*) abgehalten wird.[823]

Im ersten *track* können Fälle bereits wegen fehlender Zuständigkeit des EAT, mangels Rechtsfrage oder wegen missbräuchlicher Berufungseinlegung nach EATR 1993, r 3 (7)[824]

---

818 *Zinda v Governing Body of Barn Hill Community High* [2011] ICR 174, para 21.

819 ETA 1996, s 29 (1), siehe oben Teil 5 §12 E., S. 134, Fn. 778.

820 EATR 1993, r 29 (1) Subject to (2) of this rule … an oral hearing at which any proceedings before the Appeal Tribunal are finally disposed of shall take place in public before, where applicable, such members of the Tribunal as … the President may nominate for the purpose. (2) Notwithstanding (1), the Appeal Tribunal may sit in private for the purpose of hearing evidence from any person which in the opinion of the Tribunal is likely to consist of— (a) information which he could not disclose without contravening a prohibition imposed by or by virtue of any enactment; (b) information which has been communicated to him in confidence or which he has otherwise obtained in consequence of the confidence reposed in him by another person….

821 *2008 Practice Direction,* 9.5.

822 *Burton,* (2005) 34 ILJ 273 (281); *Green/Heppinstall,* Manual of ET Appeals, 14.43, p. 10.

823 *Burton,* (2005) 34 ILJ 273 (282); *Green/Heppinstall,* Manual of ET Appeals, 14.42, p. 10.

824 EATR 1993, s 3 (7) Where it appears to a judge or the Registrar that a notice of appeal or … — (a) discloses no reasonable grounds for bringing the appeal; or (b) is an abuse of the Appeal Tribunal's process or is otherwise likely to obstruct the just disposal of proceedings, he shall notify the Appellant or special advocate accordingly informing him of the reasons for his opinion and…no further action shall be taken on the notice of appeal…. Auf eine Mitteilung hierüber hat sich der Berufungskläger innerhalb einer Frist von 28 Tagen nach Zugang der Mitteilung über die Berufungsgründe oder die nicht missbräuchliche Berufungseinlegung zu erklären, vgl. EATR 1993, r 3 (10) Where notification has been given under paragraph (7) and within 28 days of the date the notification was sent, an appellant or special advocate express-

direkt abgewiesen werden. Wenn unklar ist, ob die Berufung eine Rechtsfrage betrifft, gelangt ein Verfahren in den zweiten *track*. In einem Vorverfahren wird dann zunächst geklärt, ob die Berufung eine Rechtsfrage oder bloße Tatsachenfeststellungen angreift. Sofern bereits die *notice of appeal* eine Rechtsfrage eindeutig aufzeigt, werden Fälle in *track* drei gleich in der mündlichen Verhandlung besprochen. Als vierte Art gibt es *„fast track hearing cases"*, die besonders schnell entschieden werden müssen. In den vierten *track* gelangen vor allem Berufungen gegen eine Zwischenentscheidung im Ausgangsverfahren, das bis zur Entscheidung des EAT ausgesetzt wird, und Berufungen gegen eine Weiterbeschäftigungsentscheidung oder gegen eine Entscheidung im einstweiligen Rechtsschutz.[825]

II. Vorverfahren („preliminary hearing")

Sinn eines Vorverfahrens in der Berufungsinstanz (*„preliminary hearing"*) ist es, festzustellen, ob die in der *notice of appeal* genannten Gründe einen Rechtsfehler betreffen, der Aussicht auf Erfolg hat oder es andere zwingende Gründe zur Zulassung der Berufung gibt, wie die Prüfung der Vereinbarkeit mit dem *Human Rights Act 1998* oder mit einer das EAT bindenden Entscheidung eines höheren Gerichts.[826] *Preliminary hearings* sollen nicht länger als eine Stunde dauern,[827] enden aber oft bereits nach einer halben Stunde. Regelmäßig trägt nur der Berufungskläger oder dessen rechtlicher Vertreter zur Erfolgsaussicht der Berufung vor, wohingegen der Beklagte oder dessen Vertreter selten anwesend ist.[828] Oft liegt dessen Klageerwiderung aber zum Zeitpunkt des Vorverfahrens schon vor, die das EAT dann mit dem Berufungskläger im *preliminary hearing* bespricht.[829]

In einem *preliminary hearing* kann das EAT die Berufung ganz oder teilweise abweisen und eine Entscheidung mit Gründen hierüber treffen oder die Berufung zu einer endgültigen mündlichen Verhandlung zulassen.[830]

---

es dissatisfaction in writing with the reasons given by the judge or Registrar for his opinion, he is entitled to have the matter heard before a judge who shall make a direction as to whether any further action should be taken on the notice of appeal....

825 *2008 Practice Direction,* 9.20.2, 9.20.5.

826 *2008 Practice Direction,* 9.7.1, 9.7.2.

827 *2008 Practice Direction,* 9.11.

828 *Burton,* (2005) 34 ILJ 273 (277); *Goodier/Parkin,* 17.5.4, p. 420; vgl. *2008 Practice Direction,* 9.8.

829 *Burton,* (2005) 34 ILJ 273 (277).

830 Blackstone´s Employment Law Practice, 18.122, p. 277.

III. Vorbereitung der mündlichen Verhandlung („full hearing")

Die mündliche Verhandlung vor dem EAT, das sogenannte *„full hearing"*, bedarf einer sorgfältigen Vorbereitung. Zunächst muss der Berufungskläger ein *bundle* erstellen,[831] das nur die Dokumente enthalten darf, die einen Bezug zu relevanten Rechtsfehlern haben.

Im Gegensatz zu Verfahren vor den *Employment Tribunals*, bei denen die Einreichung von *skeleton arguments*[832] freiwillig ist, muss der Berufungskläger daneben immer schriftliche *skeleton arguments* verfassen.[833] Sollte der Berufungskläger seine *skeleton arguments* nicht rechtzeitig bei Gericht einreichen, kann dies sogar eine Vertagung des Verhandlungstermins oder eine Kostenanordnung mit sich bringen.[834] *Skeleton arguments* für ein Verfahren vor dem EAT sind knapp zu gestalten, sollen relevante Rechtsfehler und Gesetzesvorschriften bezeichnen sowie die rechtliche Argumentationsweise und die gewünschte Entscheidung oder Anordnung des Gerichts enthalten.[835] Einerseits sind *skeleton arguments* nur eine Möglichkeit, die rechtlichen Argumente vorab schriftlich zu erläutern und sollten daher nicht den Fall im Detail erörtern. Andererseits sind sie auch das erste Dokument, das das EAT liest, sodass das rechtliche Vorbringen klar und überzeugend dargestellt werden sollte.[836]

Sofern der Berufungskläger auf ein Geschehnis aus der mündlichen Verhandlung vor einem *Employment Tribunal* Bezug nehmen will, ist eine Beweisführung hierüber schwierig und ist ebenfalls Teil der Vorbereitung auf die Hauptverhandlung vor dem EAT. Über Verhandlungen vor *Employment Tribunals* wird im Gegensatz zu deutschen Prozessen kein offizielles Protokoll über die Hauptverhandlung geführt, das beiden Parteien zugestellt wird und über die Geschehnisse in der mündlichen Verhandlung Beweis erbringen kann. Auch sind die Parteien selbst nicht zur Mitschrift verpflichtet. Einzig der Vorsitzende Richter soll den Verhandlungsgang einschließlich der Beweisaufnahme möglichst wortgenau protokollieren.[837]

Zur Beweisführung über Geschehnisse in der Hauptverhandlung muss der Berufungskläger daher einen Antrag zur Verwendung der richtereigenen Mitschrift stellen, sofern diese für den Beweis relevant ist.[838] Das Protokoll darf aber nicht zur Ausforschung neuer Berufungsgründe

---

831 *2008 Practice Direction*, 6.1. Zu einem *bundle* allgemein siehe auch oben Teil 4 § 9 A. IV., S. 88.
832 Zu *skeleton arguments* siehe oben Teil 4 § 9 A. IV., S. 86.
833 *2008 Practice Direction,* 13.1.
834 *2008 Practice Direction,* 13.10.
835 *2008 Practice Direction,* 13.2, 13.4.
836 *Green/Heppinstall,* Manual of Employment Appeals, 3.343, p. 90.
837 Blackstone´s Employment Law Practice, 18.171, p. 285; *Green/Heppinstall,* Manual of Employment Appeals, 3.262, p. 72; Tolley´s Employment Handbook, 20.21, p. 584.
838 *Webb v Anglian Water Authority* [1981] ICR 811 (813), [1981] IRLR 494 (496).

verwendet werden.[839] In der Regel macht die Beweisführung durch ein Richterprotokoll vor allem dann Sinn, wenn das Gericht ohne jegliche Beweisaufnahme einen rechtlichen Schluss gezogen hat und daher ein Unterfall der Rechtsbeugung vorliegt.

IV. Die mündliche Verhandlung („full hearing")

Nach einem erfolgreichen *preliminary hearing* oder dessen Entbehrlichkeit findet die mündliche Verhandlung („*full hearing*") vor dem EAT statt. Im Unterschied zu den *hearings* vor den *Employment Tribunals* dürfen hier die Parteien und alle Anwesenden vor den Richtern den Sitzungssaal betreten. Das anschließende Eintreten der Richter wird durch einen Geschäftsbeamten angekündigt, worauf sich alle im Saal befindlichen Personen aus Achtung vor dem Gericht erheben. Auch verlassen bei der Beendigung und bei jeder Unterbrechung zunächst die Richter den Saal, begleitet vom Aufstehen aller Anwesenden. Da die Richter am EAT im Gegensatz zu denen an den *Employment Tribunals* den Verhandlungsgang nicht selbst mitskizzieren, protokolliert eine Geschäftsbeamtin die Sitzung.

Die Hauptverhandlung besteht in der Regel nur aus einer kurzen Einführung in den Sach- und Streitstand seitens des EAT und den *submissions* der Parteien, die jede Partei im Stehen vorträgt und dabei häufig durch Fragen von den Richtern unterbrochen wird.[840] Da regelmäßig keine Beweisaufnahme durchgeführt wird, dauern die Sitzungen am EAT im Gegensatz zu denen an den *Employment Tribunals* verhältnismäßig kurz. Es wird meist nur einen Vormittag zur Sache verhandelt und bereits nachmittags eine Entscheidung verkündet.

1. Zulassung neuer Beweismittel

Das EAT kann zwar grundsätzlich nach seinem Ermessen eine eigene Beweisaufnahme durchführen,[841] die aber in seltenen Fällen stattfindet. Eine erneute Beweisaufnahme in der Berufungsinstanz ist nur dann möglich, wenn der Beweis im Ausgangsverfahren trotz Anwendung angemessener Sorgfalt nicht geführt werden konnte, das Beweismittel von Bedeutung ist, d.h. wahrscheinlich wichtigen Einfluss auf das Verhandlungsergebnis gehabt hätte, und das Beweismittel ersichtlich glaubhaft ist.[842] Im Grundsatzurteil *Ladd v Marshall*

---

839 Diese wird auch Verbot einer „*fishing expedition*" genannt, vgl. *2008 Practice Direction,* 7.7; *Webb v Anglian Water Authority* [1981] ICR 811 (813), [1981] IRLR 494 (496).

840 *Green/Heppinstall,* Manual of Employment Appeals, 3.368, 3.369, p. 94.

841 *2008 Practice Direction,* 8.2.

842 *2008 Practice Direction,* 8.2.1-8.2.3. Diese Voraussetzungen werden auch „*Ladd v Marshall*–Test" genannt, vgl. Lord Denning in *Ladd v Marshall* [1954] 1 WLR 1489 (1491), 3 All ER 745 (747): „*To justify the reception of fresh evidence or a new trial, three conditions must be fulfilled: first, it must be shown that the evidence could not have been obtained with reasonable diligence for use at the trial; secondly, the evidence must be such that, if given, it would probably have an important influence on the result of the case,*

[1954][843] wies der *Court of Appeal* beispielsweise eine erneute Zeugeneinvernahme einer Zeugin zurück, die gestanden hatte, im Ausgangsverfahren gelogen zu haben. Die Zeugeneinvernahme wäre zwar wichtig und entscheidend für den Ausgang des Verfahrens, die Zeugin sei aber wegen ihrer vorherigen Lüge unglaubwürdig.

Ein Fall, in dem ein neues Beweismittel zugelassen wurde, ist *Photostatic Copiers (Southern) Ltd v Okuda and Japan Office Equipment Ltd (In Liquidation)* [1995][844]. Der Berufungskläger und Arbeitgeber hatte dem Arbeitnehmer als Kläger erster Instanz gekündigt und musste ihm aufgrund der Entscheidung des erstinstanzlichen Gerichts eine Abfindung zahlen. Anschließend gab der Arbeitnehmer zu, im Rahmen eines neuen Arbeitsverhältnisses Gehalt von einem Konkurrenten bezogen zu haben. Vor dem EAT wurde diese Aussage des Arbeitnehmers als neues Beweismittel zugelassen und führte zu einer teilweisen Aufhebung des Urteils und Kürzung der Abfindung. Der Arbeitgeber konnte mit der Aussage seines ehemaligen Angestellten nicht rechnen und sie daher auch nicht im Ausgangsprozess geltend machen. Zugleich war die Aussage relevant für die Berechnung der Abfindung. Auch in *Aslam v Barclays Capital Services Ltd* [2011] wurde ein Dokument als neues Beweismittel für eine Rassendiskriminierung zugelassen, das im Rahmen einer *disclosure* nicht veröffentlicht wurde.[845] Laut diesem Dokument wurde dem Kläger indischer Herkunft keine Beförderung angeboten, während ein weißer gleichrangig Beschäftigter eine Beförderung ohne vorherige Ausschreibung dauerhaft erhalten hat. Für diese Tatsache und eine dadurch beweisbare Rassendiskriminierung konnte der Beweis erst durch das später entdeckte Dokument geführt werden.

Sofern eine Beweisaufnahme stattfindet, hat das EAT bezüglich der Zeugenvernehmung und etwaiger Ausforschung von Dokumenten die gleichen Befugnisse wie der *High Court*, vgl. ETA 1996, s 29 (2)[846].

2. Zulassung neuer rechtlicher Argumente

Es steht im Gegensatz zum deutschen Recht auch im Ermessen der Richter, ob in der mündlichen Verhandlung überhaupt neue rechtliche Argumente vorgetragen werden können.[847] Auch

---

though it need not be decisive; thirdly, the evidence must be such as is presumably to be believed, or in other words, it must be apparently credible, though it need not be incontrovertible.".

843 *Ladd v Marshall* [1954] 1 WLR 1489 (1492), 3 All ER 745 (747).

844 *Photostatic Copiers (Southern) Ltd v Okuda and Japan Office Equipment Ltd (In Liquidation)* [1995] IRLR 11.

845 *Aslam v Barclays Capital Services Ltd* UKEAT/1570/09, 03 February 2011, unreported, para 34.

846 ETA 1996, s 29 (2), siehe oben Teil 5 § 12 B., S. 128, Fn. 738.

847 *Secretary of State for Health v Rance*, [2007] IRLR 665, para 14 (1); *Glennie v Independent Magazines (UK) Ltd* [1999] IRLR 719, para 17; *Jones v Governing Body of Burdett Coutts School* [1998] IRLR 521, para 20. Noch gegen das Vorbringen neuer rechtlicher Gesichtspunkte: *Kumchyk v Derby County Council*

wenn die große Anzahl rechtlich nicht vertretener Parteien vor den *Employment Tribunals* und deren fehlende Rechtskenntnis eine Zulassung neuer Rechtsansichten in der Berufungsinstanz erforderlich machen würden, werden neue rechtliche Argumente dennoch eher selten akzeptiert.[848] Bei Fragen zur Zuständigkeit von *Employment Tribunals* sowie bei Berührungspunkten zu Entscheidungen des *Court of Appeal* oder des Gerichtshofs der Europäischen Union ist das EAT eher geneigt, neue rechtliche Argumente zuzulassen.[849] Gleiches gilt, wenn einer nicht vertretenen Partei bei Nichtberücksichtigung der neuen Argumente eine große Ungerechtigkeit wiederverfahren würde, da das Ausgangsgericht den rechtlichen Gesichtspunkt hätte aufgreifen müssen oder die Entscheidung des Ausgangsgerichts offensichtlich angefochten werden kann.[850] Eher gegen eine Zulassung neuer rechtlicher Argumente spricht die Berücksichtigung neuer Tatsachen und eine dafür erforderliche Beweisaufnahme.[851]

H. Die Entscheidung des Employment Appeal Tribunal

Die Entscheidungen des EAT werden auf Mehrheitsbasis getroffen. Einzigartig für ein Berufungsgericht ist hier die Möglichkeit, dass die *lay members* den Vorsitzenden Richter überstimmen können.[852] Die Entscheidung des EAT ist für alle *Employment Tribunals* bindend,[853] nicht aber für nachfolgende Entscheidungen des EAT.[854]

I. Eigene Entscheidung oder Rückverweisung

Das EAT kann mit seiner Entscheidung die Berufung abweisen oder der Berufung ganz oder zum Teil stattgeben. Bei Stattgabe kann das EAT anstelle des *Employment Tribunal* selbst

---

[1978] ICR 1116 (1123), EAT. Hier hatte ein Parkwächter erfolglos gegen eine Versetzung geklagt, obwohl sein Arbeitsvertrag eine Versetzungsklausel enthielt. Erst in der Berufung berief er sich auf eine Einschränkung der Versetzungsklausel aus dem Arbeitsvertrag, die aber als neuer rechtlicher Gesichtspunkt nicht beachtet wurde.

848 *Secretary of State for Health v Rance* [2007] IRLR 665, para 14 (3); *Jones v Governing Body of Burdett Coutts School* [1998] IRLR 521, paras 20, 44.

849 *Secretary of State for Health v Rance* [2007] IRLR 665, para 14 (5); *Barber v Thames Televison Plc* [1991] IRLR 236, EAT, para 38.

850 *Secretary of State for Health v Rance* [2007] IRLR 665, para 14 (6) (d), (e); *Glennie v Independent Magazines (UK) Ltd* [1999] IRLR 719, paras 15, 16.

851 *Secretary of State for Health v Rance* [2007] IRLR 665, para 14 (4); *Leicestershire County Council v UNISON* [2006] IRLR 810; *Jones v Governing Body of Burdett Coutts School* [1998] IRLR 521, para 20; *Barber v Thames Televison Plc* [1991] IRLR 236, EAT, para 38.

852 Blackstone´s Employment Law Practice, 18.06, p. 252; *Goodier/Parkin,* 17.9.2, p. 432. Dies geschieht sehr selten, es kommt aber dennoch vor, so z.B. bei *Smith v Safeway Plc* [1995] ICR 472 (482).

853 Ausführung des Präsidenten des EAT Morison J zu *Davidson v City Electrical Factors Ltd* [1998] ICR 443 (448), IRLR 435 (440).

854 Tolley´s Employment Handbook, 20.2, p. 574. So hat das EAT z.B. seine Entscheidung, wann eine *notice of appeal* dem Gericht zugeht, *Clark v Midland Packaging Ltd* [2005] 2 All ER 266, para 23, mit der Entscheidung *Woodward v Abbey National Plc* [2005] 4 All ER 1346, [2005] ICR 1702, [2005] IRLR 782, paras 29-31, aufgehoben.

eine Entscheidung treffen („*substitution*") oder das Verfahren zur erneuten Verhandlung an das Ausgangsgericht zurückverweisen („*remission*"), ETA 1996, s 35[855].

Eine *substitution* ist möglich, wenn das Ausgangsgericht als Ergebnis einer unrichtigen Rechtsanwendung eine unstreitig falsche Entscheidung getroffen hat und darüber keine weiteren Nachforschungen erforderlich sind.[856] Sofern die Ausgangsentscheidung trotz fehlerhafter Rechtsanwendung nicht unbedingt falsch ist, darf das EAT keine eigene Entscheidung treffen, sondern muss das Verfahren an das Ausgangsgericht zur erneuten Entscheidungsfindung zurückverweisen.[857] Wegen großer Verzögerung und Entstehung erhöhter Kosten durch eine Rückverweisung, neigt das EAT immer mehr dazu, die Erforderlichkeit weiterer Nachforschungen über die Falschheit der Ausgangsentscheidung zu verneinen und eine eigene Entscheidung zu treffen.[858] Grundsätzlich soll die eigene Entscheidung des EAT aber die Ausnahme bleiben, da ein *Employment Tribunal* der eigentliche Platz für eine mündliche Beweisaufnahme und die grundsätzliche Entscheidung über den Rechtsstreit ist.[859]

Sofern das EAT die Entscheidung zur erneuten Verhandlung zum Ausgangsgericht zurückverweist, darf das Ausgangsgericht nur innerhalb des vom EAT beschränkten Umfang verhandeln und entscheiden.[860] In *Aparau v Iceland Frozen Foods* [2000] hat der *Court of Appeal* beispielsweise eine Berufung über eine rechtsunwirksame Kündigung zugelassen und die Entscheidung zur erneuten Verhandlung nur bezüglich möglicher Kündigungsgründe erlaubt.[861]

Das EAT kann neben einer Rückverweisung an das Ausgangsgericht in ursprünglicher Besetzung auch an ein *Employment Tribunal* in veränderter Besetzung zurückverweisen.[862] An wen das EAT zurückverweist, bestimmt sich danach, inwiefern sich das ursprünglich besetzte *tribunal* an den Prozess erinnern kann, welche Kosten jeweils entstehen und ob das EAT Vertrauen darin hat, dass die Richter soweit erforderlich auch von ihrer Entscheidung abwei-

---

855 ETA 1996, s 35 (1) For the purpose of disposing of an appeal, the Appeal Tribunal may — (a) exercise any of the powers of the body or officer from whom the appeal was brought, or (b) remit the case to that body or officer from whom the appeal was brought.

856 *McLeod v Hellyer Brothers Ltd* [1987] 1 WLR 728 (747, 748), [1987] ICR 526 (547), [1987] IRLR 234. (254)

857 *Dobie v Burns International Security Services (UK) Ltd* [1984] 1 WLR 43, [1984] 3 All ER 333, [1984] ICR 812, [1984] IRLR 329, para 18.

858 Blackstone's Employment Law Practice, 18.191, p. 289; *Goodier/Parkin,* 17.9.4.1, p. 433; so beispielsweise Underhill J in *TGWU v Safeway Stores Ltd* UKEAT/0092/07, 6 June 2007, unreported, para 16.

859 *O'Kelly v Trusthouse Forte Plc* [1983] ICR 728 (764), [1983] IRLR 369 (395).

860 Blackstone's Employment Law Practice, 18.192, p. 289.

861 *Aparau v Iceland Frozen Foods* [2000] ICR 341 (351), [2000] IRLR 196 (205).

862 Blackstone's Employment Law Practice, 18.188, 18.192, pp. 288, 289.

chen.[863] Sofern die Berufung nicht auf Befangenheit der Richter gestützt war oder sonstige Gründe für eine Voreingenommenheit sprechen, verweist das EAT in der Regel an das *tribunal* in ursprünglicher Besetzung zurück.[864] Normalerweise kann dieses aufgrund seiner Professionalität erneut vertrauensvoll entscheiden.[865]

II. Weitere Entscheidungen

Daneben kann das EAT in seiner Entscheidung eine Erlaubnis zur weiteren Berufung zum *Court of Appeal,* eine sogenannte *„permisson to appeal"*, erteilen.[866] Diese wird erteilt, wenn das Verfahren einen wichtigen rechtlichen Punkt betrifft oder es einen anderen zwingenden Grund für die Erlaubnis gibt. Eine *permisson to appeal* direkt zum *Supreme Court* kann das EAT im Gegensatz zum *High Court* nicht erteilen.[867]

Sollten die Parteien sich vor dem EAT einigen und einen Vergleich schließen, kann das EAT eine Vergleichsanordnung erlassen. Eine Vergleichsanordnung kann auch infolge einer Rücknahme der Berufung ergehen.[868]

III. Kostenanordnungen

Ebenso wie bei *Employment Tribunals* sind Verfahren vor dem EAT grundsätzlich kostenfrei.[869] Das Obsiegen oder Unterliegen entscheidet entgegen deutscher arbeitsgerichtlicher Berufungsverfahren oder entgegen englischer Zivilverfahren[870] auch nicht über etwaige Kosten. Wenn eine Partei das Verfahren aber gegenstandslos, missbräuchlich, überflüssig oder missverständlich einleitet, es unnötigerweise verzögert oder sich in anderer Weise unangemessen verhält, kann das EAT eine *costs order* erlassen, vgl. EATR 1993, rr 34 (1), 34A (1)[871]. Gesetzliche Beispiele für ein Verhalten, das eine *costs order* auslöst, sind die Nichter-

---

863 *Sinclair, Roche & Temperley v Heard* [2004] IRLR 763, para 46.1, 46.2, 46.4, 46.5.
864 *Sinclair, Roche & Temperley v Heard* [2004] IRLR 763, para 46.3.
865 *Sinclair, Roche & Temperley v Heard* [2004] IRLR 763, para 46.6; *HM Prison Service v Johnson* [2007] IRLR 951, para 126.
866 *2008 Practice Direction,* 21.1.
867 *Botham v Ministry of Defence* UKEAT/0503/04, 12 November 2004, unreported, para 23.
868 *2008 Practice Direction,* 15.1.
869 Zum Grundsatz der Kostenfreiheit allgemein siehe oben Teil 4 § 7 D., S. 70-71. Zu *costs order* vor den *Employment Tribunals* siehe oben Teil 4 § 10 E., S. 110-115.
870 Vgl. § 64 VI S. 2 ArbGG, § 91 I S. 1 ZPO bzw. CPR 1998, part 44.3 (2) If the court decides to make an order about costs — (a) the general rule is that the unsuccessful party will be ordered to pay the costs of the successful party....
871 EATR 1993, r 34 (1) In the circumstances listed in rule 34A the Appeal Tribunal may make an order ("a costs order") that a party or a special advocate, ("the paying party") make a payment in respect of the costs incurred by another party or a special advocate ("the receiving party"). EATR 1993, r 34A (1) Where it appears to the Appeal Tribunal that any proceedings brought by the paying party were unnecessary, improper, vexatious or misconceived or that there has been unreasonable delay or other unreasonable conduct in the

füllung einer gerichtlichen Anordnung, die Erweiterung der *notice of appeal* oder die Verursachung einer Vertagung des Verfahrens.[872] Weitere, eine *costs order* verursachende, Verhaltensweisen sind die grundlose Verzögerung der Berufungsrücknahme,[873] die Berufungseinlegung ohne Berührung zu einem Rechtsfehler[874] und das unberechtigte Fehlen des Berufungsklägers in der mündlichen Verhandlung.[875] Kostenanordnungen sollen aber nach wie vor auch vor dem EAT die Ausnahme bleiben.[876]

Eine sich selbst vertretende Partei kann Kosten für entstandene Aufwendungen und wegen des Prozesses entgangenes Arbeitsentgelt verlangen, vgl. EATR 1993, r 34D (1), (3)[877]. Wenn die Partei keine finanziellen Nachteile nachweisen kann, kann sie je Stunde der Vorbereitungszeit £32 fordern, wobei der Stundensatz jedes Jahr um ein Pfund angehoben wird.[878]

Wie bei Verfahren vor den *Employment Tribunals* kann das EAT auch eine Kostenanordnung wegen entstandener Mehrkosten („*wasted costs order*") gegen einen rechtlichen Vertreter bei unpassendem, unvernünftigen oder nachlässigem Verhalten erlassen, vgl. EATR 1993, r 34C (1), (3)[879]. Im Gegensatz zur Kostentragung vor deutschen Gerichten kann dies auch dazu

---

bringing or conducting of proceedings by the paying party, the Appeal Tribunal may make a costs order against the paying party.

872 EATR 1993, r 34A (2) The Appeal Tribunal may in particular make a costs order against the paying party when — (a) he has not complied with a direction of the Appeal Tribunal; (b) he has amended its notice of appeal … or (c) he has caused an adjournment of procee-dings.

873 *TVR Engineering Ltd v Johnson* [1978] IRLR 555 (556).

874 *Redland Roof Tiles Ltd v Eveleigh* [1979] IRLR 11 (11).

875 *Croydon v Greenham (Plant Hire) Ltd* [1978] ICR 415 (418).

876 *2008 Practice Direction,* 1.8; *Goodier/Parkin,* 17.9.6.1, p. 435; *Green/Heppinstall,* Manual of Employment Appeals, 3.394, p. 100; *McMullen,* Employment Tribunal Procedure, 23.71, p. 369.

877 EATR 1994, r 34D (1) This rule applies where the Appeal Tribunal makes a costs order in favour of a party who is a litigant in person. … (3) The litigant in person shall be allowed — (a) costs for the same categories of (i) work; and (ii) disbursements….

878 EATR 34D (4) The amount of costs to be allowed to the litigant in person for any item of work claimed shall be … (b) where the litigant in person cannot prove financial loss, an amount for the time which the Tribunal considers reasonably spent on doing the work at the rate of £25.00 per hour. (5) For the year commencing 6th April 2006 the hourly rate of £25.00 shall be increased by the sum of £1.00 and for each subsequent year commencing on 6th April, the hourly rate for the previous year shall also be increased by the sum of £1.00.

879 EATR 1993, r 34C (1) The Appeal Tribunal may make a wasted costs order against a party's representative. … (3) Wasted costs' means any costs incurred by a party (including the representative's own client and any party who does not have a legal representative) — (a) as a result of any improper, unreasonable or negligent act or omission on the part of any representative…. Zu *wasted costs orders* vor den *Employment Tribunals* siehe oben Teil 4 § 10 E., S. 112-114.

führen, dass der rechtliche Vertreter neben einem Kostenersatz für die gegnerische Partei auch das von seinem Mandanten gezahlte Honorar zurückgewähren muss.[880]

I. Die arbeitsgerichtliche Berufung in Deutschland

In Deutschland ist die Berufung gegen Urteile bzw. die Beschwerde gegen arbeitsgerichtliche Beschlüsse, vgl. §§ 64 I, 87 I ArbGG, der einzige Rechtsbehelf gegen arbeitsgerichtliche Entscheidungen und bei formellen als auch bei materiellrechtlichen Mängeln statthaft. Lediglich gegen ein Versäumnisurteil wird als Rechtsbehelf ein Einspruch statt einer Berufung eingelegt, vgl. § 46 II ArbGG, § 338 S. 1 ZPO.

Grundsätzlich ist das LAG auch in jeder arbeitsrechtlichen Streitigkeit, die vor einem Arbeitsgericht entschieden wurde, zuständig und nicht nur aufgrund einer Zuweisung nach einem detaillierten Zuständigkeitskataloges wie das englische EAT.[881]

Ein großer Unterschied ist daneben die in England bestehende Möglichkeit des Parteiprozesses in zweiter Instanz. Wegen des vor dem LAG bestehenden Vertretungszwangs kann sich eine Partei in Deutschland in der zweiten Instanz nicht selbst vertreten, vgl. § 11 IV ArbGG. Neben den Kosten einer anwaltlichen Vertretung besteht zudem ein erhöhtes Kostenrisiko bei deutschen arbeitsgerichtlichen Berufungsverfahren. Hier trägt die unterliegende Partei neben den Gerichtskosten auch die Anwaltskosten der obsiegenden Partei nach § 46 II ArbGG, § 91 I S. 1 ZPO.

Das englische Recht ist zudem viel strenger bezüglich des Vorbringens neuer Tatsachen und rechtlicher Argumente in der Berufungsinstanz.[882] Während mit einer Berufung vor dem LAG immer neue rechtliche Argumente vorgetragen werden können, vgl. § 64 VI S. 2 ArbGG, § 513 I ZPO, ist dies vor dem EAT in der Regel nicht möglich.[883] Auch ist für das Vorbringen neuer Tatsachen die Hürde in Deutschland nicht so hoch anzusetzen wie vor dem EAT nach

880 EATR 1993, r 34C (2) In a wasted costs order the Appeal Tribunal may disallow or order the representative of a party to meet the whole or part of any wasted costs of any party, including an order that the representative repay to his client any costs which have already been paid.

881 Eine Hürde zur Entscheidungsbefugnis sind lediglich die Voraussetzungen des § 64 II ArbGG. Entweder muss die Berufung durch das Arbeitsgericht zugelassen worden sein, ein höherer Beschwerdewert als 600 € gegeben sein, eine Streitigkeit über das Bestehen oder Nichtbestehen eines Arbeitsverhältnisses vorliegen oder sich die Berufung gegen ein Versäumnisurteil richten, gegen das ein Einspruch nach § 46 II ArbGG, § 514 ZPO nicht statthaft ist.

882 *Bley,* Die zweite Instanz nach deutschem und englischem Zivilprozessrecht, S. 72; *Stürner,* Anfechtung von Zivilurteilen, S. 267.

883 Hierzu oben Teil 5 § 12 G. IV. 2., S. 145, 146.

dem *Ladd v Marshall*-Test[884]. Zwar sollen vor dem LAG grundsätzlich auch keine neuen Tatsachen vorgebracht werden. Doch kann eine Partei in Deutschland neue Angriffs- und Verteidigungsmittel vorbringen, wenn nach der freien Überzeugung des LAG die Erledigung des Rechtsstreits hierdurch nicht verzögert würde und die Partei die Verspätung genügend entschuldigt, bzw. diese nicht auf Verschulden der Partei beruht, vgl. §§ 64 VI S. 2, 67 IV ArbGG, § 529 I Nr. 2 ZPO, sofern das Angriffs- oder Verteidigungsmittel nicht in erster Instanz zurückgewiesen wurde, § 67 I ArbGG. Hierbei benötigt es aber keine besondere Glaubwürdigkeit eines Zeugen oder eine Beeinflussung des Ergebnisses des Ausgangsprozesses. Inzwischen ist sogar höchstrichterlich entschieden, dass jegliche unstreitige Tatsache in zweiter Instanz zugelassen wird, selbst wenn dadurch eine neue Beweisaufnahme erforderlich wird.[885] Grund für diesen großen Unterschied bezüglich des Vorbringens neuer Tatsachen ist, dass der ersten Instanz in England noch größere Bedeutung beigemessen wird.[886] Auch werden durch das System der *pre-trial disclosure* grundsätzlich alle Beweismittel zugänglich gemacht, sodass spätere Einwendungen zur Vollständigkeit der Beweise nicht notwendig sind und eher vermeiden werden sollen.

Die Berufungsinstanz gilt in Deutschland generell als zweite Tatsacheninstanz, in England ist sie eher eine Rechtskontrolle. Im Unterschied zum EAT kann und muss das LAG in der Regel notwendige Beweise erheben und selbst in der Sache entscheiden. Während das EAT in aller Regel zur erneuten Entscheidung an das Ausgangsgericht zurückverweist, erfolgt eine Rückverweisung durch das LAG nur ausnahmsweise in den in § 64 VI S. 1 ArbGG, § 538 II S. 1 ZPO genannten Fällen, wie bei einer bloßen Entscheidung über die Zulässigkeit der Klage, der Verwerfung eines Einspruchs als unzulässig oder wenn das Ausgangsverfahren an einem wesentlichen Mangel leidet und aufgrund dieses Mangels eine umfangreiche Beweisaufnahme notwendig ist.

---

884 Lord Denning in *Ladd v Marshall* [1954] 1 WLR 1489 (1491), 3 All ER 745 (747). Vgl. auch *2008 Practice Direction,* 8.2.1-8.2.3.

885 BGH, Urteil vom 20. 5. 2009 – VIII ZR 247/06 = NJW 2009, 2532 (2533); BGH, Beschluss vom 23. 6. 2008 – GSZ 1/08, BGHZ 177, 212 (212) = NJW 2008, 3434 (3434); BGH, Urteil vom 18. 11. 2004 – IX ZR 229/03, BGHZ 161, 138 (139) = NJW 2005, 291 (292); *Zöller/Heßler,* § 531 ZPO, Rn. 10, 25; TP/*Reichold,* § 31 ZPO, Rn. 1.

886 *Bley,* Die zweite Instanz nach deutschem und englischem Zivilprozessrecht, S. 72; *Stürner,* Anfechtung von Zivilurteilen, S. 267.

Zusammenfassung

Die Rolle der *Employment Tribunals* hat sich in den letzten fünfzig Jahren sehr verändert. Geschaffen in einer Zeit, in der Arbeitsverhältnisse in einen rechtsleeren Raum fielen und Streitigkeiten zwischen Arbeitnehmer und Arbeitgeber nicht von Gerichten entschieden wurden, sind sie nun Mittelpunkt eines jeden arbeitsrechtlichen Streits. Während sie anfangs nur dem Schutz des Arbeitgebers bei Abgabenstreitigkeiten dienten, garantieren sie heute den Schutz der Arbeitnehmerrechte.

Bedeutsam und dem deutschen Recht fremd ist nach wie vor die Institution der englischen Arbeitsgerichte als *tribunals*. *Tribunals* sind trotz ihrer Gerichtsähnlichkeit keine *courts* im engeren Sinne. Dies zeigt schon die räumliche Ausstattung der *Employment Tribunals*: sie ist schlicht und einfach gehalten. Die Richter tragen keine Perücke und keine Roben, die sogar die deutschen Arbeitsrichter tragen. Hauptunterschied zu einem *court* ist vor allem die fehlende Vollstreckbarkeit der Entscheidungen eines *Employment Tribunal* und die Notwendigkeit der Schaffung eines Vollstreckungstitels bei einem *county court*, einem *court* im engeren Sinne. Ansonsten hat die Entscheidungsfindung als *tribunal* für den Rechtsschutz des Einzelnen aber nur Vorteile: *Employment Tribunals* entscheiden in informellem Gewand schnell, einfach zugänglich und nahezu kostenfrei. Durch einen nur eingeschränkt gültigen Beibringungsgrundsatz kann sich jede Partei auf Mithilfe des Richters verlassen. Größter Vorteil für die Parteien wie auch für den *Employment Judge* ist die Besetzung der Richterbank: *Employment Tribunals* entscheiden im Regelfall als Kollegium mit einem rechtlich vorgebildeten *Employment Judge* und zwei *lay members*. Die Erfahrungen der *lay members* aus der Arbeitswelt und aus verschiedenen gesellschaftlichen Hintergründen gleicht die juristische Sicht des rechtlich versierten, meist älteren und aus wohlhabenden Verhältnissen stammenden *Employment Judge* aus.

Die Aussage „*Employment Tribunals are creatures of statutes*“[887] bezieht sich auf die Entstehung, Aufgabe und Zuständigkeit der *Employment Tribunals*. *Employment Tribunals* wurden durch ein Gesetz instituiert, sollen durch Gesetze erschaffene Rechte schützen und sind nur dann entscheidungsbefugt, wenn es in Gesetzen ausdrücklich geregelt ist. In der fehlenden, eigenen Entscheidungsbefugnis zeigt sich ein weiterer Unterschied zu *courts*.

887 Tolley's Employment Handbook, 18.11, p. 456; so auch *Employment Judge* Paul Stewart im Interview vom 21.01.2012.

Als weniger einschüchternde und leichter zugängliche Variante zu den Verfahren vor *courts* können die Parteien vor einem *Employment Tribunal* ihren Prozess selbst führen. Wenn sie sich aber für eine rechtliche Vertretung entscheiden, ist diese unbeschränkt und umfangreicher als in Deutschland möglich. Eine Partei kann sich jeden beliebigen rechtlichen Vertreter aussuchen und ist nicht auf katalogartig aufgezählte Personen beschränkt. Dieses umfangreiche Recht führt im Extremfall dazu, dass sogar der Anwalt der gegnerischen Partei nach Mandatsniederlegung die Gegenseite vertreten kann, ohne ein Tätigkeitverbot oder eine Strafbarkeit zu riskieren. Die einzige Möglichkeit des Gerichts, eine für die Partei ungünstige Prozessvertretung zu verhindern, ist der Erlass einer Kostenanordnung gegen den rechtlichen Vertreter.

In der mündlichen Verhandlung selbst zeigt sich das in England stark ausgeprägte Mündlichkeitsprinzip. Da jeder vorgeschlagene Zeuge vernommen wird und oft auch ein mehrere Seiten langes *witness statement* vorliest, dauern die Verhandlungen oft mehrere Tage lang. Eine Verlegung auf einen anderen, mehrere Wochen entfernt liegenden Termin wäre in England aufgrund der Gefahr der Verfälschung des Aussagegehalts undenkbar.

Die Beweisaufnahme vor *Employment Tribunals* besteht hauptsächlich aus Zeugenvernehmungen. Der deutschen Verhandlung fremd ist die Verpflichtung, vorab ein *witness statement* zu erstellen und aus diesem vorzutragen. In deutschen Verhandlungen soll ein Zeuge nur solche Tatsachen wiedergeben, die ihm im Gedächtnis geblieben sind und nicht solche Erlebnisse, die er in sorgfältiger Feinarbeit zusammen mit einem Anwalt niedergeschrieben hat. Im Unterschied zum deutschen Zeugenbegriff gilt die Partei selbst auch als Zeuge. Auch wird die Beweisaufnahme nicht vom Richter als leitende Figur begonnen, sondern von den Parteien bzw. deren Anwälten. Welche Partei mit der *evidence in chief* beginnt und welche Partei mit der *cross-examination* fortfährt, richtet sich nach der Beweislastverteilung. Eigenheit des anglo-amerikanischen Rechtssystems ist vor allem die *cross-examination*, bei der mit allen Mitteln versucht wird, die Aussage des Zeugen zu eigenen Gunsten auszulegen. Der *Employment Judge* sitzt hier eher unbeteiligt auf seiner Richterbank und achtet auf die Einhaltung der prozessualen Fairness.

Zur Einhaltung der prozessualen Fairness in der mündlichen Verhandlung wird im Gegensatz zu Verhandlungen vor deutschen Arbeitsgerichten kein allgemeines Protokoll geführt. Vielmehr macht sich der *Employment Judge* nur eigene Notizen. Problematisch wird dies, wenn eine Berufung auf einen prozessualen Fehler innerhalb der Hauptverhandlung gestützt werden soll. Für den Berufungskläger wird hierdurch die Beweisführung erschwert: nur unter engen

Voraussetzungen kann er auf die richterliche Mitschrift zugreifen. Parteieigene Mitschriften haben wegen der Gefahr der Verfälschung einen nur geringen Beweiswert.

Fremd für einen deutschen Juristen ist weiter die Möglichkeit des *Employment Tribunal*, im Rahmen seiner Entscheidung nach eigenem Ermessen verschiedene *remedies* anzuordnen. Ein *Employment Tribunal* ist nicht an einen bestimmten Antrag gebunden, dessen Rechtsfolge von Gesetzes wegen festgelegt ist. Sofern eine Kündigung in England unwirksam ist, besteht das Arbeitsverhältnis nicht automatisch fort. Das *Employment Tribunal* kann vielmehr nach eigenem Ermessen die Fortdauer des alten Arbeitsverhältnisses, die Gewährung eines vergleichbaren Arbeitsplatzes oder eine Abfindungszahlung anordnen.

Auch der Erlass von *costs orders* sowie deren Voraussetzungen unterscheiden sich sehr von der Kostenregelung in Deutschland. In englischen arbeitsgerichtlichen Prozessen ist für den Erlass einer *costs order* das Verhalten einer Partei oder eines rechtlichen Vertreters maßgeblich, ungeachtet des Obsiegens oder Unterliegens: Hat eine Partei oder deren rechtlicher Vertreter eine gerichtliche Anordnung nicht beachtet, eine Klage überflüssigerweise erhoben oder den Prozess in unangemessener Weise geführt? Bei Vorliegen dieser Tatbestandsmerkmale kann ein *Employment Tribunal* bereits in erster Instanz Kosten für eine rechtliche Vertretung von der sich fehlerhaft verhaltenden Partei oder des sich fehlerhaft verhaltenden Vertreters erstatten lassen. Besonders ungewohnt erscheint es, dass in bestimmten Fällen auch der rechtliche Vertreter die Kosten der gegnerischen Partei ersetzen oder sogar das Honorar an seinen Mandanten zurückzahlen muss.

Bei Unzufriedenheit mit der Entscheidung über die Sache selbst, über die *remedy* oder über eine *costs order* kann die unterliegende Partei eine *review* bei dem entscheidenden *Employment Tribunal* selbst anstrengen oder eine Berufung zum EAT einlegen. Die Wahl des richtigen Rechtsmittels beurteilt sich nach der Art des Fehlers: Liegt ein prozessuales Versehen oder ein Rechtsfehler vor?

Bei Einlegung einer Berufung ist zu beachten, dass die Berufungsinstanz eine reine Rechtskontrolle ist. Neue Tatsachen und sogar neue rechtliche Argumente können nur im Ausnahmefall vorgetragen werden. Der ersten Instanz kommt in England eine höhere Bedeutung zu, sodass deren Entscheidung nur in Ausnahmefällen aufgehoben werden soll. Dies liegt unter anderem an der höheren Anerkennung der Richter in England. Die für eine Ernennung als *Employment Judge* vorausgesetzte langjährige, anwaltliche Berufserfahrung führt zu einer hohen Qualifikation von *Employment Judges* in England. Die frühere Anwaltstätigkeit und die Möglichkeit zur Nebentätigkeit als *solicitor* oder *barrister* verbindet Richter mit Rechtsanwälten und führt gleichsam zu einer höheren, gegenseitigen Achtung als in Deutschland.

Auch wenn eine Berufung zum EAT als rein arbeitsrechtlicher Berufungsinstanz eingelegt werden kann, können weitere Rechtsmittel gegen eine Entscheidung des EAT zu den ordentlichen Obergerichten erhoben werden. In England gibt es somit keine Arbeitsgerichtsbarkeit im Sinne eines eigenen Gerichtszweigs. Vielmehr sind *Employment Tribunals* und auch das EAT spezielle Spruchkörper im Bereich des Arbeitsrechts, die über durch Gesetz geschaffene Rechte unter bestimmten gesetzlichen Voraussetzungen entscheiden können. Sie lassen sich als *„easily accessible, informal, speedy and inexpensive"*[888] charakterisieren und bringen den Parteien bei der Streitlösung im Vergleich zur Zivilgerichtsbarkeit viele Vorteile.

888 Bericht der Royal Commission on Trade Unions and Employers` Association 1965-68, Para 572.

Entscheidungsverzeichnis

Aberdeen Steak Houses v Ibrahim [1988] ICR 550, [1988] IRLR 420

Abernethy v Mott, Hay & Anderson [1974] ICR 323

Adamson v Swansea University UKEAT/0486/09/ZT, 23 February 2010, unreported

Afolabi v Southwark London Borough Council [2003] EWCA Civ 15, [2003] ICR 800

Ainsbury v Millington [1987] 1 WLR 379

Alasdair McPherson v BNP Paribas [2004] EWCA Civ 569, [2004] 3 All ER 266, [2004] ICR 1398, [2004] IRLR 558

Allma Construction Ltd v Bonner [2011] IRLR 204

Anglian Home Improvements Ltd v Kelly [2004] EWCA Civ 901, [2005] ICR 242, [2004] IRLR 793

Anglo Continental School of English (Bournemouth) Ltd v Gardiner [1973] ICR 261

Ansar v Lloyds TSB Bank Plc [2006] EWCA Civ 1462, [2007] IRLR 211

Anya v University of Oxford [2001] EWCA Civ 405, [2001] ICR 847, [2001] IRLR 377

Aparau v Iceland Frozen Foods [2000] ICR 341 (351), [2000] IRLR 196

Aslam v Barclays Capital Services Ltd UKEAT/1570/09, 03 February 2011, unreported

Audergon v La Baguette Ltd [2002] EWCA Civ 10

Aziz v Bethnal Green City Challenge Co Ltd [2000] IRLR 111

Bache v Essex County Council [2000] 2 All ER 847, [2000] ICR 313, [2000] IRLR 251

Balabel v Air India [1988] 2 WLR 1036, [1988] 2 All ER 246

Balfour Beatty Power Networks Ltd v Wilcox [2006] EWCA Civ 1240, [2007] IRLR 63

Ballantine (George & Sons) v FER Dixon [1974] 1 WLR 1125 (1132), [1974] 2 All ER 503

Bangs v Connex South Eastern Ltd [2005] EWCA Civ 14, [2005] 2 All ER 316, [2005] ICR 763, [2005] IRLR 389

Barber v Staffordshire County Council [1996] ICR 379, [1996] IRLR 209

Barber v Thames Televison Plc [1991] IRLR 236, EAT

Barclay Bank Plc v Kapur [1991] IRLR 136, HL

Barners v BPC (Business Forms) Ltd [1975] ICR 390, [1975] IRLR 397

Beasley v National Grid [2008] EWCA Civ 742, EAT

Benyon & others v Scadden [1999] IRLR 700

Biggs v Somerset County Council [1996] 2 All ER 734, [1996] ICR 364, [1996] IRLR 203

Blockbuster Entertainment Ltd v James [2006] EWCA Civ 684, [2006] IRLR 630

Bone v Fabcon Projects Ltd [2007] 1 All ER 1071, [2006] ICR 1421, [2006] IRLR 908

Botham v Ministry of Defence UKEAT/0503/04, 12 Novermber 2004, unreported

British Coal Corp v Keeble [1997] IRLR 336, EAT

British Labour Pump Co Ltd v Byrne [1979] IRLR 94, EAT

British Midland Airways Ltd v Lewis [1978] ICR 782

British Telecommunications Plc v Sheridan [1990] IRLR 27

Butlins Skyline Ltd v Beynon [2007] ICR 121, EAT

Calderbank v Calderbank [1975] 3 All ER 333

Camden and Islington Community Health Services NHS Trust v Kennedy [1996] IRLR 381

Capek v Lincolnshire County Council [2000] ICR 878, [2000] IRLR 590

Capital Foods Retail Ltd v Corrigan [1993] IRLR 430

Carrington v Helix Lighting Ltd [1990] ICR 125

Chohan v Derby Law Centre [2004] IRLR 685

Clarke v Redcar & Cleveland Borough Council [2006] ICR 897, [2006] IRLR 324

Clark v Clark Construction Initiatives Ltd [2008] EWCA Civ 1466, [2009] ICR 718

Clark v Midland Packaging Ltd [2005] 2 All ER 266

Compagnie Financière v Peruvian Guano Co [1882] 11 QBD 55

Consignia Plc v Sealy [2002] EWCA Civ 878, [2002] 3 All ER 801, [2002] ICR 1193 [2002] IRLR 624

Coors Brewers Ltd v Advock [2007] EWCA Civ 19, [2007] ICR 983, [2007] IRLR 440

Copson v Eversure Accessories Ltd [1974] ICR 636, [1974] IRLR 247

Croydon v Greenham (Plant Hire) Ltd [1978] ICR 415

Da'Bell v NSPCC [2010] IRLR 19

Daleside Nursing Home Ltd v Mathew UKEAT/0519/08, 18 February 2009, unreported

Dattani v Chief Constable of West Mercia Police [2005] IRLR 327

Dedman v British Building and Engineering Appliances Ltd [1974] 1 WLR 171, [1974] 1 All ER 520, [1974] ICR 53, [1973] IRLR 379

De Haney v Brent MIND [2003] EWCA Civ 1637, [2004] ICR 348

De Keyser Ltd v Wilson [2001] IRLR 324

Diem v Crystal Services Plc UKEAT/0398/05/DM, 16 December 2005, unreported

Digby v East Cambridgeshire District Council [2007] IRLR 585

Dobie v Burns International Security Services (UK) Ltd [1984] 1 WLR 43, [1984] 3 All ER 333, [1984] ICR 812, [1984] IRLR 329

Dodd v Bank of Tokyo-Mitsubishi Ltd UKEATPA/0480/05/SM, 30 September 2005, unreported

Dolling Baker v Merrett [1990] 1 WLR 1205

Douglas v Dispatch Management Services (UK) Ltd [2002] IRLR 389

Duke v Prospect Training Services Ltd [1988] ICR 521

Dunedin Canmore Housing Association Ltd v Donaldson UKEAT/0014/09, 08 June 2009, unreported, para 22

Durr v Granada Retail Catering UKEAT/281/00, 9 July 2001, unreported

D v NSPCC [1978] AC 171, [1977] 2 WLR 201, [1977] 1 All ER 589

Earl v Slater & Wheeler (Airlyne) Ltd [1973] 1 WLR 51, [1973] All ER 145, [1972] ICR 508

Eden v Humphries and Glasgow Ltd [1981] ICR 183

El Du Pont de Nemours & Co v ST Dupont [2003] EWCA Civ 1368

Estorffe v Smith [1973] ICR 542, NIRC

Evans v Chief Constable of Surrey [1988] QB 588, [1988] 3 WLR 127 (131), [1989] 2 All ER 594

Evans v University of Oxford UKEATPA/1510/09, 23 April 2010, unreported

Facey v Midas Retail Security [2001] ICR 287, [2000] IRLR 812

Falaye v UK Mission Enterprise Ltd UKEAT/0359/10/LA, 08 September 2010, unreported

Fraser v HILMAD Ltd [2006] EWCA Civ 73, [2007] 1 All ER 383, [2006] ICR 1395, IRLR 687

Freeman v Sovereign Chicken Ltd [1991] ICR 853

Gayle v Sandwell & West Birmingham Hospitals NHS Trust [2011] EWCA Civ 924, [2011] IRLR 810

Gdynia American Shipping Lines (London) Ltd v Chelminski [2004] EWCA Civ 871, [2004] 3 All ER 666, [2004] ICR 1523, [2004] IRLR 725

Gee v Shell Ltd [2002] EWCA Civ 1479, [2003] IRLR 82

Gilbert v Kembridge Fibres Ltd [1984] ICR 188, [1984] IRLR 52

Gill v Harold Andrews Sheepbridge Ltd [1974] ICR 294, [1974] IRLR 109, NIRC

Gill v Humanware Europe Ltd UKEAT/0312/08/CEA, 27 February 2009, unreported

Gisda CYF v Barratt [2010] UKSC 41, [2010] 4 All ER 851, [2010] ICR 1475, [2010] IRLR 1073

Glennie v Independent Magazines (UK) Ltd [1999] IRLR 719

Government Communications Staff Federation v Certification Officer [1993] ICR 163

Greenwood v NWF Retail Ltd [2011] ICR 896

Grimmer v KLM Cityhopper Ltd [2005] IRLR 596

Grundy (Teddington) Ltd v Plummer [1983] ICR 367

Gulson v Zurich Insurance Co [1998] IRLR 118, EAT

Habib v Elkington & Co Ltd [1981] ICR 435, [1981] IRLR 344, EAT

Hammersmith & Fulham London Borough Council v Ladejobi [1999] ICR 673

Hammond v High Castle & Co Ltd [1973] 2 All ER 289, [1973] ICR 148, [1973] IRLR 91

Hancocks v Cambian Education Services Ltd UKEATPA/0824/10/CEA, 11 March 2011, unreported

Hartaki v South East England Development Agency [2008] IRLR 945

Hartley v HFC Bank UKEAT/1468/99, 25 January 2001, unreported

Hawker Siddeley Power Engeneering Ltd v Rump [1979] IRLR 425

Hawkins v Ball and Barclays Bank Plc [1996] IRLR 258, EAT

Heatons Transport Ltd v TGWU [1972] ICR 285

High Table Ltd v Horst [1997] IRLR 513, CA

HM Prison Service v Johnson [2007] IRLR 951

Howes v Hinckley and Bosworth Borough Council UKEAT/0213/08/MAA, 4 July 2008, unreported

HSBC Asia Holdings BV and another v Gillespie [2011] ICR 192, [2011] IRLR 209

Humphries v Chevler Packaging Ltd EAT/0224/06/DM, 24 July 2006, unreported

Hutchison v Wetward Televison Ltd [1977] ICR 279, [1977] ILRL 69, EAT

Independent Research Services v Catterall Ltd [1993] ICR 1, EAT

James v Blockbuster Entertainment Ltd [2006] EWCA Civ 684, [2006] IRLR 630

James W Cook and Co (Wivenhoe) v Tipper [1990] ICR 716, [1990] IRLR 386, CA

James v LB of Greenwich [2008] EWCA Civ 35, [2008] ICR 545, [2008] IRLR 302

Jarretts Motors Ltd v Wells UKEAT/0327/08/DA, 22 April 2008, unreported

Jean Sorelle Ltd v Rybak [1991] ICR 127, [1991] IRLR 153, EAT

JMCC Holdings Ltd v Conroy [1990] ICR 179

Johnson v Edwardian International Hotels Ltd UKEATPA/1558/08/CEA, 23 July 2009, unreported

Jones v DAS Legal Expenses Insurance Co Ltd [2003] EWCA Civ 1071, [2004] IRLR 218

Jones v Governing Body of Burdett Coutts School [1998] IRLR 521

Jurkowska v Hlmad Ltd [2008] ICR 841, [2008] IRLR 430

Kaur v John L Brierley Ltd UKEAT 783/00, 27 April 2002, unreported

Kelly v Ingersoll Rand Co Ltd [1982] ICR 476

Kerr v Ernst & Young Services Ltd [2011] ICR 13

Khan v Heywood and Middleton Primary Care Trust [2006] EWCA Civ 1087, [2007] ICR 24, [2006] IRLR 793

King v Royal Bank of Canada (Europe) Ltd [2012] IRLR 280

Kopel v Safeway Stores Plc [2003] IRLR 753

Kovacs v Queen Mary and Westfield College [2002] EWCA Civ 352, [2002] ICR 919, [2002] IRLR 414.

Kumchyk v Derby County Council [1978] ICR 1116, EAT

Kuttapan v London Borough of Croydon and others [1999] IRLR 349

Kwamin v Abbey National Plc [2004] ICR 841, [2004] IRLR 516

Kwik Save Stores Ltd v Swain [1997] ICR 49

Ladd v Marshall [1954] 1 WLR 1489, 3 All ER 745

Leicestershire County Council v UNISON [2006] IRLR 810

Littlewoods Organisation Plc v Traynor [1993] IRLR 154

Locabail (UK) Ltd v Bayfield Properties Ltd [2000] IRLR 96

Lodwick v London Borough of Southwark [2004] EWCA Civ 306, [2004] ICR 884, [2004] IRLR 554,

London International College Ltd v Sen [1993] IRLR 333

Majrowski v Guys and St Thomas NHS Trust [2006] UKHL 34, [2006] 3 WLR 125, [2006] 4 All ER 395, [2006] ICR 1199, [2006] IRLR 695

Marshall v Harland & Wolff Ltd (Practice Note) [1972] ICR 97

Marshall v South West Hampshire Area Health Authority (Teaching) [1986] QB 401, [1986] 2 WLR 780, [1986] 2 All ER 584, [1986] ICR 335, [1986] IRLR 140

Martin v British Railway Board [1989] ICR 24

May v Greenwich UKEAT/0102/10/LA, 15 April 2010, unreported

McLeod v Hellyer Brothers Ltd [1987] 1 WLR 728, [1987] ICR 526, [1987] IRLR 234

McMaster v Manchester Airport [1998] IRLR 112

Meek v City of Birmingham District Council [1987] IRLR 250

Mehta v Child Support Agency [2011] IRLR 305, [2011] ICR 7

Mensah v East Hertfordshire NHS Trust [1998] IRLR 531, CA

Midland Cold Storage v Turner [1972] ICR 230

Miller v Community Links Trust UKEAT/0486/07/JOJ, 29 October 2007, unreported

Mills and Crown Prosecution Service v Marshall [1998] ICR 518, [1998] IRLR 494

Miriki v General Council of the Bar [2002] ICR 505

Mitchells v Funkwerk UKEAT/0541/07/MAA, 08 April 2008, unreported

Monaghan v Close Thornton UKEAT/0003/01, 22 February 2002, unreported

Moore v Duport Furniture Products Ltd [1982] ICR 84, [1982] IRLR 31, HL

Moroak t/a Blake Envelopes v Cromie [2005] ICR 1226, [2005] IRLR 535

Morris v Gestetner Ltd [1973] 1 WLR 1378, [1973] 3 All ER 1168, [1973] ICR 587, [1973] IRLR 313, NIRC

Mortimer v Reading Windings Ltd [1977] ICR 511

Muschett v Hounslow London Borough Council [2009] ICR 424

Neale v County Council of Hereford and Worcester [1986] ICR 471, [1986] IRLR 168

Neary v St Albans School for Girls Governors [2009] EWCA Civ 1190, [2010] ICR 473, [2010] IRLR, EAT

New Victoria Hospital v Ryan [1993] ICR 201, [1993] IRLR 202

O'Kelly v Trusthouse Forte Plc [1983] ICR 728, [1983] IRLR 369

Olivas Salinas v Bear Stearns International Holdings Inc [2005] ICR 1117

Patel v RCMS Ltd [1999] IRLR 161, EAT

Peach Grey & Co v Sommers [1995] 2 All ER 513, [1995] ICR 549, [1995] IRLR 363

Pederson v Camden London Borough Council [1981] ICR 674

Pendragon Plc t/a CD Bramall Bradford v Copus [2005] ICR 1671

Pestle and Mortar v Turner UKEAT/0327/08/DA, 9 December 2005, unreported

Photostatic Copiers (Southern) Ltd v Okuda and Japan Office Equipment Ltd (In Li-quidation) [1995] IRLR 11

Pickstone v Freemans Plc [1987] 3 WLR 811, [1987] 3 All ER 756, [1987] ICR 867

Polkey v AE Dayton Services [1987] IRLR 503, HL

Porter v Magill [2002] 2 AC 357, [2002] 1 All ER 465

Prison Service v Johnson [1997] ICR 275

Rabahallah v BT Group Plc [2005] ICR 440, [2005] IRLR 184, EAT

Re a Barrister (Wasted Costs Order) (No 1 of 1991) [1992] 3 WLR 362, [1992] 3 All ER 429

Redland Roof Tiles Ltd v Eveleigh [1979] IRLR 11

Ridehalgh v Horsfield and others [1994] 3 WLR 462

Riley v Tesco Stores Ltd [1980] ICR 323, [1980] IRLR 103, CA

RJB Mining (UK) Ltd v National Union of Mineworkers [1995] IRLR 556, CA

Robertson v Bexley Community Centre [2003] EWCA Civ 576, [2003] IRLR 434

Rondel v Worsely [1967] 3 All ER 993, [1969] 1 AC 191

Rookes v Barnard [1964] AC 1129 HL

Rush and Tompkins v GLC [1989] AC 1280, [1989] 3 WLR 939

R v Attorney-General for Northern Ireland, ex p Burns [1999] IRLR 315

Sajid v Sussex Muslim Society [2001] EWCA Civ 1684, [2002] IRLR 113

SCA Packaging Ltd v Boyle [2009] UKHL 37, [2009] 4 All ER, [2009] ICR 1056, [2009] IRLR 746

Science Research Council v Nassé [1980] AC 1028, [1979] 3 WLR 762, [1979] 3 All ER 673, [1979] ICR 921, [1979] IRLR 465

Scotthorne v Four Seasons Conservatories (UK) Ltd UKEAT/0178/10, 14 May 2010, unreported

Secretary of State for Employment v ASLEF (No. 2) [1972] ICR 19

Secretary of State for Employment v Banks [1983] ICR 48

Secretary of State for Employment v Mann [1997] ICR 209, [1997] IRLR 21, CA

Secretary of State for Health v Rance [2007] IRLR 665

Sian v Abbey National Plc [2004] ICR 55, [2004] IRLR 185

Sinclair, Roche & Temperley v Heard [2004] IRLR 763

Singh v London Country Bus Services Ltd [1976] IRLR 176

Smith v Safeway Plc [1995] ICR 472

Smith v Secretay of State for Trade and Industry [2000] ICR 69, [2000] IRLR 6

Sodexho Ltd v Gibbons [2005] IRLR 836

Southern Cross Healthcare Co Ltd v Perkins [2010] EWCA Civ 1442, [2011] IRLR 247

Stansbury v Datapulse [2003] EWCA Civ 1951, [2004] IRLR 466

St Basil's Centre v Mc Crossan [1992] ICR 140

Steeds v Peverel Managment Services Ltd [2001] EWCA Civ 419

Stonehill Furniture Ltd v Phillippo [1983] ICR

TGWU v Safeway Stores Ltd UKEAT/0092/07, 6 June 2007, unreported

Thoday v Thoday [1964] 2 WLR 371, [1964] 1 All ER 341

Throsby v Imperial College [1978] 2 WLR 50, [1978] 2 All ER 465, [1977] ICR 357, [1977] IRLR 337

Tisson v Telewest Communications Group Ltd UKEAT/0607/07/LA, 19 February 2008, unreported

Tran v Greenwich Vietnam Community [2002] EWCA Civ 553, [2002] ICR 1101, [2002] IRLR 735

Trimble v Supertravel Ltd [1982] ICR 440, [1982] IRLR 451

Trow v Ind Coope (West Midlands) Ltd [1967] 2 QB 899, [1967] 3 WLR 633, [1967] 2 All ER 900

TVR Engineering Ltd v Johnson [1978] IRLR 555

Tyne and Wear Autistic Society v Smith [2005] 4 All ER 1336, [2005] ICR 663, [2005] IRLR 336

United Arab Emirates v Abdelghafar [1995] ICR 65

University of London v Tariquez-Zaman [2010] EWHC (QB) 908

Vento v Chief Constable of West Yorkshire Police [2003] ICR 318, [2003] IRLR 102

Walls Meat Co Ltd v Khan [1979] ICR 52, [1978] IRLR 499, CA

Watling v Wiliam Bird & Son Contractors [1976] 11 ITR 70

Webb v Anglian Water Authority [1981] ICR 811 (813), [1981] IRLR 494

Weir Valves & Controls (UK) Ltd v Armitage [2004] ICR 371, EAT

Wolstenholme v Refreshment Systems Ltd (t/a Northern Vernding Services) UKEAT/0608/03/TM, 18 February 2004, unreported

Wood Group Heavy Industrial Turbines Ltd v Crossan [1998] IRLR 680

Woods v WM Car Services (Petersborough) Ltd [1983] ICR 693

Woodward v Abbey National Plc [2005] 4 All ER 1346, [2005] ICR 1702, [2005] IRLR 782

Yeboah v Crofton [2002] EWCA Civ 794, [2002] IRLR 634

Zinda v Governing Body of Barn Hill Community High [2011] ICR 174

Literaturverzeichnis

Gesetzesänderungen, Rechtsprechung und Literatur wurden berücksichtigt bis zum 01.06.2012.

***Anderman**, S. D.; Davies, Paul* — Injunction Procedure in Labour Disputes – II, (1973) 2 ILJ 30

***Axmann**, Mario et al.* — Anwaltsrecht I, Berufsrecht, Haftung, Vergütung und Steuern, 4. Auflage, Stuttgart 2008 (zitiert: Anwaltsrecht/*Bearbeiter*)

***Bader**, Friedrich et al.* — KR – Gemeinschaftskommentar zum Kündigungsschutzgesetz und sonstigen kündigungsrechtlichen Vorschriften, 9. Auflage, Köln 2009 (zitiert: KR/*Bearbeiter*)

***Bader**, Peter et al.* — GK-ArbGG, Gemeinschaftskommentar Arbeitsgerichtsgesetz, Loseblattsammlung Köln; Stand April 2012 (zititert: GK-ArbGG/*Bearbeiter*)

***Banks**, Robert F.* — The reform of British Industrial Relations: The Donovan Report and the Labour Government Policy Proposals, (1969) 24 Industrial Relations 333

***Barnett**, Daniel; Palka, Kate; Hay, Benjamin* — Costs in Employment Tribunals, Bristol 2010 (zitiert: *Barnett,* Costs in ET)

***Bassenge**, Peter et al.* — Palandt Bürgerliches Gesetzbuch, 71. Auflage, München 2012 (zitiert: Palandt/*Bearbeiter*)

***Graf von Bernstorff**, Christoph* — Einführung in das englische Recht, 4. Auflage, München 2011 (zitiert: *Graf von Bernstorff,* Einführung in das englische Recht)

***Binkert**, Gerhard; Reber, Daniele* — Gegenwartsprobleme der französischen und britischen Arbeitsgerichtsbarkeit, AuR 2000, 163

***Bley**, Florian* — Die zweite Instanz nach deutschem und englischem Zivilrecht, Dissertation, München 2010 (zitiert: *Bley,* Die zweite Instanz nach deutschem und englischem Zivilrecht)

***Boon**, Andrew; Urwin Peter; Karuk, Valeria* — What difference does it make? Facilitative judicial mediation of discrimination cases in Employment Tribunals, (2011) 40 ILJ 45

***Brown**, Damian* — EU Labour Law and UK Workers, in *Aileen McColgan,* The Future of Labour Law, London 1996 (zitiert: *Brown,* in: The Future of Labour Law)

***Bunge**, Jürgen* — Zivilprozess und Zwangsvollstreckung in England und Schottland – Eine Gesamtdarstellung mit internationalem Zivilprozessrecht, einem Glossar und einer Bibliographie, 2. Auflage, Berlin 2005 (zitiert: *Bunge,* Zivilprozess in England)

***Burges**, Simon; Propper, Carol; Wilson, Deborah* — Explaining the growth in the number of applications to Industrial Tribunals 1972-1997, Employment Relations Research Series No. 10, Department for Trade and Industry, London 2001 (zitiert: *Burges,* Explaining the growth)

***Burton**, Michael* — The Employment Appeal Tribunal: October 2002-July 2005, (2005) 34 ILJ 273

***Carnwath**, Robert* — Tribunal justice – a new start, PL 2009, Jan, 48

***Clark**, Jon; Wedderburn, Lord of Charlton* — Modern Labour Law: Problems, Functions and Policies, in: *Wedderburn, Lord of Charlton; Lewis, Roy; Clark, Jon,* Labour Law and Industrial Relations: Building on Kahn-Freund, Oxford 1983 (zitiert: *Clark/Wedderburn,* in: Labour Law and Industrial Relations: Building on Kahn-Freund)

***Collins**, Hugh; Ewing, K.D., McColgan, Aileen* — Labour Law, Text and Materials, 2nd edition Oxford 2005 (zitiert: *Collins/Ewing/McColgan*)

***Colneric**, Ninon* — Der Industrial Relations Act 1971, Ein Beispiel ineffektiver Gesetzgebung aus dem Bereich des kollektiven Arbeitsrechts, Dissertation, Ebelsbach 1979 (zitiert: *Colneric,* Industrial Relations Act 1971)

***Cunningham**, Naomi; Reed, Michael* | Employment Tribunal Claims – tactics and precedents, 3rd edition, London 2010 (zitiert: *Cunningham/Reed*)

***Davey**, Edward; Djangoly, Jonathan* | Resolving workplace disputes: A consultation, Departement for Business Innovation & Skills, London 2011 (zitiert: *Davey/Djangoly,* Resolving workplace disputes)

***Davidson**, Fraser* | The Judiciary and the Development of Employment Law, Hampshire 1984 (zitiert: *Davidson,* The Judiciary and the Development of Employment Law)

***Davies**, Anne* | Perspectives on Labour Law, 2nd edition, Oxford 2009 (zitiert: *Davies,* Perspectives)

***Davies**, Paul; Freedland, Mark* | Labour Legislation and Public Policy – A contemporary History, Oxford 1993, reprinted 2006 (zitiert: *Davies/Freedland,* Labour Legislation and Public Policy)

***Deakin**, Simon; Morris, Gillian S.* | Labour Law, 5th edition, Oxford 2009 (zitiert: *Deakin/Morris*)

***Devlin**, Patrik* | The Judge, Oxford 1979 (zitiert: *Devlin,* The Judge)

***Dickens**, Linda* | Doing more with less: individual conciliation, in: *Towers, Brian; Brown, William,* Employment Relations in Britain: 25 years of the Advisory, Conciliation and Arbitration Service, Oxford 2000 (zitiert: *Dickens,* in: Employment Relations in Britain: 25 years of the Advisory, Conciliation and Arbitration Service)

***Donaldson**, John* | Die „Arbeitsgerichtsbarkeit“ in England, RdA 1974, 232

***Donaldson**, John* | The Role of Labour Courts, (1975) 4 ILJ 63

***Draycott**, Paul; Hynes, Steve* | Extending legal aid to tribunals, Legal Action 2007, June, 6

***Elliott**, Catherine; Quinn, Frances* — English Legal System, 9th edition, Essex 2008 (zitiert: *Elliott/Quinn*, English Legal System)

***Elsner**, Wolfgang* — Die Bedeutung des Industrial Relations Act 1971 für das britische Arbeitsrecht bis zu seiner Abschaffung im Jahre 1974, Dissertation, München 1975 (zitiert: *Elsner*, IRA 1971)

***Exton**, Julie* — The long and short of disclosure, LSG 2008, 105 (22), 28

***Feuerich**, Wilhelm E. et al.* — Bundesrechtsanwaltsordnung: BRAO, Berufsordnung, Fachanwaltsordnung, Partnerschaftsgesellschaftsgesetz, Recht für Anwälte aus dem Gebiet der Europäischen Union, Patentanwaltsordnung – Kommentar, 7. Auflage, München 2008 (zitiert: *Feuerich/Bearbeiter*)

***Fox**, Richard* — Rise in claims undermines new DTI procedures, ELJ 2006 (73) Sept, 2

***Gibbons**, Michael* — Better Dispute Resolution – A review of Employment dispute resolution in Great Britain, Departement of Trade and Industry, London 2007 (zitiert: *Gibbons*, Better Dispute Resolution)

***Geary**, Adam; Morrison, Wayne; Jago, Robert* — The Politics of the Judiciary revisited: Rights, Democracy, Law, in: *Geary, Adam; Morrison, Wayne; Jago, Robert* (eds), The Politics of the Common Law – Perspectives, Rights, Processes, Institutions, London 2009 (zitiert: *Geary/Morrison/Jago*, in: The Politics of the Common Law)

***Geimer**, Reinhold et al.* — Zöller – Zivilprozessordnung mit FamFG (§§1-185, 200-270, 433-484) und Gerichtsverfassungsgesetz, den Einführungsgesetzen, mit Internationalem Zivilprozessrecht, EG-Verordnungen, Kostenanmerkungen – Kommentar, 29. Auflage, Köln 2012 (zitiert: *Zöller/Bearbeiter*)

***Genn**, Hazel* — Tribunals and Informal Justice, (1993) 56 MLR 393

***Germelmann**, Claas-Hinrich et al.* — Kommentar zum Arbeitsgerichtsgesetz, 7. Auflage, München 2009 (zitiert: Germelmann/*Bearbeiter*)

***Gillespie**, Alisdair* — English Legal System, 2nd edition, Oxford 2009 (zitiert: *Gillespie*)

***Gower**, Helen* — Claim and response forms - Bending the rules? ELJ 2005 (65), Nov, 14

***Greenhalgh**, R.M.* — Industrial Tribunals, London, 1973 (zitiert: *Greenhalgh,* Industrial Tribunals)

***Griffith**, J. A. G.* — The Politics of the Judiciary, 5th edition, London 1997 (zitiert: *Griffith,* The Politics of the Judiciary)

***Hammersley**, Geraldine;Johnson, Jane; Morris, David* — The influence of legal representation at Employment Tribunals on case outcome, Employment Relations Research Series No. 84, Departement for Business, Enterprise & Regulatory Reform, London 2007 (zitiert: *Hammersley/Johnson/Morris,* Influence of legal representation)

***Hay**, B.; Spier K.E.* — Settlement and Litigation, in: *Newman, Paul* (ed), The New Palgrave Dictionary of Economics and Law (4), London 2002 (zitiert: *Hay/Spier,* in: The New Palgrave)

***Hayek**, Friedrich A.* — The Constitution of Liberty, London 1960 (zitiert: *Hayek,* The Constitution of Liberty)

***Henderson**, Anna* — Tinkering with tribunal rules, NLJ 2008, 158 (7344), 1546

***Hepple**, Bob; Morris, Gilian S.* — The Employment Act 2002 and the Crisis of Individual Employment Rights, (2002) 31 ILJ 245

***Honeyball**, Simon; Bowers, John* — Textbook on Labour Law, 11th edition, Oxford 2010 (zitiert: *Honeyball,* Labour Law)

***Johnson**, Jane* — Employment: effective date of termination – summary dismissal by letter, Cov LJ 2011, 16 (1), 60

***Jones**, Marc* — First class chaos, SJ 2002, 146 (32), 758

***Junker**, Abbo* — Betriebsverfassung im europäischen Vergleich, ZfA 32 (2001), 225

***Junker**, Abbo* Discovery im deutsch-amerikanischen Rechtsverkehr, Dissertation, Heidelberg 1987 (zitiert: *Junker,* Discovery im deutsch-amerikanischen Rechtsverkehr)

***Junker**, Abbo* Grundkurs Arbeitsrecht, 10. Auflage, München 2011 (zitiert: *Junker,* Grundkurs Arbeitsrecht)

***Junker**, Abbo* Grund und Grenzen der Arbeitsrechtsvergleichung, Festschrift für Claus-Wilhelm Canaris zum 70. Geburtstag, Band II, München 2007, S. 705-719 (zitiert: *Junker,* in: FS Canaris, Bd. II)

***Junker**, Abbo* Rechtsvergleichung als Grundlagenfach, JZ 1994, 921

***Kahn-Freund**, Otto* Labour and the Law, 2nd edition, London 1977 (zitiert: *Kahn-Freund,* Labour and the Law)

***Kahn-Freund**, Otto* Legal Framework, in: *Flanders, Allan D.; Clegg, Hugh Armstrong* (eds), The system of industrial relations in Great Britain: it´s history, law, and institutions, Oxford 1954 (zitiert: *Kahn-Freund,* in: *Flanders*, The system of indus-trial relations in Great Britain)

***Kahn-Freund**, Otto* Reform des Arbeitsrechts in Großbritannien, RdA 1969, 336

***Kahn-Freund**, Otto* The Industrial Relations Act 1971 – Some retrospective reflections, (1974) ILJ 3, 186

***Kaufmann**, Andrew* Arbeitsgerichtsbarkeit in England, FA 2003, 354

***Kilian**, Matthias* Entwicklungen in der englischen Arbeitsgerichtsbarkeit, NZA 1999, 1088

***Kilpatrick**, Claire* The Court of Justice and Labour Law in 2010: A New EU Discrimination Law Architecture, (2011) 40 ILJ 280

***Kilpatrick**, Claire* The EJC and Labour Law: A 2008 Retrospective, (2009) 38 ILJ 180

***Kilpatrick**, Claire* The European Court of Justice and Labour Law in 2009, (2010) 39 ILJ 287

***Knof**, Martin* Die Praxis der Vorabentscheidungsverfahren (Art. 177 EGV) im Vereinigten Königreich, Dissertation, Köln 1995 (zitiert: *Knof*, Vorabentscheidungsverfahren)

***Kötz**, Hein* Justiz in Deutschland und England: Ein Stilvergleich, JA 1991, 257

***Korn**, Anthony; Sethi, Mohinderpal* Employment Tribunal Remedies, 4th edition, Oxford 2011, (zitiert: *Korn/Sethi*, ET Remedies)

***Latreille**, Paul L.; Latreille, J.A.; Knight, K.G.* Making a Difference? Legal Representation in Employment Tribunal Cases: Evidence from a Survey of Representatives, (2005) 34 ILJ 308

***Latreille**, Paul L.* The settlement of Employment Tribunal cases: evidence from SETA 2003, Employment Relation Research Series No. 61, Departement of Trade and Industry, London 2007 (zitiert: *Latreille*, settlement of ET cases)

***Leonhard**, Alice M.* Judging Inequality – The Effectiveness of the Tribunal System in Sex Discrimination and Equal Pay Cases, London 1987 (zitiert: *Leonhard*, Judging Inequality)

***Levinson**, Stephen* A cautionary tale, NLJ 2006, 156 (7234), 1158

***Levinson**, Stephen* New tribunal rules – a summary, ELJ 2004 (54) Oct, 9

***Levinson**, Stephen* The price of cost awards, ELJ 2004 (54) Oct, 6

***Lewis**, Norman* Con-Mech: Showdown for the N.I.R.C., (1974) 3 ILJ 201

***Lewis**, Roy* The Employment Rights (Dispute Resolution) Act 1998, (1998) 27 ILJ 214

***MacMillan**, John K.* Employment Tribunals: Philosophies and Practicalities, (1999) 28 ILJ 33

***MacGrath**, Paul* The Use of Experts in the Employment Tribunal, Hertfortshire 2002 (zitiert: *McGrath*, Experts in the ET)

***Manley**, Isabel; Heslop, Elaine* — Employment Tribunals – A Practical Guide, 2nd edition, London 2008 (zitiert: *Manley/Heslop,* Employment Tribunals)

***Mansfield**, Gavin et al.* — Blackstone´s Employment Law Practice 2011, 6th edition, Oxford 2011 (zitiert: Blackstone´s Employment Law Practice)

***Mason**, David* — Employment Tribunals – Are they impartial?, NLJ 2000, 150 (6921), 124, 137

***McKee**, J.* — A personal view of the work of Industrial Tribunals, (1986) 49 MLR 314

***Merrett**, Louise* — The Extra-Territorial Reach of Employment Legislation, (2010) 39 ILJ 355

***Mullen**, Tom* — Representation at Tribunals, (1990) 53 MLR 234

***Müller-Glögge** Rudi; Preis Ulrich; Schmidt Ingrid* — Erfurter Kommentar zum Arbeitsrecht, 12. Auflage München 2012 (zitiert: ErfKo/*Bearbeiter*)

***Munday**, Roderick* — Tribunal Lore: Legalism and the Industrial Tribunals, (1981) ILJ 10, 146

***Musielak**, Hans-Joachim et al.* — Kommentar zur Zivilprozessordnung: ZPO mit Gerichtsverfassungsgesetz, 9. Auflage, München 2012 (zitiert: *Musielak/Bearbeiter*)

Ohne Autor — Advisory, Conciliation and Arbitration Service (ACAS) Annual Report and Accounts 2008/09, London 2009 (zitiert: ACAS Annual Report 2008/09)

Ohne Autor — Advisory, Conciliation and Arbitration Service (ACAS) Annual Report and Accounts 2010/11, London 2011 (zitiert: ACAS Annual Report 2010/11)

Ohne Autor — Restoring faith in Employment Tribunals, Confederation of British Industry, London 2005 (zitiert: Restoring faith in Employment Tribunals)

Ohne Autor — Service user perceptions of ACAS´ conciliation in Employment Tribunal cases 2007, London 2008 (zitiert: ACAS conciliation in ET cases)

***Panesar**, Desphal; Gurnham, Paul* | Following rules, SJ 2005, 149 (36), 1110

***Pannick**, David* | Judges, Oxford 1987 (zitiert: *Pannick,* Judges)

***Partington**, Sara* | Final decision? SJ 2003, 147 (21), 609, 611

***Payne**, Alan; Waite, John-Paul* | Tottel´s Employment Tribunal Handbook – Practice, procedure and strategies for success, 2nd edition, West Sussex 2005 (zitiert: Tottel´s ET Handbook)

***Peters**, Mark et al.* | Findings from the Survey of Employment Tribunal Applications 2008, Employment Relations Research Series No. 107, Department for Business, Innovation & Skills, London 2010 (zitiert: *Peters,* Findings from the Survey of Employment Tribunal Applications 2008)

***Perrins**, Bryn et al.* | Harvey on Industrial Relations and Employment Law, Binder V, Issue 220 (zitiert: *Harvey,* V)

***Pollmeyer**, Bernhard* | Arbeitsrechtliche Schlichtung in Großbritannien, RdA 2006, 124

***Reichold**, Klaus; Hüßtege, Rainer* | Thomas/Putzo - Kommentar zur Zivilprozessordnung, 32. Auflage, München 2011 (zitiert: Th/P/*Bearbeiter*)

***Rideout**, Roger W.* | The Industrial Relations Act 1971, (1971) 23 MLR 655

***Rideout**, Roger W.* | The Practice and Procedure of the National Industrial Relations Court, London 1973 (zitiert: *Rideout,* NIRC)

***Rideout**, Roger W.* | When is a Rule not a Rule, (1973) 36 MLR 73

***Rösler**, Hannes* | Großbritannien im Spannungsfeld deutscher Rechtskulturen, ZVglRWiss 100 (2001) 448

***Rubenstein**, Michael* | The World of Industrial Law in March 1971, (2011) 40 ILJ 3

***Sanders**, Astrid* — Expanding The „No-Difference“ Rule in the Law of Unfair Dismissal, (2007) 36 ILJ 355

***Sanders**, Astrid* — Part One of the Employment Act 2008: „Better“ Dispute Resolution? (2009) 38 ILJ 30

***Schmädicke**, Axel* — Wie weit geht die Aufklärungspflicht des Arbeitsrichters in der Güteverhandlung? NZA 2007, 1029

***Schmidt**, Klaus; Luczak, Stefan* — Der Berufsrichter in der Arbeitsgerichtsbarkeit, in: Die Arbeitsgerichtsbarkeit, Festschrift zum 100jährigen Bestehen des Deutschen Arbeitsgerichtsverbandes, Berlin 1994, S. 221-252 (zitiert: *Schmidt/Luzcak,* in: FS Arbeitsgerichtsbarkeit)

***Selwyn**, Norman* — Selwyn´s Law of Employment, 16th edition, Oxford 2011 (zitiert: *Selwyn*)

***Sen**, Amit* — The role of ACAS in dispute resolution, IDS Pay Report 2010, 1054, 17

***Shakleton**, J.R.* — Employment Tribunals – Their Growth and the Case for Radical Reform, London 2002 (zitiert: *Shakleton,* Employment Tribunals)

***Sims**, Vanessa* — English Law and Terminology. A guide for Practioneers and Students, Baden-Baden 2001(zitiert: *Sims,* English Law and Terminology)

***Singh**, R.* — European Community Employment Law: Key recent cases and their implications for the UK, (2000) 30 IRJ 365

***Smail**, Alstair* — Avoiding the day before the day after, NLJ 2002, 152 (7042), 1150

***Smith**, Ian; Baker, Aaron* — Smith & Wood´s Employment Law, 10th edition, Oxford 2010 (zitiert: *Smith & Wood´s*)

***Slade**, Justice et al.* — Tolley´s Employment Handbook, 25th edition, London 2011 (zitiert: Tolley´s Employment Handbook)

***Stadler**, Astrid; Jarsumbek, Claudia* — Das Versäumnisverfahren gem. §§ 330 ff ZPO, insbesondere das zweite Versäumnisurteil, JuS 2006, 34, 134

***Stein**, Peter* — Legitimation, Praxisnähe, Transparenz – zur Rolle der ehrenamtlichen Richter in der Arbeitsgerichtsbarkeit, BB 2007, 2681

***Stein**, Rolf; Rabe von Pappenheim, Henning* — Arbeitsrecht in Großbritannien, 2. Auflage, München 2000 (zitiert: *Stein/Rabe von Pappenheim,* Arbeitsrecht in Großbritannien)

***Stürner**, Michael* — Die Anfechtung von Zivilurteilen – Eine funktionale Untersuchung der Rechtsmittel im deutschen und englischen Recht, Dissertation, München 2002 (zitiert: *Stürner,* Anfechtung von Zivilurteilen)

***Taylor**, Steven; Emir, Astra* — Employment Law - An Introduction, 2nd edition, Oxford 2009 (zitiert *Taylor/Emir,* Employment Law)

***Turner**, H.A.* — The Donovan Report, The Economic Journal, 1969, 79 (313), 1

***Twiss**, Joanne* — Costs in the employment tribunal, NLJ 2004, 154 (7155), 816

***Wedderburn**, Lord of Charlton* — Industrial Relations and the Courts, (1980) 9 ILJ 65

***Yew**, Julian* — Forum shopping: tribunal or High Court? ELJ 2006 (73) Sept, 9

***Zweigert**, Konrad; Kötz, Hein* — Einführung in die Rechtsvergleichung, 3. Auflage, Tübingen 1996 (zit*gert/Kötz,* Einführung in die Rechtsvergleichung)

Schriften zum Arbeitsrecht und Wirtschaftsrecht

Herausgegeben von Abbo Junker

Band 1 Christoph-N. Lerche: Der Europäische Betriebsrat und der deutsche Wirtschaftsausschuß. Eine vergleichende Analyse der betrieblichen Mitwirkung der Arbeitnehmer vor dem Hintergrund der Globalisierung der Märkte. 1997.

Band 2 Christian Walter Mecke: Zur rechtlichen Verbindlichkeit kollektiver Vereinbarungen in England. 1997.

Band 3 Katja Francke: Die betriebliche Mitwirkung der Arbeitnehmer in Belgien. Unter Berücksichtigung vergleichender Aspekte zum deutschen Betriebsverfassungsrecht. 1997.

Band 4 Christian Schulze: Die Zulässigkeit einstweiliger Verfügungen gegen Betriebsänderungen. 1998.

Band 5 Stefan Miersch: Die Rechtsfolgen mitbestimmungswidriger Maßnahmen für das Arbeitsverhältnis. Eine zivilrechtsdogmatische Untersuchung. 1998.

Band 6 Heike Wegner: Internationaler Verbraucherschutz beim Abschluß von Timesharingverträgen: § 8 Teilzeitwohnrechtegesetz. 1998.

Band 7 Julia Wichmann: Dienstleistungsfreiheit und grenzüberschreitende Entsendung von Arbeitnehmern. 1998.

Band 8 Johann-Volker Peter: Société par actions simplifiée (S.A.S.). Die Vereinfachte Aktiengesellschaft in Frankreich, eine Rechtsform für die Kooperation von Unternehmen. 1999.

Band 9 Sylvia Schnelle: Der Europäische Betriebsrat in Spanien. Zugleich eine Einführung in das spanische Recht der Arbeitnehmervertretung. 1999.

Band 10 Viktoria Bornhagen: Die Zumutbarkeit als Rechtsgedanke im Arbeitsrecht. 1999.

Band 11 Thorsten Schacht: Der Übereilungsschutz beim arbeitsrechtlichen Aufhebungsvertrag. Arbeitnehmerschutz bereits de lege lata? 2000.

Band 12 Marcus Hellmann: Immobilienkauf nach spanischem Recht. 1999.

Band 13 Nicolaus Johannes Ehinger: Die juristischen Personen des öffentlichen Rechts als herrschende Unternehmen. 2000.

Band 14 Alexander Lentz: Das kollektive Arbeitsrecht der Republik Südafrika. Eine Untersuchung mit Bezügen zum deutschen Recht. 2000.

Band 15 Michaela Brunssen: Der Arbeitgeberverbandswechsel. Tarifrechtliche und arbeitskampfrechtliche Konsequenzen. 2000.

Band 16 Morten Petersenn: Das Recht des Grundstückskaufs in Südafrika. 2000.

Band 17 Stefan Krüger: Die umwandlungsrechtliche Haftungsregelung bei der Betriebsaufspaltung und ihre Analogiefähigkeit. 2001.

Band 18 Jürgen Kitzinger: Der GmbH-Geschäftsführer zwischen Arbeits- und Gesellschaftsrecht. Im Blickpunkt: Zuständigkeit der Arbeitsgerichte. 2001.

Band 19 Anja Ruge: Die Lohnersatzansprüche ehemaliger Zwangsarbeiter gegen deutsche Industrieunternehmen. 2001.

Band 20 Michael Knoll: Die Sozialauswahl im Arbeitsrecht. 2001.

Band 21 Britta Albrecht: Mediation im Arbeitsrecht. Individualarbeitsrecht und Betriebsverfassungsrecht. 2001.

Band 22 Annusch Barten: Das System der Arbeitnehmervertretung in Frankreich. 2001.

Band 23 Diane Westera: Der Wiedereinstellungsanspruch nach wirksamer Kündigung. 2001.

Band 24 Kristin Doerlich: Die Tariffähigkeit der Gewerkschaft. Eine Analyse der Mächtigkeitsrechtsprechung des Bundesarbeitsgerichts im Lichte neuerer Erfahrungen. 2002.

Band 25 Tina Witten: Vertragsgestaltung und Gesetzesbindung im Recht der Zeitarbeit. 2002.

Band 26 Martin Hellfeier: Die Leistungszeit im Arbeitsverhältnis. Eine Untersuchung zum Fixschuldcharakter der Arbeitspflicht und zu den Folgen ihrer Nichterfüllung. 2003.

Band 27 Almut Maulshagen: Betriebliche Arbeitskampfregelungen. 2003.

Band 28 Maren Band: Tarifkonkurrenz, Tarifpluralität und der Grundsatz der Tarifeinheit. 2003.

Band 29 Manuela Schulz: Der Bereitschaftsdienst in öffentlich-rechtlich organisierten Krankenhäusern. Eine rechtliche Bewertung. 2003.

Band 30 Felix Benedikt: Die Kürzung von Tariflöhnen zur Sanierung. Eine verfassungskonforme Auslegung des § 3 III TVG entsprechend § 626 BGB. 2003.

Band 31 Tim Kaden: Individuelle Bündnisse für Arbeit und Günstigkeitsprinzip. 2003.

Band 32 Simone Kreiling: Die Erstreckung betrieblicher und betriebsverfassungsrechtlicher Tarifnormen auf Außenseiter. 2004.

Band 33 Carsten Beck: Betriebliche Mitbestimmung und Kündigungsschutz. Die Funktionen betrieblicher Mitbestimmung im und deren Einfluß auf den Kündigungsschutz nach dem KSchG. 2004.

Band 34 Jost Eder: Die Regelungsabrede als Alternative zur Betriebsvereinbarung bei der Gestaltung materieller Arbeitsbedingungen. 2004.

Band 35 Christian Pfab: Wirkungsweise und Reichweite tarifvertraglicher Öffnungsklauseln. 2004.

Band 36 Julia Amlang: Die unternehmerische Entscheidungsfreiheit bei „betriebsbedingten Kündigungen" im europäischen Rechtsvergleich. Kündigung aus wirtschaftlichen Gründen in Deutschland, Frankreich, Spanien, Großbritannien und Schweden. 2005.

Band 37 Alida Milthaler: Das Fragerecht des Arbeitgebers nach den Vorstrafen des Bewerbers. 2006.

Band 38 Doreen Peter: Nebentätigkeiten von Arbeitnehmern. Interessenkollisionen von Arbeitgebern und Arbeitnehmern. 2006.

Band 39 Julia V. C. Bartlog: Das Verhältnis von Gesetz und Tarifvertrag. 2006.

Band 40 Michael Fuhlrott: Der geschädigte Arbeitnehmer. Zur Verfassungsmäßigkeit des Ausschlusses von Schmerzensgeld in der Unfallversicherung sowie zur Herleitung der Haftung bei Eigenschäden im Hinblick auf das Verschuldensprinzip. 2006.

Band 41 Femke Reinecke: Leistungsbestimmung des Arbeitnehmers. 2006.

Band 42 Maria M. Bausback: Der Bestandsschutz des Arbeitsverhältnisses auf europäischer und internationaler Ebene. Entwicklungen vom Mittelalter bis zur Gegenwart. Teil 1 / Teil 2. 2007.

Band 43 Jens Günther: AGB-Kontrolle von Arbeitsverträgen. Analyse der deutschen Rechtslage nach der Schuldrechtsreform und vergleichende Betrachtung des österreichischen Kontrollsystems. 2007.

Band 44 Claudiana Triskatis: Ethikrichtlinien im Arbeitsrecht. 2008.

Band 45 Annette Bruder: Die Weitergabe von Insiderinformationen durch Arbeitnehmervertreter. 2008.

Band 46 Ute Dietrich: Nichtraucherschutz am Arbeitsplatz. 2008.

Band 47 Markus Ebert: Übertragung und Zuordnung von Versorgungsverpflichtungen gegenüber Arbeitnehmern im Rahmen einer umwandlungsrechtlichen Spaltung. 2008.

Band 48 Susanne Schneider: Broad-based Black Economic Empowerment in der Republik Südafrika. 2008.

Band 49 Mandy Reichel: Die Einbeziehung des Außenseiter-Arbeitgebers in den Verbandsarbeitskampf. 2008.

Band 50 Abbo Junker (Hrsg.): Betriebsübergang in Europa. Symposion aus Anlass des 10-jährigen Bestehens der Schriften zum Arbeitsrecht und Wirtschaftsrecht am 10.10.2008 in München. 2009.

Band 51 Till Bender: Vorschläge zur Neuordnung des Sonderkündigungsschutzes nach MuSchG und SGB IX. 2009.

Band 52 Manuela Rauch: Die geschlechtsbezogene Diskriminierung am Arbeitsplatz nach kalifornischem Recht. 2009.

Band 53 Tina Luise Allenberg: Das französische règlement intérieur d'entreprise. Die Arbeitsordnung im französischen Arbeitsrecht. 2009.

Band 54 Bernd Haas: Anwaltliches Mandatsverhältnis zum Betriebsrat. 2009.

Band 55 Martin Fröhlich: Die erweiterte Weisungsbefugnis des Arbeitgebers im spanischen Recht. 2009.

Band 56 Stefanie Lorenzen: Inhaltskontrolle beim Betriebsübergang. Die Anpassung tariflicher Arbeitnehmerpflichten nach Privatisierungen. 2009.

Band 57 Oliver E. Aldea: Das französische Kündigungsrecht im Spannungsfeld von Abfindungen und Bestandsschutz. 2010.

Band 58 Wolfgang Stock: Die Einsetzung einer Transfergesellschaft. Unter besonderer Berücksichtigung betriebsverfassungs- und arbeitsförderungsrechtlicher Vorgaben. 2010.

Band 59 Claudia Hagedorn: Zulässigkeit und Grenzen von Tarifsozialplänen. 2010.

Band 60 Daniela Quink: Inhaltskontrolle von Freiwilligkeitsvorbehalten in Arbeitsverträgen. 2010.

Band 61 Kathrin Kentner: Arbeitskampfmittel der Arbeitgeber. 2010.

Band 62 Angela Nunes Fernandes Gil Wolf: Arbeitnehmereinsatz im Ausland. Das auf doppelte Arbeitsverhältnisse anwendbare Recht am Beispiel der Vertragsgestaltung eines internationalen Konzerns. 2010.

Band 63 Annemarie Berthold: Whistleblowing in der Rechtsprechung des Bundesarbeitsgerichts. 2010.

Band 64 Malte Koch: Die Beteiligung von Arbeitnehmervertretern an Aufsichtsrats- und Verwaltungsratsausschüssen einer Europäischen Aktiengesellschaft. 2011.

Band 65 Agnes Maria Kollerbaur: Die französische Arbeitsinspektion. Eine Untersuchung unter besonderer Berücksichtigung ihrer Rolle bei Kündigungen. 2011.

Band 66 Marcus Christian Leinenweber: Landesschlichtungsgesetze? 2011.

Band 67 Frederike Cathérine Gärtner: Die gesetzliche Regulierung von Bahnstreiks in Frankreich. Arbeitskampf vs. Kontinuität öffentlicher Dienstleistungen. 2011.

Band 68 Carolin van Straelen: Der Rollenkonflikt des Arbeitnehmervertreters zwischen Betriebsratsmitglied und Gewerkschaftsfunktionär. 2012.

Band 69 Anna Maria Jordan: Entgeltdiskriminierung in Frauenberufen? 2012.

Band 70 Dominic Köstner: Compliance-Richtlinien im Unternehmen. Arbeits- und datenschutzrechtliche Implementierungsaspekte. 2012.

Band 71 Michael Kobler: Fremdeinflüsse auf die tarifliche Willensbildung. 2012.

Band 72 Anne Kraas: Zulässigkeit und Grenzen der arbeitsvertraglichen Entgeltflexibilisierung. 2012.

Band 73 Melanie Amann: Die Belegschaftsabstimmung. 2012.

Band 74 Christina Mennemeyer: „Dritter Weg" und rechtliche Grenzen der Flexibilisierung des Arbeitsrechts der katholischen Kirche. 2012.

Band 75 Joël Philipp Hofmann: Rechtsmissbrauch und Verwirkung bei Widerspruch gegen den Übergang des Arbeitsverhältnisses nach § 613a BGB. 2013.

Band 76 Jennifer Junker: Das Recht der Arbeitnehmerüberlassung in Japan. 2013.

Band 77 Gabriele Geiselhart: Tarifliche Regelungsmacht bei Haustarifverträgen und Unternehmerfreiheit. Dargestellt am Beispiel von Standortgarantien und Zeitarbeitsquoten. 2013.

Band 78 Lorenz Sylvester Mitterer: AGB-Korrektur in Dauer- und Langzeitschuldverhältnissen. 2013.

Band 79 Janina Morgenweck: Die Arbeitsgerichtsbarkeit in England. 2013.

www.ingramcontent.com/pod-product-compliance
Ingram Content Group UK Ltd.
Pitfield, Milton Keynes, MK11 3LW, UK
UKHW021854290926
8980IPUK00005B/837

9 783631 627563